Rechtliche Grundlagen und normzweckadäquate Unternehmensbewertung bei Kapitalgesellschaften

Schriften zum Gesellschafts-, Bilanz- und Unternehmensteuerrecht

Herausgegeben von Barbara Grunewald und Joachim Hennrichs

Band 24

Zur Qualitätssicherung und Peer Review der vorliegenden Publikation

Die Qualität der in dieser Reihe erscheinenden Arbeiten wird vor der Publikation durch den Herausgeber der Reihe geprüft.

Notes on the quality assurance and peer review of this publication

Prior to publication, the quality of the work published in this series is reviewed by the editor of the series.

Christina Schröter

Rechtliche Grundlagen und normzweckadäquate Unternehmensbewertung bei Kapitalgesellschaften

PL ACADEMIC RESEARCH

Bibliografische Information der Deutschen Nationalbibliothek
Die Deutsche Nationalbibliothek verzeichnet diese Publikation in der Deutschen Nationalbibliografie; detaillierte bibliografische Daten sind im Internet über http://dnb.d-nb.de abrufbar.

Zugl.: Köln, Univ., Diss., 2016

D 38
ISSN 1867-500X
ISBN 978-3-631-72143-8 (Print)
E-ISBN 978-3-631-72195-7 (E-PDF)
E-ISBN 978-3-631-72196-4 (EPUB)
E-ISBN 978-3-631-72197-1 (MOBI)
DOI 10.3726/b11087

PL Academic Research ist ein Imprint der Peter Lang GmbH.

Peter Lang – Frankfurt am Main · Bern · Bruxelles · New York · Oxford · Warszawa · Wien

Diese Publikation wurde begutachtet.

www.peterlang.com

Für Steffen und Lasse

Vorwort

Die vorliegende Arbeit wurde im September 2016 von der Rechtswissenschaftlichen Fakultät der Universität zu Köln als Dissertation angenommen. Rechtsprechung und Literatur wurden bis zu diesem Zeitpunkt berücksichtigt.

Ganz herzlich möchte ich mich bei meinem Doktorvater Herrn Professor Martin Henssler bedanken, der mir trotz meiner Vollzeittätigkeit als Rechtsanwältin die Möglichkeit zur Promotion gegeben hat. Prof. Martin Henssler hat mein Promotionsvorhaben angeregt und mich stets motivierend sowie mit wertvollen Ratschlägen begleitet.

Ferner möchte ich mich bei Frau Anja Klein für die sorgfältige Durchsicht des Manuskripts sowie bei Frau Prof. Dr. Marion Büttgen, Herrn Kristof Schnitzler, Herrn Dr. Stephan Bacher und meinem Kollegen Herrn Matthias Fickert für die hilfreichen Diskussionen und die konstruktive Kritik bedanken. Mein Dank gilt auch Herrn Dr. Thomas Kuhnle für die Unterstützung während meiner Promotion.

Bei meinen Schwiegereltern Edeltraut und Norbert Schröter möchte ich mich herzlich dafür bedanken, dass sie sich in den zahlreichen Stunden, während derer ich meine Promotion geschrieben habe, um unseren kleinen Sohn Lasse gekümmert haben.

Mein ganz besonderer Dank gilt vor allem meinen Eltern Marlies und Wilhelm Ottersbach, ohne deren Unterstützung – nicht nur in Bezug auf das vorliegende Werk, sondern hinsichtlich meiner ganzen akademischen Ausbildung – diese Promotion nicht möglich gewesen wäre.

Schlussendlich möchte ich mich bei meinem Mann Steffen, der mir während meiner gesamten Dissertation zur Seite stand und mich stets bei meinem Vorhaben unterstützt hat, bedanken. Ihm sowie unserem Sohn Lasse widme ich diese Arbeit.

Reutlingen, Januar 2017 Christina Schröter

Inhaltsverzeichnis

Abkürzungsverzeichnis

a.A.	andere Ansicht
Abs.	Absatz
a.F.	alte Fassung
AG	Die Aktiengesellschaft, Aktiengesellschaft, Amtsgericht
AktG	Aktiengesetz
Alt.	Alternative
Anh.	Anhang
APV	Adjusted Present Value
Art.	Artikel
BayObLG	Bayerisches Oberstes Landgericht
BB	Betriebsberater
BCG	Boston Consulting Group
Bd.	Band
BeckRS	Beck-Online Rechtsprechung
Beil.	Beilage
BewG	Bewertungsgesetz
BFuP	Betriebswirtschaftliche Forschung und Praxis
BGB	Bürgerliches Gesetzbuch
BGH	Bundesgerichtshof
BGHZ	Entscheidungen des Bundesgerichtshofes in Zivilsachen (amtliche Sammlung)
BQG	Beschäftigungs- und Qualifizierungsgesellschaft
BRAK	Bundesrechtsanwaltskammer
BRAK-Mitt.	BRAK-Mitteilungen
BStBl.	Bundessteuerblatt
BVerfG	Bundesverfassungsgericht
BVerfGE	Entscheidungen des Bundesverfassungsgerichts
bzgl.	bezüglich
bzw.	beziehungsweise
CAPM	Capital Asset Pricing Model
DAX	Deutscher Aktienindex
DB	Der Betrieb
DBW	Die Betriebswirtschaft
DCF	Discounted Cashflow
d.h.	das heißt
DR	Das Recht
DStR	Deutsches Steuerrecht
EBIT	Earnings Before Interest and Taxes
EBITDA	Earnings Before Interest and Taxes, Depreciation and Amortisation

EDV	Elektronische Datenverarbeitung
Einl.	Einleitung
EMRK	Europäische Menschenrechtskonvention
ErbStG	Erbschaftsteuergesetz
EStG	Einkommensteuergesetz
et al.	et alia
etc.	et cetera
EWIV	Europäische Wirtschaftliche Interessenvereinigung
e.V.	eingetragener Verein
EUR	Euro
FAUB	Fachausschuss für Unternehmensbewertung und Betriebswirtschaft
f.	folgende
ff.	fortfolgende
FS	Festschrift
GG	Grundgesetz
ggf.	gegebenenfalls
GmbH	Gesellschaft mit beschränkter Haftung
GmbHG	Gesetz betreffend die Gesellschaften mit beschränkter Haftung
GmbHR	GmbH-Rundschau
GroßkommAktG	Großkommentar Aktiengesetz
GWR	Gesellschafts- und Wirtschaftsrecht
HGB	Handelsgesetzbuch
h.M.	herrschende Meinung
Hrsg.	Herausgeber
Hs.	Halbsatz
IAS	International Accounting Standards
IDW	Institut der Wirtschaftsprüfer
IDW S 1	IDW Standard 1: Grundsätze zur Durchführung von Unternehmensbewertungen
IFRS	International Financial Reporting Standards
InSO	Insolvenzordnung
IntGesR	Internationales Gesellschaftsrecht
IPO	Initial Public Offering
i.S.v.	im Sinne von
i.V.m.	in Verbindung mit
Jg.	Jahrgang
JuS	Juristische Wochenzeitschrift
JW	Juristische Wochenschrift
JZ	Juristenzeitung
KG	Kammergericht, Kommanditgesellschaft
KGaA	Kommanditgesellschaft auf Aktien
KMU	Kleinere und mittlere Unternehmen

krit.	kritisch
LG	Landgericht
M&A	Mergers & Acquisitions
MAH	Münchener Anwaltshandbuch Aktienrecht
m. Anm.	mit Anmerkung
MBO	Management Buy-out
MDR	Monatsschrift für Deutsches Recht
m.E.	meines Erachtens
MüKo	Münchener Kommentar
MünchHdbGesR	Münchener Handbuch Gesellschaftsrecht
m.w.N.	mit weiteren Nachweisen
NEMAX	Neuer-Markt-Index
NJOZ	Neue Juristische Online-Zeitschrift
NJW	Neue Juristische Wochenschrift
NJW-RR	Neue Juristische Wochenschrift-Rechtsprechungs-Report
Nr.	Nummer
NZG	Neue Zeitschrift für Gesellschaftsrecht
NZI	Neue Zeitschrift für das Recht der Insolvenz und Sanierung
OHG	Offene Handelsgesellschaft
OLG	Oberlandesgericht
RegBegr.	Regierungsbegründung
RG	Reichsgericht
RGZ	Entscheidungen des Reichsgerichts in Zivilsachen
Rn.	Randnummer
S.	Satz, Seite
SEAG	Gesetz zur Ausführung der Verordnung (EG) Nr. 2157/2001 des Rates vom 8. Oktober 2001 über das Statut der Europäischen Gesellschaft (SE)
SE-VO	Verordnung (EG) Nr. 2157/2001 des Rates vom 8. Oktober 2001 über das Statut der Europäischen Gesellschaft (SE)
SE	Societas Europaea
sog.	sogenannt
SPE	Societas Privata Europaea
SpruchG	Spruchverfahrensgesetz
StGB	Strafgesetzbuch
StuB	Steuern und Bilanzen
u.	und
u.a.	unter anderem
UG	Unternehmergesellschaft
UmwG	Umwandlungsgesetz
u.U.	unter Umständen
US-GAAP	United States Generally Accepted Accounting Principles
VVaG	Versicherungsverein auf Gegenseitigkeit
v.	von

vgl.	vergleiche
vs.	versus
WACC	Weighted Average Cost of Capital
Warn.	Warneyer
WM	Zeitschrift für Wirtschafts- und Bankrecht
WP	Wirtschaftsprüfer
WPg	Die Wirtschaftsprüfung
WPO	Wirtschaftsprüferordnung
WpÜG	Wertpapiererwerbs- und Übernahmegesetz
WpÜG-AngebotsVO	Verordnung über den Inhalt der Angebotsunterlage, die Gegenleistung bei Übernahmeangeboten und Pflichtangeboten und die Befreiung von der Verpflichtung zur Veröffentlichung und zur Abgabe eines Angebots
z.B.	zum Beispiel
ZGR	Zeitschrift für Unternehmens- und Gesellschaftsrecht
ZHR	Zeitschrift für das gesamte Handels- und Wirtschaftsrecht
ZIP	Zeitschrift für Wirtschafts- und Insolvenzrecht
zit.	zitiert
ZPO	Zivilprozessordnung

§ 1 Einführung

A. Ausgangslage und Problemstellung

Die Unternehmensbewertung ist ein Problembereich, der sowohl in der juristischen Literatur als auch der Rechtsprechung für andauernde Diskussionen sorgt und von konträren Auffassungen geprägt ist. Während das Thema Unternehmensbewertung und alle darum rankenden Fragen in der betriebswirtschaftlichen Lehre seit langem diskutiert werden, ist dieses, sich an der Schnittstelle zwischen Betriebswirtschaft und Rechtswissenschaft befindende Thema in der juristischen Rechtsprechung und Literatur noch in vielen Punkten erörterungsbedürftig. Bis heute scheinen sich keine allgemeingültigen Grundsätze zur Bewertung eines Unternehmens entwickelt zu haben, die in der Praxis durchweg zu befriedigenden Ergebnissen führen. Aber auch der Jurist, insbesondere der Wirtschaftsjurist wird immer wieder mit Fragen der Unternehmensbewertung konfrontiert. So machen verschiedenste, sich aus der Rechtsordnung direkt oder indirekt ergebende Anlässe die Durchführung einer Unternehmensbewertung erforderlich.[1]

Werden z.B. die Anteile eines GmbH-Gesellschafters gemäß § 34 GmbHG eingezogen, so hat der ausscheidende Gesellschafter nach herrschender Meinung gemäß dem in § 738 Abs. 1 S. 2 BGB zum Ausdruck kommenden allgemeinen Rechtsgrundsatz und vorbehaltlich abweichender Satzungsbestimmungen einen Anspruch auf Zahlung einer Abfindung.[2] Dem ausscheidenden Gesellschafter ist „dasjenige zu zahlen, was er bei der Auseinandersetzung erhalten würde, wenn die Gesellschaft zur Zeit seines Ausscheidens aufgelöst worden wäre“. Zur Bemessung der Abfindung bedarf es somit einer Bewertung des Unternehmens, aus dem der Gesellschafter ausscheidet.

Im GmbH-Recht wie auch im Aktienrecht finden sich noch weitere Fälle, in denen eine Unternehmensbewertung vorzunehmen ist. Aber auch in anderen Rechtsgebieten wie dem Umwandlungsrecht, dem Personengesellschaftsrecht, dem Familienrecht oder dem Erbrecht finden sich Regelungen, die die Bewertung eines Unternehmens erforderlich machen. Ferner können Anlass für Unternehmensbewertungen Transaktionen, wie z.B. der Kauf oder Verkauf von Unternehmen, oder Kreditwürdigkeitsprüfungen sein. In allen diesen Fällen stellt sich die Frage, was der Wert des jeweiligen Unternehmens ist und welche konkreten Vorgaben sich aus der Rechtsordnung für die Unternehmensbewertung ableiten lassen.[3]

Es gibt in der heutigen Bewertungstheorie eine große Anzahl, vorwiegend von der Betriebswirtschaftslehre entwickelte Bewertungsverfahren, die zum Teil völlig

1 *Hüttemann*, ZHR 162 (1998), 563 (564).

2 *Fastrich* in: Baumbach/Hueck, GmbHG, § 34, Rn. 22; *Strohn* in: MüKo, GmbHG § 34, Rn. 205 m.w.N.

3 *Hüttemann*, ZHR 162 (1998), 563 (564).

unterschiedliche Ansätze aufweisen, sich teilweise aber auch nur in Nuancen unterscheiden. Diese Vielfalt an Bewertungsverfahren erhöht die Unsicherheit, welches Bewertungsverfahren zu welchem Bewertungsanlass anzuwenden ist.[4] Klar ist, dass die Bewertung jeweils dem mit dem Bewertungsanlass verfolgten Zweck gerecht werden muss.[5] Unklar ist jedoch, ob es aus rechtlicher Sicht ein allgemeingültiges, „richtiges" Bewertungsverfahren gibt, das im Rahmen eines Bewertungsanlasses und in Abhängigkeit des jeweiligen Normzwecks vorzugswürdig anzuwenden ist.

B. Zielsetzung der Arbeit

Ziel dieser Arbeit ist es, zu überprüfen, ob sich – unter Berücksichtigung der einschlägigen Rechtsprechung und Literatur – eine allgemeingültige Bewertungsmethode im Rechtssinne feststellen lässt, die gleichermaßen bei den diversen Bewertungsanlässen Anwendung finden kann bzw. ob es jeweils ein Bewertungsverfahren gibt, das im Hinblick auf den mit dem jeweiligen Bewertungsanlass verfolgten Zweck als vorzugswürdig für die vorzunehmende Bewertung anzusehen ist. Im Fokus soll die Bewertung bei Kapitalgesellschaften stehen.

Die nachfolgenden Fragestellungen sollen im Rahmen dieser Überprüfung näher beleuchtet werden:

- In welchem Verhältnis stehen die einzelnen Bewertungsmethoden zueinander?
- Welches Ziel verfolgt die Rechtsordnung im Rahmen der unterschiedlichen Bewertungsanlässe jeweils mit einer Bewertung?
- Kann ein allgemeingültiger Wertbegriff zugrunde gelegt werden?
- Welchem konkreten Zweck dient ein Bewertungsanlass bzw. wessen Schutz dient die dem Bewertungsanlass jeweils zugrunde liegende Norm?
- Muss abhängig vom Bewertungsanlass jeweils eine bestimmte Bewertungsmethode aus rechtlicher Sicht gewählt werden, um dem jeweiligen Bewertungszweck gerecht zu werden?

C. Gang der Untersuchung

In § 2 dieser Arbeit sollen die Grundlagen für die Untersuchung und damit die allgemeinen Grundlagen der Unternehmensbewertung dargestellt werden. Zunächst soll ein Überblick über die diversen Anlässe gegeben werden, die eine Unternehmensbewertung erforderlich machen, wobei die Bewertungsanlässe im Rahmen des Kapitalgesellschaftsrechts bei dieser Arbeit im Vordergrund stehen. Im Weiteren soll der Frage nachgegangen werden, inwiefern es sich bei der Unternehmensbewertung überhaupt um eine rechtliche Fragestellung handelt, bevor anschließend die einzelnen betriebswirtschaftlichen Verfahren, die generell zu einer

---

4 *Neuhaus*, Unternehmensbewertung und Abfindung, S. 16.

5 *Piltz*, Die Unternehmensbewertung in der Rechtsprechung, S. 98.

Unternehmensbewertung herangezogen werden können, einschließlich der Entwicklung der Unternehmensbewertung in der betriebswirtschaftlichen Lehre und Praxis vorgestellt werden.

In § 3 dieser Arbeit sollen die Entwicklung und der derzeitige Stand der Rechtsprechung zur Unternehmensbewertung im Allgemeinen unter besonderer Berücksichtigung der dort gezogenen gesellschaftsrechtlichen Grenzen für die Unternehmensbewertung erarbeitet werden. Insbesondere soll betrachtet werden, ob die Rechtsprechung im Zuge der Zeit allgemeingültige Grundsätze für eine Unternehmensbewertung im Rechtssinn entwickelt hat bzw. ob es nach Ansicht der Rechtsprechung eine allgemeingültige Bewertungsmethode gibt.

In § 4 soll schließlich anhand von zwei ausgewählten Bewertungsanlässen aus dem Bereich des Kapitalgesellschaftsrechts untersucht werden, ob es eine einheitliche Bewertungsmethode gibt, die gleichermaßen bei verschiedenen Bewertungsanlässen Anwendung finden kann, oder ob sich im Hinblick auf den mit einem Bewertungsanlass verfolgten Bewertungszweck jeweils eine Bewertungsmethode als vorzugswürdig ansehen lässt, da sie dem jeweiligen Bewertungszweck am ehesten gerecht wird. Ferner soll überprüft werden, ob sich aus der im Rahmen dieser Arbeit vorgenommenen Untersuchung ggf. allgemeine Grundsätze für eine Unternehmensbewertung im Rechtssinne ableiten lassen, die im Rahmen aller Bewertungsanlässe Anwendung finden können, und es soll ein Resümee gezogen werden.

Im letzten Teil dieser Arbeit sollen die gefundenen Ergebnisse schließlich zusammengefasst werden.

§ 2 Grundlagen der Unternehmensbewertung

A. Überblick über die diversen Anlässe der Unternehmensbewertung

Es gibt eine Vielzahl von Anlässen, in denen die Rechtsordnung die Bewertung eines Unternehmens vorsieht. Sie können sich im Zusammenhang mit unternehmerischen Initiativen, aus Gründen der externen Rechnungslegung, aus gesellschaftsrechtlichen oder anderen gesetzlichen Vorschriften, aus vertraglichen Vereinbarungen oder aus sonstigen Gründen ergeben.[6] Bei unternehmerischen Initiativen werden Unternehmensbewertungen z.B. beim Kauf oder Verkauf von Unternehmen, bei Verschmelzungen, bei Sacheinlagen im Rahmen von Gründungen von Gesellschaften oder bei Kapitalerhöhungen, im Rahmen eines Börsengangs oder eines Management Buy-Outs (MBO) durchgeführt. Das Gesellschaftsrecht sieht Bewertungen u.a. beim Abschluss von Unternehmensverträgen, beim Ein- und Austritt von Gesellschaftern aus einer Personengesellschaft, bei der Eingliederung von Unternehmen, im Rahmen eines Squeeze-out für die Ermittlung des angemessenen Ausgleichs, der Abfindung in Aktien oder bei der Ermittlung von Barabfindungen sowie für die Ermittlung von Barabfindungen und Umtauschverhältnissen bei Umwandlungen vor. Weitere Anwendungsfälle für Unternehmensbewertungen finden sich bei Erbauseinandersetzungen und Erbteilungen sowie bei Abfindungsfällen im Familienrecht.[7]

Im Folgenden soll ein Überblick über diese vielfältigen Anlässe, bei denen eine Unternehmensbewertung erforderlich wird, gegeben werden.

I. Personengesellschaft

Ein Bereich, in dem sich zahlreiche Anlässe für die Unternehmensbewertung finden lassen, ist das Recht der Personengesellschaften. Da im Fokus der vorliegenden Arbeit die rechtlichen Grundlagen der Unternehmensbewertung bei Kapitalgesellschaften liegen, soll hier allerdings nur kurz auf die Anlässe der Unternehmensbewertung bei Personengesellschaften eingegangen werden.

1. Gründung einer Personengesellschaft und Eintritt von Gesellschaftern in die Gesellschaft

Sowohl bei der Gründung als auch beim Eintritt von Gesellschaftern in eine Personengesellschaft kann die Bewertung eines Unternehmens erforderlich werden. Bei der Gründung wie auch beim Eintritt eines Gesellschafters in eine Gesellschaft kann sich die Situation ergeben, dass ein Gesellschafter statt einer Bareinlage ein

---

6 Vgl. IDW S 1 2008, Rn. 8 ff.

7 Vgl. IDW S 1 2008, Rn. 8 ff.; *Hüttemann*, ZHR 162 (1998), 563 (564).

Unternehmen oder Unternehmensteile als Sacheinlage in die Gesellschaft einbringen möchte. Hier wird eine Bewertung des Unternehmens, das eingebracht werden soll, erforderlich.[8] In diesen Fällen werden sich die Parteien in der Regel vertraglich, ggf. unter Hinzuziehung von entsprechenden Sachverständigen, über den Unternehmenswert einigen. Direkte gesetzliche Vorgaben finden sich hier nicht.

2. Ausscheiden eines Gesellschafters aus einer Personengesellschaft

Ein häufiger Anlass für eine Unternehmensbewertung ist das Ausscheiden eines Gesellschafters aus einer Personengesellschaft. Ein Gesellschafter scheidet aus der Gesellschaft aus, wenn er oder ein möglicher Pfändungspfandgläubiger die Gesellschaft kündigt (vgl. §§ 723, 725, 736 BGB, 132, 135 HGB). Ferner führen Tod und Insolvenz eines Gesellschafters (vgl. §§ 736 BGB, 139 HGB) und der Ausschluss eines Gesellschafters aus der Gesellschaft (vgl. §§ 737 BGB, 140 HGB) zu dessen Ausscheiden aus der Gesellschaft. Daneben kann auch eine Regelung im Gesellschaftsvertrag den Austritt oder Ausschluss eines Gesellschafters aus der Gesellschaft über die vorgenannten gesetzlichen Regelungen hinausgehend regeln.

Die Rechtsfolgen des Ausscheidens einzelner Gesellschafter finden sich in §§ 738 bis 740 BGB. Diese Regelungen sind zwar grundsätzlich dispositiv, da sie das nicht zwingend ausgestaltete Innenverhältnis der Gesellschaft betreffen. Abweichende Klauseln in Gesellschaftsverträgen unterliegen jedoch einer weitgehenden Inhaltskontrolle der Rechtsprechung.[9] Nachfolgend sollen kurz die gesetzlichen Vorgaben der Bewertung in §§ 738 bis 740 BGB betrachtet werden, während auf die vielseitigen Klauseln in Gesellschaftsverträgen nicht näher eingegangen werden soll.

a) Gleichbehandlung aller Gesellschafter gemäß § 738 Abs. 1 S. 1 BGB

Zentrale Norm, die in diesem Fall die Abfindung des ausscheidenden Gesellschafters regelt, ist § 738 BGB. Gemäß § 738 Abs. 1 S. 1 BGB wächst der Anteil des ausscheidenden Gesellschafters am Gesellschaftsvermögen den übrigen Gesellschaftern zu, ohne dass es eines besonderen Übertragungsaktes bedarf, d.h. der ausscheidende Gesellschafter verliert seinen Anspruch am Gesamthandvermögen. Stattdessen erhält er gemäß § 738 Abs. 1 S. 2 BGB einen Abfindungsanspruch. Gemäß § 738 Abs. 1 S. 2 BGB ist dem ausscheidenden Gesellschafter „dasjenige zu zahlen, was er bei der Auseinandersetzung erhalten würde, wenn die Gesellschaft zur Zeit seines Ausscheidens aufgelöst worden wäre".[10] Legt man den Gesetzeswortlaut zugrunde, könnte es somit naheliegen, zur Ermittlung der Abfindungshöhe auf den Liquidationswert

---

8 Vgl. *Müller*, JuS 1973, 745 (745).

9 *Schäfer* in: MüKo, BGB, § 738, Rn. 12 f.

10 Diese Regelung gilt auch für die Offene Handelsgesellschaft (§§ 105 Abs. 2 HGB), die Kommanditgesellschaft (§§ 105 Abs. 2, 161. Abs. 2 HGB) sowie für die atypische stille Gesellschaft.

abzustellen.[11] Der Wortlaut der Vorschrift sieht eine fingierte Auflösung der Gesellschaft vor. Der ausscheidende Gesellschafter soll nach dem Wortlaut der Regelung im Fall des Ausscheidens genauso gestellt sein und geschützt werden wie im Fall der Auflösung der Gesellschaft zum gleichen Zeitpunkt. Die Vorschrift stellt nicht auf das Erhaltungsinteresse der fortsetzenden Gesellschafter ab, sondern stellt den Anspruch des ausscheidenden Gesellschafters in den Vordergrund.[12] Grund hierfür könnte sein, dass der Gesetzgeber sich die BGB-Gesellschaft als ein rein schuldrechtliches, an die Personen der Gesellschafter gebundenes Rechtsverhältnis vorgestellt[13] und darum der Unternehmenserhaltung keine wesentliche Rolle zugestanden hat.

b) Fortführungs- oder Liquidationswert

Nach dem Wortlaut von § 738 Abs. 1 S. 2 BGB sollen also scheinbar Liquidationswerte für die Bemessung des Abfindungsanspruchs angesetzt werden. Trotz der Tatsache, dass § 738 Abs. 1 S. 2 BGB auf einen Wert hinweist, der sich bei der Auflösung der Gesellschaft ergibt, ist die Rechtsprechung jedoch schon früh hingegangen und hat diesen Wert als den eines fortbestehenden Unternehmens angesehen und nimmt die Unternehmensbewertung wie bei einem unterstellten Verkauf des Unternehmens als Einheit einschließlich stiller Reserven und Geschäftswert vor und nimmt als Unternehmenswert gerade nicht den Wert eines zu liquidierenden Unternehmens.[14] Diese Auslegung seitens der Rechtsprechung ergibt Sinn. Der Firmenwert fließt nicht in die Liquidationsbilanz ein. Der Liquidationswert ist somit kein tauglicher Abfindungsmaßstab.[15] Bereits das Reichsgericht hat eine solche Auslegung des § 738 Abs. 1 S. 2 BGB vorgenommen und auf den „wahren Wert" des Gesellschaftsvermögens abgestellt.[16] Das Abfindungsguthaben wird also nicht auf der Basis des Liquidationswertes berechnet, sondern auf Basis des Fortführungswertes, der sich bei einem Verkauf des Unternehmens als Einheit ergeben würde.[17] Grund für diese Handhabung ist, dass durch das Ausscheiden des Gesellschafters die Gesellschaft nicht beendet wird, sondern gemäß § 738 Abs. 1 S. 1 BGB der Anteil den verbleibenden Gesellschaftern zuwächst und die Gesellschaft durch diese weiter fortgesetzt wird.[18]

---

11 *Ullrich*, Abfindung und Börsenkurs, S. 29.

12 Vgl. *Flume*, Personengesellschaft, § 12 I, S. 170; *Heller*, Die Beendigung freiberuflicher Sozietätsverhältnisse, S. 65.

13 *Mugdan*, Materialien zum BGB, Bd. 2, S. 330 (348).

14 RGZ 106, 128 (132); BGHZ 17, 130 (136); BGH NJW 1967, 1464 (1464); BGH WM 1971, 1450 (1450); *Westermann* in: Erman, BGB, § 738, Rn. 5; vgl. auch *Piltz*, Die Unternehmensbewertung in der Rechtsprechung, S. 69; a.A. *Flume*, Personengesellschaft, § 12 I, S. 170 ff., der in erster Linie auf den Wortlaut abstellt. Allerdings kommt er auf anderem Weg doch wieder zum Ergebnis der h.M.

15 *Ullrich*, Abfindung und Börsenkurs, S. 29.

16 RGZ 106, 128 (131 f.).

17 BGH WM 1971, 1450 (1450); *Müller*, JuS 1973, 745 (745).

18 BGHZ 17, 130 (136); *Großfeld*, Recht der Unternehmensbewertung, Rn. 48.

Wie dieser Fortführungswert im Einzelnen zu ermitteln ist, ist im Gesetz nicht näher geregelt.[19] Die Formulierung des § 738 Abs. 2 BGB „Wert des Gesellschaftsvermögens" könnte zwar für den Substanzwert sprechen. Allerdings gehört zum Wert des Gesellschaftsvermögens auch der Geschäftswert (Goodwill) des Unternehmens, der sich nicht in der Substanz der zum Gesellschaftsvermögen gehörigen Gegenstände verkörpert. Da Substanzwert plus Goodwill den Ertragswert des Unternehmens bilden, lässt die Gesetzesformulierung damit auch den Ansatz des Ertragswertes zu.[20]

c) Schätzung nach § 738 Abs. 2 BGB

§ 738 Abs. 2 BGB sieht vor, dass der Wert des Gesellschaftsvermögens, soweit erforderlich, im Wege der Schätzung ermittelt wird und enthält somit eine weitere Bewertungsvorgabe. Ausgangspunkt für den Ausgleichsanspruch des Gesellschafters ist danach immer das gesamte Gesellschaftsvermögen. Davon ausgehend wird schließlich der Wert des Anteils des Ausscheidenden berechnet (indirekte Bewertung).[21] Eine direkte Bewertung des Gesellschaftsanteils des ausscheidenden Gesellschafters findet nicht statt. Daher finden auch die individuellen Verhältnisse des ausscheidenden Gesellschafters keinerlei Berücksichtigung.

d) Schwebende Geschäfte

Im Rahmen der gemäß § 738 BGB vorzunehmenden Berechnung ist § 740 Abs. 1 BGB zu beachten. Nach dieser Regelung nimmt der aus der Gesellschaft Ausgeschiedene „an dem Gewinn und Verlust teil, der sich aus den zur Zeit seines Ausscheidens schwebenden Geschäften ergibt". Unter schwebenden Geschäften versteht man dabei unternehmensbezogene Umsatzgeschäfte, die am Auseinandersetzungsstichtag noch nicht beiderseits vollständig abgewickelt worden sind, ihrer Art nach aber bereits zu diesem Zeitpunkt hätten abgewickelt werden können. Hierzu gehören daher nicht Dauerschuldverhältnisse, Hilfsgeschäfte und gesetzliche Rechtsverhältnisse.[22] Der Anspruch aus § 740 Abs. 1 BGB steht nach gängiger Praxis selbständig neben dem Anspruch aus § 738 BGB und ist folglich nicht in die Unternehmensbewertung selbst einzubeziehen, sondern zwingend gesondert abzurechnen.[23] Grund hierfür ist, dass der ausscheidende Gesellschafter ansonsten an schwebenden Geschäften

---

19 Lediglich § 140 Abs. 2 HGB enthält einen Hinweis auf die Vermögenslage der Gesellschaft, ohne dies näher zu spezifizieren.

20 *Schulze-Osterloh*, ZGR 1986, 545 (547 ff.). Siehe hierzu auch die Ausführungen unter § 2 C.IV.2.

21 *Großfeld*, ZGR 1982, 141 (141 ff.); *Schulze-Osterloh*, ZGR 1986, 545 (556).

22 BGH ZIP 1986, 301 (303); BGH NJW 1993, 1194 (1195).

23 BGH NJW 1959, 1963 (1963 f.); BGH DB 1969, 787 (787); BGH NJW 1993, 1194 (1195); *Kilian* in: Henssler/Stroh, Gesellschaftsrecht, § 740 BGB, Rn. 1.

doppelt partizipieren würde, weil sein Anspruch aus § 740 Abs. 1 BGB von der Zahlung des Abfindungsguthabens unberührt bliebe.[24]

Die Sonderabrechnung der schwebenden Geschäfte birgt in der praktischen Handhabung jedoch Probleme in sich und ist häufig nur schwer oder gar nicht möglich. In der Praxis wird § 740 Abs. 1 BGB daher oftmals ausdrücklich oder konkludent ausgeschlossen. Ein konkludenter Anwendungsausschluss wird insbesondere angenommen, wenn das Abfindungsguthaben nach der Ertragswertmethode berechnet werden soll, da die schwebenden Geschäfte in die Ermittlung des künftigen Ertrags als Grundlage der Abfindung mit einfließen.[25] Wird das Abfindungsguthaben somit auf Grundlage der Ertragswertmethode berechnet, werden mit der Abfindung auch die schwebenden Geschäfte abgegolten.

Dieser Ansicht ist im Ergebnis zuzustimmen. Der Wortlaut des § 740 Abs. 1 BGB ordnet ausdrücklich keine gesonderte Abrechnung an. Vielmehr wird lediglich eine „Teilnahme" am Gewinn und Verlust der schwebenden Geschäfte angeordnet.[26] Wie genau diese „Teilnahme" auszusehen hat, lässt die Norm offen. Dem Zweck der Norm ist also Genüge getan, wenn der Abfindungsanspruch auf Basis der Ertragswertmethode berechnet wird und die schwebenden Geschäfte im Rahmen der Ermittlung der künftigen Erträge Berücksichtigung finden. Der ausscheidende Gesellschafter wird aufgrund der Schätzung am Bewertungsstichtag an dem Ergebnis der am Bewertungsstichtag schwebenden Geschäfte beteiligt. Die Vorschrift des § 740 Abs. 1 BGB wird aufgrund der heute vorherrschenden Anwendung der Ertragswertmethode daher in den meisten Fällen leer laufen.[27]

e) Berücksichtigung der Ausscheidensanlässe

Nach dem Wortlaut des § 738 Abs. 1 S. 1 BGB bleiben die vielfältigen Anlässe des Ausscheidens aus der Personengesellschaft bei der Bemessung der Abfindung unberücksichtigt. Der Gesellschafter, der aus der Gesellschaft wegen seines Verhaltens ausgeschlossen wurde, bekommt nach der Abfindungsregelung die gleiche Abfindung wie ein Gesellschafter, der durch das Verhalten der übrigen Gesellschafter aus der Gesellschaft hinausgedrängt wurde. Eine mögliche Schutzbedürftigkeit der nicht veranlassenden Partei wird vom Gesetz nicht vorgesehen.[28] Auffassungen in der Betriebswirtschaftslehre neigen daher dazu, in bestimmten Fällen den höheren Unternehmenswert der Partei zugrunde zu legen, der der Vorgang des Ausscheidens

---

24 *Neuhaus*, Unternehmensbewertung und Abfindung, S. 131.

25 BGH WM 1979, 432 (434); OLG Hamm NZG 2005, 175 (175 f.); *Kilian* in: Henssler/Strohn, Gesellschaftsrecht, § 740 BGB, Rn. 6; *Schäfer* in: MüKo, BGB, § 740, Rn. 3; *Westermann* in: Erman, BGB, § 740, Rn 1; *Roolf/Vahl*, DB 1983, 1964 (1967); *Schulze-Osterloh*, ZGR 1986, 545 (559 ff.); a.A. *K. Schmidt*, DB 1983, 2401 (2403 f.).

26 *Heller*, Die Beendigung freiberuflicher Sozietätsverhältnisse, S. 74.

27 *Heller*, Die Beendigung freiberuflicher Sozietätsverhältnisse, S. 74.

28 *Neuhaus*, Unternehmensbewertung und Abfindung, S. 17 f.

aufgezwungen worden ist.[29] Der „herausgedrängte" Gesellschafter soll besser gestellt werden als ein Gesellschafter, der selbst die Ursache für seinen Ausschluss aus der Gesellschaft gesetzt hat.[30]

Für eine solche Bewertung nach dem Veranlasserprinzip mögen zwar ethische Gesichtspunkte sprechen, rechtlich ist eine solche Bewertung aber nicht gerechtfertigt. Der Wortlaut des § 738 Abs. 1 S. 1 BGB ist eindeutig: Der Anlass für das Ausscheiden eines Gesellschafters aus der Gesellschaft soll keine Berücksichtigung finden. Diese Auslegung ist mit Blick auf die Berechnung der Abfindung auch die einzig praktikable. Logische Konsequenz einer Bewertung nach dem Veranlasserprinzip wäre nämlich eine weitere Unwägbarkeit bei der Berechnung der genauen Abfindung, da es keinen greifbaren geldwerten Maßstab zur Bemessung des widerfahrenen Unrechts eines herausgedrängten Gesellschafters gibt.

f) Sonderfall: Freiberufliche Praxen

Einen Sonderfall – auf den hier nur kurz hingewiesen werden soll – ist die Abfindung bzw. die Ermittlung der zu leistenden Abfindung eines Gesellschafters aus einer freiberuflichen Praxis (Arztpraxis, Steuerberatersozietät, Wirtschaftsprüfersozietät oder Anwaltskanzlei). Bei freiberuflichen Praxen stellt sich die Bewertung anders dar als bei sonstigen Gesellschaften. Bereits die Vermögensstruktur freiberuflicher Praxen unterscheidet sich in rechtlicher Hinsicht von anderen Gesellschaften.[31] Kennzeichen einer freiberuflichen Praxis gegenüber anderen Unternehmen ist die persönliche Leistungserbringung durch den jeweiligen Freiberufler. Diese ist geprägt von einem zwischen Mandant/Patient und Freiberufler bestehenden Vertrauensverhältnis.[32] Sofern ein Freiberufler aus einer Praxis ausscheidet, folgen ihm oftmals die von ihm betreuten Mandanten/Patienten. Kern und damit wesentlicher Vermögensgegenstand einer freiberuflichen Praxis ist daher in den meisten Fällen ihr Mandanten-/Patientenstamm.[33]

Scheidet ein Gesellschafter aus einer freiberuflichen Praxis aus und folgt ihm ein Teil der von ihm betreuten Mandanten/Patienten, so verliert die Praxis automatisch einen Teil ihres Wertes.[34] Aus diesem Grund wird vereinzelt vertreten, dass

---

29 Vgl. *Sieben/Schildbach*, DStR 1979, 455 (456 f.) m.w.N.; *Moxter*, Grundsätze ordnungsgemäßer Unternehmensbewertung, S. 17; *Neuhaus*, Unternehmensbewertung und Abfindung, S. 17 f. Anders: *Wagner*, Das Ausscheiden eines Gesellschafters aus einer OHG, S. 99 ff.; *Nonnenmacher*, Anteilsbewertung bei Personengesellschaften, S. 152 ff. Beide wollen auf die Grenzpreise der unfreiwillig ausscheidenden oder der unfreiwillig abfindenden Gesellschafter abstellen.

30 *Neuhaus*, Unternehmensbewertung und Abfindung, S. 17 f.

31 *Heller*, Die Beendigung freiberuflicher Sozietätsverhältnisse, S. 75 f.

32 *Heller*, Die Beendigung freiberuflicher Sozietätsverhältnisse, S. 75 f.; *Winter*, Der Unternehmenswert von Steuerberaterkanzleien, S. 23 ff.

33 Vgl. *Winter*, Der Unternehmenswert von Steuerberaterkanzleien, S. 23 ff.

34 *Römermann*, NJW 2007, 2209 (2213); *Heller*, Die Beendigung freiberuflicher Sozietätsverhältnisse, S. 77 f.

beim Ausscheiden aus einer freiberuflichen Praxis der ausscheidende Gesellschafter möglicherweise einen reduzierten oder sogar gar keinen Anspruch auf Abfindung (§ 738 Abs. 1 S. 2 BGB) und Beteiligung an den schwebenden Geschäften (§ 740 BGB) hat.[35]

aa) Auswirkungen auf den Abfindungsanspruch

Im Hinblick auf den Abfindungsanspruch gemäß § 738 Abs. 1 S. 2 BGB wird argumentiert, dass sich die Mitnahme von Mandaten durch den ausgeschiedenen Gesellschafter auf den Abfindungsanspruch gemäß § 738 Abs. 1 S. 2 BGB auswirke. Wenn der ausgeschiedene Gesellschafter seine Mandate/Patienten mitnehme, verliere die Praxis einen wesentlichen Teil ihres Wertes. Dieser Wert, den die Praxis mit dem Verlust der Mandate/Patienten verliere, entspreche dem Anteil des Ausscheidenden an der Praxis. Ein darüber hinausgehender Abfindungsanspruch entfalle.[36]

Eine solche Sichtweise ist sehr einseitig und lässt unberücksichtigt, dass neben den Mandaten/Patienten, die zweifellos ein wesentlicher Vermögensfaktor sind, auch noch weitere Vermögensgegenstände den Wert einer Praxis ausmachen.[37] Neben den Mandaten/Patienten sind auch die Vermögensgegenstände zu berücksichtigen, die den Substanzwert der Praxis ausmachen, wie z.B. die Einrichtung. Insbesondere bei Arztpraxen kann dies einen bedeutenden Vermögenswert darstellen. Ferner sind auch diejenigen Vermögensgegenstände in die Bewertung mit einzubeziehen, die neben den Mandaten/Patienten den Goodwill der Praxis ausmachen.[38] Neben dem Standort der Praxis – es ist ein Unterschied, ob die Sozietät im Stadtzentrum von Köln oder in Bergisch Gladbach ansässig ist – spielen hier auch die Qualität der Mitarbeiter, der Ruf, das Ansehen und der Bekanntheitsgrad der Sozietät eine Rolle.[39]

Der überwiegende Teil der Literatur und die Rechtsprechung gehen daher auch richtigerweise davon aus, dass für die gesetzlich geschuldete Abfindung grundsätzlich der wirkliche Wert der Gesellschaft, der sich aus Substanzwert, stillen Reserven und Goodwill zusammensetzt, maßgeblich sein soll.[40] Die rechtlich unbegrenzte Möglichkeit, dass der ausscheidende Gesellschafter um die bisherigen Mandate/Patienten der Praxis werben kann, darf aber nicht unberücksichtigt bleiben. Die

35 *Michalski*, Das Gesellschafts- und Kartellrecht der berufsrechtlich gebundenen freien Berufe, S. 347 ff.

36 *Michalski*, Das Gesellschafts- und Kartellrecht der berufsrechtlich gebundenen freien Berufe, S. 347 ff.

37 *Heller*, Die Beendigung freiberuflicher Sozietätsverhältnisse, S. 77 f.

38 *Heller*, Die Beendigung freiberuflicher Sozietätsverhältnisse, S. 77 f.; *Römermann*, NJW 2007, 2209 (2213).

39 *Englert*, BB 1997, 142 (142 ff.); *Römermann*, NJW 2007, 2209 (2210); *Heller*, Die Beendigung freiberuflicher Sozietätsverhältnisse, S. 77 f.

40 BGH WM 1979, 1064 (1065); BGH NJW 1994, 796 (797); DStR 1996, 1254 (1255) m. Anm. Goette; *Römermann*, NJW 2007, 2209 (2213).

Realteilung, die eine Mitnahme der Mandate/Patienten einschließt, muss im Ergebnis dazu führen können, dass der Abfindungsanspruch des Ausscheidenden im Hinblick auf den Goodwill auf null reduziert werden kann.[41] Kann der Ausscheidende nur einen Teil des ihm grundsätzlich zuzurechnenden Mandanten-/Patientenstammes mitnehmen, müssen die mitgenommenen Mandate/Patienten auf den Abfindungsanspruch angerechnet werden.[42] Ansonsten würde es zu einer doppelten Leistung der Abfindung, nämlich einmal in Geld und einmal in der Form von Mandaten/Patienten kommen.[43] Der BGH hat in einem Urteil aus dem Jahr 2000 zu recht betont, dass ein Gesellschafter, der aus einer Freiberuflersozietät gegen Zahlung einer Abfindung ausscheidet, mangels abweichender Abreden die Mandanten der Sozietät nicht mitnehmen darf, wenn die Abfindung auch den Wert des Mandantenstammes abgelten soll.[44]

Wie allerdings der Wert eines Mandats/Patienten genau beziffert werden soll, welche Kriterien hierfür zu Grunde zu legen sind und wie der Abfindungsanspruch genau bemessen werden soll, ist in der Praxis oftmals schwierig und bleibt eine von Gutachtern zu beantwortende Frage.[45]

bb) Auswirkungen auf schwebende Geschäfte

In einer freiberuflichen Praxis gehören zu den schwebenden Geschäften grundsätzlich die laufenden Mandatsvereinbarungen bzw. Behandlungsverträge mit Patienten.[46] Da der Mandant/Patient beim Ausscheiden eines Gesellschafters aus der freiberuflichen Praxis frei entscheiden kann, ob er mit dem ihn bisher betreuenden Gesellschafter mitgeht und ebenfalls die freiberufliche Praxis verlässt oder, ob er weiterhin von der fortgesetzten freiberuflichen Praxis betreut werden will, wird vereinzelt argumentiert, dass § 740 BGB bei freiberuflichen Praxen unanwendbar ist. Der ausscheidende Gesellschafter würde gegenüber den fortsetzenden Gesellschaftern einseitig bevorzugt, wenn er neben den Mandaten/Patienten, die er mitnehmen

---

41 Vgl. OLG Celle NZG 2002, 862 (863 f.); DStR 1996, 1254 (1255 f.) m. Anm. Goette; *Peres/Senft*, Sozietätsrecht, § 10, Rn. 54.

42 BGH NJW 2000, 2584 (2584); BGH DStR 1997, 82 (83) m. Anm. Goette; *Peres/Senft*, Sozietätsrecht, § 10, Rn. 22.

43 BGH NJW 2000, 2584 (2584).

44 BGH NJW 2000, 2584 (2584 f.).

45 Michalski stellt zwar die Überlegung an, dass sich auch die rechtlichen Prämissen der Abfindungsbemessung aufgrund der standesrechtlichen Regeln zur Sozietätsauflösung ändern könnten, kommt aber dann auch zu einem ablehnenden Ergebnis, mit der Begründung, dass der Goodwill der freiberuflichen Praxis höher sei, als die Summe des jedem einzelnen Gesellschafters entgegengebrachten Vertrauens, vgl. *Michalski*, Das Gesellschafts- und Kartellrecht der berufsrechtlich gebundenen freien Berufe, S. 347 ff.; *Heller*, Die Beendigung freiberuflicher Sozietätsverhältnisse, S. 77 f.

46 *Heller*, Die Beendigung freiberuflicher Sozietätsverhältnisse, S. 76 f.

könne, auch noch an den bei der freiberuflichen Praxis verbleibenden Mandanten partizipieren würde.[47]

Diese Ansicht ist jedoch abzulehnen. Sie lässt unberücksichtigt, dass die bei der freiberuflichen Praxis verbleibenden Geschäfte im Rahmen des § 740 BGB gesondert abgerechnet werden und schwebende Geschäfte, die beim ausscheidenden Gesellschafter verbleiben, gar nicht erst bei der Abrechnung berücksichtigt werden.[48] Die bei der freiberuflichen Praxis verbleibenden schwebenden Geschäfte sind aus der Auseinandersetzungsbilanz herauszunehmen. Sie unterliegen einer gesonderten Abrechnung, während schwebende Geschäfte, die beim ausscheidenden Gesellschafter verbleiben, gar nicht erst im Rahmen des § 740 BGB berücksichtigt werden.[49] Stattdessen werden die Mandate/Patienten, die der ausscheidende Gesellschafter mitnimmt, bei der Bemessung des Abfindungsanspruchs gemäß § 738 Abs. 1 S. 2 BGB berücksichtigt. Der Abfindungsanspruch reduziert sich entsprechend.[50] Dementsprechend kann es im Rahmen des § 740 BGB nicht zu einer einseitigen Bevorzugung des ausscheidenden Gesellschafters kommen, da die schwebenden Geschäfte, die der ausscheidende Gesellschafter mitnimmt, im Rahmen des § 740 BGB keine Rolle spielen.

Hinsichtlich der Beteiligung an schwebenden Geschäften ist daher beim Ausscheiden eines Gesellschafters aus einer freiberuflichen Praxis im Ergebnis keine andere Behandlung als beim Ausscheiden eines Gesellschafters aus einer sonstigen Gesellschaft bürgerlichen Rechts geboten.

cc) Auswirkungen auf die Ermittlung des Unternehmenswertes

Die starke Personenbezogenheit der freiberuflichen Leistungserbringung hat Auswirkungen auf die Ermittlung des jeweiligen Unternehmenswertes. Die starke Bindung der Mandanten/Patienten an eine bestimmte Person führt dazu, dass bei Ausscheiden eines Gesellschafters ein Teil der Mandanten/Patienten, nämlich diejenigen, die zuvor von dem ausscheidenden Gesellschafter beraten/behandelt wurden, ebenfalls die Gesellschaft „verlassen“ und mit dem Gesellschafter „mitgehen“ werden.[51] Hieraus wird daher in der Praxis vielfach der Schluss gezogen, der Praxiswert einer freiberuflichen Praxis sei „seinem Wesen nach“ etwas anderes als der Firmenwert eines gewerblichen Unternehmens, weshalb eine Bewertung

---

47 *Michalski*, Das Gesellschafts- und Kartellrecht der berufsrechtlich gebundenen freien Berufe, S. 347 f.

48 BGH NJW 1959, 1963 (1963 f.); BGH DB 1969, 787 (787); BGH NJW 1993, 1194 (1194 f.).

49 *Heller*, Die Beendigung freiberuflicher Sozietätsverhältnisse, S. 76 f.

50 Siehe die Ausführungen unter § 2 A.I.2.f) aa).

51 *Heller*, Die Beendigung freiberuflicher Sozietätsverhältnisse, S. 78 f.

mit den allgemein betriebswirtschaftlich anerkannten Methoden, insbesondere der Ertragswerttheorie, nicht möglich sein soll.[52]

Die Frage, welches Bewertungsverfahren[53] aber das „richtige Verfahren" darstellt, ist umstritten und vielfach diskutiert.[54] Die Ansichten, die in der Betriebswirtschaftslehre, der Bewertungspraxis[55] und der Rechtsprechung hierzu vertreten werden, sind gespalten.

(1) Bewertungsverfahren nach der Bewertungspraxis

In der Bewertungspraxis wird vor allem die sog. Umsatzmethode angewendet, bei der die Bewertung durch eine Zusammensetzung des Substanzwertes einer Praxis und ihrer ideellen Werte, dem sog. „Goodwill", erfolgt.[56] Der Substanzwert setzt sich im Wesentlichen aus der Praxiseinrichtung, EDV-Anlagen und der dazugehörigen Software, der Bibliothek, noch nicht verbrauchten Materialien, ggf. den Praxisräumen, ausstehenden Forderungen und noch nicht abgerechneten Leistungen zusammen; der „Goodwill" wird anhand des Umsatzes berechnet.[57] Hierzu wird der durchschnittliche Umsatz der letzten drei Jahre, wobei das letzte Jahr doppelt gewichtet wird, als Wertbestimmungsfaktor zu Grunde gelegt. Dieser Umsatz wird um außerordentliche Einnahmen, mit deren Wiederkehr nicht zu rechnen ist, bereinigt. Der so ermittelte Praxisumsatz wird mit einem bestimmten Faktor multipliziert. Bei Rechtsanwaltspraxen wird von einem Faktor zwischen 0,3 und 1,0 ausgegangen, in Ausnahmefällen bis zu 1,3, also zwischen 30% und 130%.[58] Die genaue Bestimmung des Berechnungsfaktors ist einzelfallabhängig. Als werterhöhend werden z.B. das langjährige Bestehen der Kanzlei (> 10 Jahre), ein breit gestreuter Mandantenkreis, ein besonderer Ruf der Kanzlei sowie überdurchschnittlich niedrige Kosten der Kanzlei angesehen, wertmindernde Faktoren sind demgegenüber ein kurzes Bestehen der Kanzlei (< 10 Jahre), hohes Alter und schlechte Gesundheit des Kanzleiinhabers, ein Beschränken auf wenige Großmandate, Kosten durch angestellte Rechtsanwälte und überdurchschnittlich hohe sonstige Kosten.[59]

---

52 *Ernst et al.*, BRAK-Mitt. 6/2009, 268 (269); *Englert*, BB 1997, 142 (142); *Narr*, Ärztliches Berufsrecht, S. 216 f.; *Bauer*, Steuerberaterkanzleien, S. 65; *Heller*, Die Beendigung freiberuflicher Sozietätsverhältnisse, S. 78 f.

53 Zu den einzelnen Bewertungsverfahren siehe die Ausführungen unter § 2 C.IV.

54 *Heller*, Die Beendigung freiberuflicher Sozietätsverhältnisse, S. 78 ff.

55 Hier üben die Standesorganisationen einen erheblichen Einfluss auf die Bewertung aus, indem sie Richtlinien und Empfehlungen ausgeben und Stellungnahmen abgeben.

56 *Ernst et al.*, BRAK-Mitt. 6/2009, 268 (268); *Barthel*, DStR 1996, 1458 (1458).

57 *Ernst et al.*, BRAK-Mitt. 6/2009, 268 (268 ff.); *Englert*, BB 1997, 142 (142 ff.).

58 *Ernst et al.*, BRAK-Mitt. 6/2009, 268 (270).

59 *Ernst et al.*, BRAK-Mitt. 6/2009, 268 (270 f.).

(2) Bewertungsverfahren nach der Literatur

Demgegenüber wird in der Literatur teilweise davon ausgegangen, dass auch bei der Praxisbewertung die allgemeinen Grundsätze der Unternehmensbewertung übernommen werden können und insbesondere mittels der Ertragswertmethode sachgerechte und richtige Werte erzielt werden. Den sich aus der Personenbezogenheit ergebenden Besonderheiten kann danach auch mit den allgemeinen Grundsätzen der Unternehmensbewertung Rechnung getragen werden.[60] Andere vertreten wiederum die Ansicht, dass diese Methode den Anforderungen an die Praxis nicht gerecht und den Besonderheiten freiberuflicher Praxen nicht ausreichend Rechnung getragen wird.[61]

(3) Bewertungsverfahren nach der Rechtsprechung

Die Rechtsprechung hat sich bislang für keine konkrete Bewertungsmethode ausgesprochen.[62] Im Gegenteil: Der BGH scheint die Wahl der Bewertungsmethode offen halten zu wollen:

In seiner Entscheidung vom 24.10.1990[63] hatte sich der BGH mit den Besonderheiten bei der Bewertung freiberuflicher Praxen zu beschäftigen. Anlass der Bewertung war hier zwar nicht das Ausscheiden eines Gesellschafters aus einer Praxis, sondern die Verpflichtung zum Zugewinnausgleich eines in einer Einzelpraxis tätigen Orthopäden, allerdings musste er auch hier auf die Frage nach der „richtigen Bewertungsmethode“ eingehen.[64]

Der BGH hat entschieden, dass es eine rechtsverbindliche Bewertungsmethode nicht gebe und die Auswahl und Anwendung der Bewertungsmethode Sache des sachverständig beratenen Tatrichters sei.[65] In dem von ihm zu entscheidenden Fall hat er sich zwar im Ergebnis für die von der Ärztekammer empfohlene Umsatzmethode ausgesprochen und die Anwendung einer Methode, die in Form der Richtlinie von der zuständigen Standesorganisation empfohlen und in der Praxis verbreitet ist, als sachgerecht bezeichnet und auf die besonderen Schwierigkeiten hinsichtlich der Anwendung der Ertragswertmethode bei der Bewertung von Freiberufler-Praxen hingewiesen.[66] Hierin ist jedoch keinesfalls eine grundsätzliche Absage an die Ertragswertmethode zu sehen. Der BGH hat die Wahl

---

60 *Heller*, Die Beendigung freiberuflicher Sozietätsverhältnisse, S. 78 ff.; *Behringer*, StuB 2008, 145 (149).

61 Vgl. *Bauer*, Steuerberaterkanzleien, S. 65 m.w.N.

62 Vgl. *Piltz*, Die Unternehmensbewertung in der Rechtsprechung, S. 248 ff.

63 BGH WM 1991, 283 (283 ff.).

64 BGH WM 1991, 283 (283 ff.); *Heller*, Die Beendigung freiberuflicher Sozietätsverhältnisse, S. 88 ff.

65 BGH WM 1991, 283 (283 ff.); *Heller*, Die Beendigung freiberuflicher Sozietätsverhältnisse, S. 88 ff.

66 BGH WM 1991, 283 (284 ff.); *Heller*, Die Beendigung freiberuflicher Sozietätsverhältnisse, S. 88 ff.

der konkreten Bewertungsmethode gerade dem jeweiligen Tatrichter überlassen und keine Methode als „richtige" Bewertungsmethode herausgestellt. Auch eine Bewertung von Freiberufler-Praxen nach der Ertragswertmethode ist nach dem BGH also möglich.[67]

(4) Auswirkungen der Ansicht der Rechtsprechung auf die Bewertungspraxis

In der Praxis ist es primär bei der Anwendung der Umsatzmethode für die Bewertung von Freiberufler-Praxen geblieben. Die Bundesrechtsanwaltskammer empfiehlt weiterhin – mit Verweis auf die Besonderheiten freiberuflicher Praxen – die Anwendung der Umsatzmethode.[68] Auch die Bundessteuerberaterkammer hat sich in den von ihr am 30.6.2010 veröffentlichten Hinweisen zur Ermittlung des Wertes einer Steuerberaterpraxis weiterhin für die Anwendung der Umsatzmethode ausgesprochen.[69] Lediglich die Bundesärztekammer hat in ihren Hinweisen zur Bewertung von Arztpraxen vom 9.9.2008 den reinen Bezug auf den Umsatz aufgegeben und geht jetzt von einer ertragswertorientierten Methode unter Berücksichtigung der Kosten aus.[70]

Es bleibt abzuwarten, ob sich auch die restliche Praxis in Zukunft von der Umsatzmethode abwenden wird.

II. GmbH

Ein Bereich, in dem die Unternehmensbewertung eine immer größere Rolle spielt und der im Rahmen dieser Arbeit daher auch schwerpunktmäßig beleuchtet werden soll, ist die Bewertung von Unternehmen, Unternehmensteilen und Anteilen an Unternehmen im Recht der Kapitalgesellschaften.

Denkbare Fälle, bei denen die Bewertung von Unternehmen, Unternehmensteilen und Anteilen an Unternehmen eine Rolle spielt, können sich im GmbH-Recht bei der Gründung einer GmbH, bei Kapitalerhöhungen sowie beim Ausscheiden eines Gesellschafters aus einer GmbH ergeben.

---

67 Siehe hierzu auch *Heller*, Die Beendigung freiberuflicher Sozietätsverhältnisse, S. 88 ff.

68 *Ernst et al.*, BRAK-Mitt. 6/2009, 268 (268 ff.).

69 *Bundessteuerberaterkammer (Präsidium)*, Hinweise der Bundessteuerberaterkammer für die Ermittlung des Wertes einer Steuerberaterpraxis, http://www.bstbk.de/export/sites/standard/de/ressourcen/Dokumente/04_presse/publikationen/03_berufsrecht/18-4.2.1_Hinweise_Praxiswertermittlung.pdf.

70 *Bundesärztekammer/Kassenärztliche Bundesvereinigung*, Hinweise zur Bewertung von Arztpraxen, Deutsches Ärzteblatt, Jg. 105, Heft 51–52, 22.12.2008, A 2778 (A 2778).

1. Gründung einer GmbH

Eine GmbH kann statt durch Bareinlagen gemäß § 5 Abs. 4 GmbHG auch mittels Sacheinlagen gegründet werden. Eine solche Sacheinlage kann z.B. ein bereits existierendes Unternehmen oder ein Unternehmensteil sein.[71]

Bei Sacheinlagen gilt der Grundsatz, dass der Wert der Sacheinlage den Betrag der Anrechnung auf die Einlage voll decken muss. Der Grundsatz der Kapitalaufbringung und der Kapitalerhaltung des Stammkapitals verbietet Unterpariemissionen.[72] Die Gesellschafter haben hierzu gemäß § 5 Abs. 4 GmbHG in einem Sachgründungsbericht die für die Angemessenheit der Leistungen für Sacheinlagen wesentlichen Umstände darzulegen. Zwar ist grundsätzlich keine gesetzliche Bewertung der Leistung, z.B. des einzubringenden Unternehmens, vorgesehen. Eine solche kann und muss aber von dem mit der Eintragung befassten Registerrichter vorgenommen werden, wenn er gegen die von der Gesellschaft vorgenommene Bewertung Bedenken hat. Diese Prüfungspflicht des Registerrichters ergibt sich allgemein aus § 9c Abs. 1 GmbHG. Allerdings kann die Eintragung der Gesellschaft ins Handelsregister gemäß § 9c Abs. 1 S. 2 GmbHG nur versagt werden, wenn die Überbewertung mehr als nur unwesentlich ist.[73]

Bewertungszeitpunkt ist gemäß § 9 Abs. 1 GmbHG grundsätzlich die Anmeldung der Gesellschaft zum Handelsregister.[74] Für die Bewertung durch den Registerrichter soll nach h.M. jedoch der Zeitpunkt der Eintragung maßgeblich sein.[75] Liegt eine Überbewertung vor, hat der Registerrichter die Eintragung gemäß § 9c Abs. 1 S. 2 GmbHG abzulehnen. Eine Überbewertung, sofern diese nicht nur unwesentlich ist, stellt somit ein Eintragungshindernis dar.[76] Ferner besteht nach § 9 GmbHG eine Bareinlagepflicht in Höhe des Fehlbetrages (Differenzhaftung) ohne Rücksicht auf Ursache und Ausmaß.[77]

Dementsprechend spielt auch hier das Thema Unternehmensbewertung eine Rolle. Welche Bewertungsmethode bei der Überprüfung des für die Sacheinlage angesetzten Wertes anzuwenden ist, ist gesetzlich nicht weiter geregelt.

---

71 *Bayer* in: Lutter/Hommelhoff, GmbHG, § 5, Rn. 20.

72 *Bayer* in: Lutter/Hommelhoff, GmbHG, § 5, Rn. 24.

73 *Fastrich* in: Baumbach/Hueck, GmbHG, § 5, Rn. 33.

74 H.M. Siehe *Bayer* in: Lutter/Hommelhoff, GmbHG, § 5, Rn. 28; *Fastrich* in: Baumbach/Hueck, GmbHG, § 5, Rn. 34; *Schäfer* in: Henssler/Strohn, Gesellschaftsrecht, § 5 GmbHG, Rn. 23; siehe auch OLG Düsseldorf WM 1991, 1669 (1670).

75 *Fastrich* in: Baumbach/Hueck, GmbHG, § 5, Rn. 34.

76 *Fastrich* in: Baumbach/Hueck, GmbHG, § 5, Rn. 35; *Schäfer* in: Henssler/Strohn, Gesellschaftsrecht, § 5 GmbHG, Rn. 22.

77 *Fastrich* in: Baumbach/Hueck, GmbHG, § 5, Rn. 35.

2. *Kapitalerhöhung*

Auch im Rahmen von Sachkapitalerhöhungen finden die zuvor unter § 2 A.II.1. genannten Grundsätze Anwendung, sofern ein Unternehmen, ein Anteil an einem Unternehmen oder ein Unternehmensteil anstatt einer Bareinlage im Rahmen einer Kapitalerhöhung eingebracht werden sollen. Gemäß § 56 Abs. 1 S. 1 GmbHG müssen der Gegenstand der Sacheinlage und der Nennbetrag des Geschäftsanteils, auf den sich die Sacheinlage bezieht, im Beschluss über die Erhöhung des Stammkapitals festgesetzt werden. Gemäß § 56 Abs. 1 S. 2 GmbHG ist diese Festsetzung in die gemäß § 55 Abs. 1 GmbHG notariell zu beglaubigende Übernahmeerklärung des die Einlage übernehmenden Gesellschafters aufzunehmen. Auch hier gilt der Grundsatz des Verbots der Unterpariemission.[78] Den Registerrichter trifft eine Prüfungspflicht, nach der er eine Bewertung des Unternehmens, des Anteils des Unternehmens bzw. des Unternehmensteils, der als Sacheinlage eingebracht werden soll, vorzunehmen hat.[79] Stellt er eine Überbewertung vor der Eintragung der Kapitalerhöhung fest, hat er die Eintragung der Kapitalerhöhung gemäß § 57a GmbHG i.V.m. § 9c Abs. 1 S. 2 GmbHG entsprechend abzulehnen. Ferner finden auch hier die Grundsätze der Differenzhaftung Anwendung. Diese Differenzhaftung wird begleitet von der Solidarhaftung aller Gesellschafter für den Fehlbetrag gemäß § 24 GmbHG.[80]

Welche Bewertungsmethode bei der Überprüfung des für die Sacheinlage angesetzten Wertes anzuwenden ist, ist auch hier gesetzlich nicht vorgegeben.

3. *Ausscheiden eines Gesellschafters aus einer GmbH*

Im Fall des Ausscheidens eines Gesellschafters aus einer GmbH hat im Rahmen der Errechnung der als Ausgleich für das Ausscheiden aus der Gesellschaft zu zahlenden Abfindung eine Bewertung des Unternehmens stattzufinden. Folgende Gründe lassen sich für das Ausscheiden eines Gesellschafters aus der GmbH unterscheiden: Ausscheiden eines Gesellschafters durch die Einziehung von Geschäftsanteilen (§ 34 GmbHG), das Ausscheiden eines Gesellschafters durch Ausschluss aus der Gesellschaft sowie das Ausscheiden eines Gesellschafters durch Austritt des Gesellschafters aus der Gesellschaft.

a) Einziehung von Geschäftsanteilen

Die Einziehung selbst ist im Gesetz nicht definiert. Nach herrschender Meinung ist hierunter aber die Vernichtung eines Geschäftsanteils mit allen Rechten und Pflichten ohne eine damit einhergehende Veränderung des Stammkapitals zu verstehen.[81] Unabhängig davon, ob ein Fall der freiwilligen Einziehung, d.h. eine

78 *Bayer* in: Lutter/Hommelhoff, GmbH, § 56, Rn. 6.
79 *Bayer* in: Lutter/Hommelhoff, GmbH, § 56, Rn. 6 f.
80 *Zöllner/Fastrich* in: Baumbach/Hueck, GmbHG, § 56, Rn. 18.
81 BGH NJW 1977, 2316 (2316); *Fleischer* in: Henssler/Strohn, Gesellschaftsrecht, § 34 GmbHG, Rn. 1.

Einziehung von Geschäftsanteilen mit Zustimmung des Anteilsinhabers, oder ein solcher der Zwangseinziehung von Geschäftsanteilen, d.h. ohne Zustimmung des Anteilsinhabers, vorliegt, ist im Rahmen einer Einziehung von Geschäftsanteilen eine Abfindung an den ausscheidenden Gesellschafter zu zahlen. Der Abfindungsanspruch ist zwar im GmbHG selbst nicht geregelt, es ist aber allgemein anerkannt, dass der ausscheidende Gesellschafter einen Rechtsanspruch auf eine Abfindung hat. Vereinzelt wird auf Gewohnheitsrecht verwiesen.[82] Die herrschende Meinung in Literatur und Rechtsprechung zieht für die Bemessung der Abfindung bei der Einziehung von GmbH-Geschäftsanteilen einheitlich die Norm des § 738 Abs. 1 S. 2 BGB analog heran.[83] Somit gelten im Recht der GmbH die gleichen Grundsätze wie bei der Abfindung von Personengesellschaften,[84] auf die insoweit verwiesen wird.[85] Der betroffene Gesellschafter hat, sofern sich aus der Satzung nichts anderes ergibt, nach dem in § 738 Abs. 1 Satz 2 BGB zum Ausdruck kommenden allgemeinen Rechtsgrundsatz einen gemäß § 271 Abs. 1 BGB sofort fällig werdenden Anspruch auf Abfindung.[86]

Eine bestimmte Methode zur Ermittlung des Unternehmenswertes ist auch hier nicht vorgeschrieben.[87] Wegen der mit der Bewertung verbundenen Probleme finden sich in der Satzung häufig Regelungen zu den Voraussetzungen und zur Höhe der Abfindung, die das anzuwendende Bewertungsverfahren näher konkretisieren, um weiteren Streitigkeiten über den korrekten Unternehmenswert vorzubeugen.[88] Diese sollen im Rahmen dieser Arbeit jedoch nicht weiter beleuchtet werden.

b) Ausschluss und Austritt

Das GmbHG regelt den Ausschluss von Gesellschaftern, d.h. das zwangsweise Ausschließen eines Gesellschafters aus der Gesellschaft, und ihren Austritt, also das freiwillige Ausscheiden eines Gesellschafters aus der Gesellschaft, grundsätzlich nicht.[89] Lediglich die §§ 21, 28 GmbHG sehen Regelungen für den Ausschluss eines Gesellschafters aus der GmbH vor. § 27 GmbHG regelt ein Austrittsrecht des Gesellschafters bei unbeschränkter Nachschusspflicht durch Preisgabe des Geschäftsanteils.[90]

---

82 *Kesselmeier*, Ausschließungs- und Nachfolgeregelung, S. 116 f.

83 *Fastrich* in: Baumbach/Hueck, GmbHG, § 34, Rn. 22; *Strohn* in: MüKo, GmbHG, § 34, Rn. 205 m.w.N.

84 *Ulmer* in: Großkommentar GmbHG, § 34, Rn. 72 ff.; *Westermann* in: Scholz, GmbHG, § 34, Rn. 25; *Fastrich* in: Baumbach/Hueck, GmbHG, § 34, Rn. 22.

85 Siehe hierzu die Ausführungen unter § 2 A.I.2 sowie auch unter § 4 A.IV.1.

86 *Fleischer* in: Henssler/Strohn, Gesellschaftsrecht, § 34 GmbHG, Rn. 17.

87 BGHZ 116, 359 (371); BGH NJW 1993, 2101 (2103) für OHG; BGH NJW 1991, 1547 (1548); *Fleischer* in: Henssler/Strohn, Gesellschaftsrecht, § 34 GmbHG, Rn. 17.

88 Vgl. *Fleischer* in: Henssler/Strohn, Gesellschaftsrecht, § 34 GmbHG, Rn. 18.

89 *Baumbach/Hueck/Fastrich/Haas/Noack/Zöllner* in: Baumbach/Hueck, GmbHG, Anh. nach § 34, Rn. 1.

90 *Baumbach/Hueck/Fastrich/Haas/Noack/Zöllner* in: Baumbach/Hueck, GmbHG, Anh. nach § 34, Rn. 1.

Aufgrund der im Gesellschaftsrecht herrschenden Satzungsautonomie kann zwar die Satzung den Ausschluss und den Austritt von Gesellschaftern im Rahmen der Gestaltungsfreiheit regeln, allerdings würde dies in Fällen, in denen eine Regelung durch die Satzung fehlt, häufig zu unbefriedigenden Ergebnissen führen. Da auch die Einziehung von Geschäftsanteilen gemäß § 34 Abs. 1, 2 GmbHG nur auf der Grundlage einer satzungsmäßigen Ermächtigung möglich ist, bliebe z.B. in dem Fall, dass einer Aufrechterhaltung der Gesellschaft für einen Gesellschafter wichtige Gründe entgegenstehen, nur die Möglichkeit der Auflösung der Gesellschaft gemäß § 61 Abs. 1 Alt. 2 GmbHG.[91] Dies würde aber in den meisten Fällen zu einem unangemessenen Ergebnis für die übrigen Gesellschafter, die an einem Fortbestand der Gesellschaft weiter interessiert sind, führen. Es ist daher allgemein anerkannt, dass auch ohne eine gesetzliche oder satzungsmäßige Regelung, entsprechend dem allgemeinen Rechtsgrundsatz, dass Dauerrechtsverbindungen aus wichtigem Grund lösbar sein müssen, sowohl der Ausschluss eines Gesellschafters[92] wie auch sein Austritt[93] zulässig sind, sofern ein den Austritt oder Ausschluss rechtfertigender wichtiger Grund vorliegt.[94] Ob ein wichtiger Grund vorliegt, ist jeweils eine Einzelfallentscheidung.[95] Da das Recht des Gesellschafters einer GmbH, bei Vorliegen eines wichtigen Grundes aus der Gesellschaft auszutreten, zu seinen zwingenden, unverzichtbaren Mitgliedschaftsrechten gehört, darf dieses nicht in unzulässiger Weise eingeschränkt werden.[96] Daher kann der Ausschluss aus wichtigem Grund wie auch der Austritt aus wichtigem Grund durch die Satzung nicht wirksam ausgeschlossen werden.[97] Auch mittelbare Beschränkungen des Austrittsrechts etwa durch einen Ausschluss oder erhebliche Einschränkungen des Abfindungsanspruchs im Fall des Austritts sind deshalb unzulässig.[98]

Sowohl im Fall des Ausschlusses als auch beim Austritt besteht ein Anspruch des betroffenen Gesellschafters auf Zahlung einer Abfindung. Die zu leistende Abfindung berechnet sich nach denselben Grundsätzen wie im Rahmen der Einziehung,[99] so dass auch hier eine Bewertung des Unternehmens erforderlich wird.

---

91 *Fleischer* in: Henssler/Strohn, Gesellschaftsrecht, § 34 GmbHG, Rn. 24.

92 BGHZ 9, 157 (159 ff.).

93 BGHZ 116, 359 (369).

94 BGHZ 9, 157 (159 ff.); BGHZ 116, 359 (369); *Goette*, DStR 2001, 533 (541); *Heidinger/Blath*, GmbHR 2007, 1184 (1188); *Ulmer* in: Großkommentar GmbHG, Anh. nach § 34, Rn. 3; *Fleischer* in: Henssler/Strohn, Gesellschaftsrecht, § 34 GmbHG, Rn. 24; *Baumbach/Hueck/Fastrich/Haas/Noack/Zöllner* in: Baumbach/Hueck, GmbHG, Anh. nach § 34, Rn. 1.

95 *Fleischer* in: Henssler/Strohn, Gesellschaftsrecht, § 34 GmbHG, Rn. 25 f.

96 BGHZ 116, 359 (369).

97 *Baumbach/Hueck/Fastrich/Haas/Noack/Zöllner* in: Baumbach/Hueck, GmbHG, Anh. nach § 34, Rn. 1, 27; *Fleischer* in: Henssler/Strohn, Gesellschaftsrecht, § 34 GmbHG, Rn. 27.

98 BGHZ 116, 359 (369); *Fleischer* in: Henssler/Strohn, Gesellschaftsrecht, § 34 GmbHG, Rn. 27.

99 Siehe hierzu die Ausführungen unter § 2 A.II.3.a).

Eine bestimmte Ermittlungsmethode für die Ermittlung des Unternehmenswertes ist auch hier nicht vorgeschrieben.

c) Kündigung

Ein Recht zur ordentlichen Kündigung besteht für die Gesellschaft und für einzelne Gesellschafter grundsätzlich nur dann, wenn dies in der Satzung entsprechend geregelt ist.[100] Im Übrigen ist eine ordentliche Kündigung sowohl für die Gesellschaft als auch für den einzelnen Gesellschafter im GmbHG nicht vorgesehen. Sieht die Satzung ein Recht auf ordentliche Kündigung durch einen Gesellschafter vor, ist die Höhe der zu leistenden Abfindung zu bestimmen. In manchen Fällen wird die Satzung schon eine Regelung zur Ermittlung der Höhe der zu leistenden Abfindung enthalten. In anderen Fällen wird sich nur ein Verweis auf die Regelungen zur Einziehung finden und sich auch hier die Frage nach der richtigen Ermittlungsmethode stellen.

III. Aktiengesellschaft

Auch im Bereich der AG können sich Fälle, die eine Unternehmensbewertung erforderlich machen, ergeben. Denkbar sind hier, wie bei der GmbH, Bewertungen bei der Gründung der AG sowie bei Kapitalerhöhungen. Die häufigsten Fälle, die eine Unternehmensbewertung erfordern, nämlich die zwangsweise Aufgabe oder Beeinträchtigung von Aktienrechten, ergeben sich aus den Regelungen zum Squeeze-out, zur Eingliederung oder zum Abschluss von Beherrschungs- und Gewinnabführungsverträgen. Als Ausgleich ist in diesen Fällen die Barabfindung, eine Abfindung in Aktien einer anderen Gesellschaft sowie die Ausgleichszahlung vorgesehen.

1. Gründung einer AG

Wie die GmbH kann auch die AG statt durch Bareinlagen gemäß § 27 Abs. 1 S. 1 1. Alt. AktG mittels Sacheinlagen gegründet werden. Auch kann die Gesellschaft gemäß § 27 Abs. 1 S. 1 2. Alt. AktG vorhandene oder herzustellende Anlagen oder andere Vermögensgegenstände übernehmen (Sachübernahme). In beiden Fällen wird vom Gesetz gemäß § 33 Abs. 1 AktG eine besondere Gründungsprüfung angeordnet, die sich gemäß § 34 Abs. 1 Nr. 2 AktG darauf zu erstrecken hat, ob der Wert der Sacheinlagen oder Sachübernahmen den Nennbetrag oder den Wert der dafür zu gewährenden Leistungen erreicht. Auch hier dient die Bewertung im Rahmen der Gründungsprüfung der Einhaltung des Verbots der Unterpariemission. Der Wert der Sacheinlage muss den Ausgabebetrag der hierfür gewährten Aktien bzw. im Fall der Sachübernahme den Wert der hierfür zu gewährenden Gegenleistung erreichen.[101] Sofern ein Agio vorgesehen ist, hat der Wert der Sacheinlage auch den

100 *Fleischer* in: Henssler/Strohn, Gesellschaftsrecht, § 34, GmbHG, Rn. 24.
101 *Pentz* in: MüKo, AktG, § 34, Rn. 17.

Mehrbetrag gemäß § 36a Abs. 2 S. 3 AktG zu decken.[102] Maßgeblicher Zeitpunkt für die Beurteilung der Werthaltigkeit ist nach h.M. der Tag der Vornahme der Gründungsprüfung.[103] Im Gründungsbericht ist allerdings darauf hinzuweisen, wenn Anhaltspunkte für eine in naher Zukunft eintretende Wertminderung bestehen.[104]

Gleiches gilt, wenn eine AG in den ersten zwei Jahren seit der Eintragung Vermögensgegenstände und damit natürlich auch Unternehmen, Unternehmensteile oder Anteile an einem Unternehmen für eine den zehnten Teil des Grundkapitals übersteigende Vergütung erwirbt, sog. Nachgründung gemäß § 52 AktG.[105]

Wie bei der GmbH ist auch in den vorgenannten Fällen nicht weiter gesetzlich geregelt, welche Bewertungsmethode bei der Überprüfung des für die Sacheinlage angesetzten Wertes anzuwenden ist.

2. *Kapitalerhöhung*

Auch bei einer Kapitalerhöhung mit Sacheinlagen gemäß § 183 AktG ist eine Unternehmensbewertung erforderlich. So sind nach §§ 183 Abs. 3 S. 2, 34 AktG die Sacheinlagen intern durch Vorstand und Aufsichtsrat[106] und extern gemäß § 183, Abs. 3 S. 1 AktG durch unabhängige Prüfer darauf zu prüfen, dass sie den geringsten Ausgabebetrag gemäß § 9 Abs. 1 AktG nicht unterschreiten. Wie bei der Gründungsprüfung gilt somit auch hier das Verbot der Unterpariemission.[107]

Bleibt der Wert der Sacheinlage nicht unerheblich hinter dem geringsten Ausgabebetrag zurück, so hat das Registergericht gemäß § 184 Abs. 3 S. 1 AktG die Eintragung abzulehnen. Entgegen dem Wortlaut besteht insoweit kein Ermessen.[108] Lediglich eine geringe Wertdifferenz ist irrelevant.[109] Wurde die Sacherhöhung eingetragen und ist sie damit gemäß § 189 AktG wirksam, obwohl sie eigentlich hätte abgelehnt werden müssen, so muss der einlegende Aktionär für die Wertdifferenz haften.[110]

---

102 *Wardenbach* in: Henssler/Strohn, Gesellschaftsrecht, § 34 AktG, Rn. 2; a.A. *Gerber* in: Spindler/Stilz, AktG, § 34, Rn. 8, der davon ausgeht, dass sich die Prüfung nur auf den geringsten Ausgabebetrag der dafür zu gewährenden Aktien zu erstrecken hat.

103 Vgl. *Solveen* in: Hölters, Aktiengesetz, § 34, Rn. 5; *Gerber* in: Spindler/Stilz, AktG § 34, Rn. 9.

104 *Pentz* in: MüKo, AktG, § 34, Rn. 16; *Gerber* in: Spindler/Stilz, AktG, § 34, Rn. 9; *A. Arnold* in: Kölner Kommentar, AktG, § 34, Rn. 8; *Solveen* in: Hölters, Aktiengesetz, § 34, Rn. 5.

105 Vgl. *Müller*, JuS 1973, 745 (746).

106 *Servatius* in: Spindler/Stilz, AktG, § 183, Rn. 34.

107 *Schürnbrand* in: MüKo, AktG, § 183, Rn. 63 f.; *v. Dryander/Niggemann* in: Hölters, Aktiengesetz, § 183, Rn. 41.

108 *v. Dryander/Niggemann* in: Hölters, Aktiengesetz, § 183, Rn. 44; *Koch* in: Hüffer, AktG, § 183, Rn. 18.

109 *v. Dryander/Niggemann* in: Hölters, Aktiengesetz, § 183, Rn. 44.

110 *v. Dryander/Niggemann* in: Hölters, Aktiengesetz, § 183, Rn. 44.

Welche Bewertungsmethode bei der Überprüfung des für die Sacheinlage angesetzten Wertes anzuwenden ist, lässt das Gesetz hier ebenfalls offen.

Ferner kann auch die Anfechtung eines Kapitalerhöhungsbeschlusses mit Bezugsrechtsausschluss darauf gestützt werden, dass die neuen Aktien zu einem unangemessen niedrigen Betrag ausgegeben werden sollen (§ 255 Abs. 2 AktG). Auch hier spielt somit der Wert des Unternehmens eine Rolle.

Je nach Ausgestaltung ist beim Ausschluss des Bezugsrechts auf Genussrechte auf das Wertverhältnis der Unternehmensanteile abzustellen.[111]

Gesetzliche Vorgaben für die Wahl der Bewertungsmethode fehlen auch hier.

3. *Austritt*

Der Austritt eines Aktionärs aus der AG ist gesetzlich nicht geregelt. Der Austritt eines Aktionärs ist nur möglich, wenn die Satzung der AG dem Aktionär ein entsprechendes Kündigungsrecht einräumt. Der Aktionär erhält zum Ausgleich eine Abfindung. Dementsprechend ist auch hier die Bewertung des Unternehmens von Relevanz.

4. *Ausgleichszahlung und Abfindung beim Beherrschungs- und Gewinnabführungsvertrag (§§ 304, 305 AktG)*

Eine weitere Konstellation, bei der eine Unternehmensbewertung vorzunehmen ist, ist der Abschluss eines Beherrschungs- und Gewinnabführungsvertrages im Sinne von § 291 Abs. 1 AktG. Gemäß § 304 Abs. 1 S. 1 AktG ist in diesem Fall den außenstehenden Aktionären a) ein „angemessener Ausgleich" zu gewähren oder b) gemäß § 305 Abs. 1 AktG eine „angemessene Abfindung" zu zahlen, sofern der außenstehende Aktionär von seinem Recht aus der Gesellschaft auszutreten gegen Übernahme der Aktien durch die herrschende Gesellschaft Gebrauch macht. Der Ausgleichs- und Abfindungsanpruch ergibt sich jeweils nicht aus dem Gesetz, sondern ist im jeweiligen Gewinnabführungs- und Beherrschungsvertrag als Vertrag zugunsten Dritter vorzusehen.[112]

Sinn und Zweck dieses in § 304 AktG vorgesehenen Ausgleichsanspruchs ist eine Ersatzzahlung für die künftigen Dividenden, die nach Abschluss des Gewinnabführungs- und Beherrschungsvertrages vom beherrschenden Unternehmen bestimmt werden (vgl. § 58 Abs. 4 AktG).[113] Die außenstehenden Aktionäre sollen gegen Verluste abgesichert werden, die ihnen durch Gewinnabführungs- oder Beherrschungsverträge

---

111 BGH NJW 1993, 400 (402); *Ebenroth/Müller*, BB 1993, 509 (512 ff.); *Piltz*, Die Unternehmensbewertung in der Rechtsprechung, S. 72 f.

112 BGH AG 2006, 543 (544); *Paschos* in: Henssler/Strohn, Gesellschaftsrecht, § 305 AktG, Rn. 3; *Koppensteiner* in: Kölner Kommentar, AktG, § 305, Rn. 12.

113 Vgl. BGHZ 156, 57 (61); OLG Düsseldorf AG 2008, 822 (824 f.); *Großfeld*, Recht der Unternehmensbewertung, Rn. 76; *Paschos* in: Henssler/Strohn, Gesellschaftsrecht, § 304 AktG, Rn. 3.

entstehen bzw. zu entstehen drohen.[114] Durch den Abschluss des Gewinnabführungsvertrags läuft das mitgliedschaftliche Dividendenrecht leer, da durch den Gewinnabführungsvertrag die Entstehung eines Bilanzgewinns bei der Untergesellschaft verhindert wird.[115]

§ 305 AktG ergänzt die Regelung in § 304 AktG, indem ein Wahlrecht zwischen dem Verbleib in der Gesellschaft bei Bezug eines Ausgleichs und dem Ausscheiden gegen Abfindung eröffnet wird. Wird keine Ausgleichsleistung nach § 304 AktG geschuldet, muss auch keine Abfindung nach § 305 AktG angeboten werden.

Auch § 305 AktG dient der Sicherung der Rechte der außenstehenden Aktionäre gegen die sich aus dem Beherrschungs- und Gewinnabführungsvertrag ergebende Beeinträchtigung ihrer Herrschaftsrechte.[116] Ziel der Norm ist allerdings nicht die Kompensation des Verlustes des mitgliedschaftlichen Dividendenrechts, sondern dem außenstehenden Aktionär soll wirtschaftlich die Möglichkeit eingeräumt werden, gegen eine angemessene Entschädigung aus seiner Rechtsposition auszuscheiden.[117] Schuldner der Ausgleichs- und Abfindungszahlung ist die herrschende Gesellschaft.[118]

a) Ausgleichszahlung

§ 304 Abs. 2 S. 1 AktG sieht vor, dass der außenstehende Aktionär als Ausgleichszahlung mindestens den Betrag erhalten soll, den er bei Nichtabschluss des Unternehmensvertrags nach der bisherigen Ertragslage der Gesellschaft und ihren künftigen Ertragsaussichten unter Berücksichtigung angemessener Abschreibungen und Wertberichtigungen, jedoch ohne Bildung freier Rücklagen, voraussichtlich als durchschnittlichen Gewinnanteil auf die einzelne Aktie verteilt, erhalten würde. Die außenstehenden Aktionäre sollen so gestellt werden, wie sie ohne den Beherrschungs- und Gewinnabführungsvertrag stehen würden (sog. fester Ausgleich).[119] Maßgeblich ist das Prinzip der Vollausschüttung.[120] Dies ergibt sich aus dem Passus „ohne Bildung anderer Gewinnrücklagen".[121] Außerordentliche Erträge und Verluste

---

114 *Kropff*, RegBegr. AktG, S. 394 f.

115 OLG Düsseldorf AG 2008, 822 (824 f.); *Kropff*, RegBegr. AktG, S. 394; *Paulsen* in: MüKo, AktG, § 304, Rn. 7; *Koch* in: Hüffer, AktG, § 304, Rn. 1.

116 BGHZ 135, 374 (379); BGHZ 138, 136 (139); *Kropff*, RegBegr. AktG, S. 397; *Röhricht*, ZHR 162 (1998), 249 (254 ff.); *Koch* in: Hüffer, AktG, § 305, Rn. 1.

117 BGHZ 138, 136 (138 ff.).

118 OLG Frankfurt a. M. AG 2010, 408 (410); LG Mannheim AG 1995, 89 (90); *Großfeld*, Recht der Unternehmensbewertung, Rn. 75; *Paulsen* in: MüKo, AktG, § 304, Rn. 36; *Krieger* in: MünchHdbGesR, Band 4, § 71, Rn. 82; *Veil* in: Spindler/Stiltz, AktG, § 304, Rn. 32.

119 BGHZ 138, 136 (139 f.); OLG München AG 2007, 411 (414); *Veil* in: Spindler/Stilz, AktG, § 304, Rn. 54; *Kropff*, RegBegr. AktG, S. 394 f.; *Paschos* in: Henssler/Strohn, Gesellschaftsrecht, § 304 AktG, Rn. 6.

120 OLG Stuttgart AG 1994, 564 (565).

121 Vgl. *Müller*, JuS 1973, 745 (746).

sowie stille Reserven, die nicht auf Wertsteigerungen beruhen, sind nicht in die Ermittlung einzubeziehen.[122]

Für die Bestimmung dieses Mindestbetrages ist zwar keine Unternehmensbewertung im eigentlichen Sinne erforderlich. Die Beurteilung der künftigen Ertragsaussichten ist aber ein grundlegender Teil jeder Unternehmensbewertung, so dass auch hier die Unternehmensbewertung eine Rolle spielt.[123]

Gemäß § 304 Abs. 2 S. 2 AktG kann von der beherrschenden Gesellschaft, sofern es sich hierbei um eine AG oder KGaA handelt, als Ausgleichszahlung auch die Zahlung des Betrages zugesichert werden, der unter Herstellung eines angemessenen Umrechnungsverhältnisses auf Aktien der anderen Gesellschaft jeweils als Gewinnanteil entfällt (sog. variabler Ausgleich). Um dieses „angemessene Umrechnungsverhältnis" genau feststellen zu können, ist sowohl eine Bewertung des beherrschenden wie auch des beherrschten Unternehmens erforderlich.[124]

b) Abfindung

Neben einer Regelung zum Ausgleich der Minderheitsaktionäre der beherrschten Gesellschaft muss der Beherrschungs- und Gewinnabführungsvertrag gemäß § 305 AktG zusätzlich eine Regelung zur Zahlung einer Abfindung an diejenigen Aktionäre der beherrschten Gesellschaft vorsehen, die ihre Aktien an der beherrschten Gesellschaft an die beherrschende Gesellschaft abgeben wollen.[125]

§ 305 AktG hat ebenso wie § 304 AktG den Zweck, die außenstehenden Aktionäre gegen die aus dem Beherrschungs- und Gewinnabführungsvertrag folgende Beeinträchtigung ihrer Teilhaberechte abzusichern. § 305 AktG gewährt damit dem Aktionär, wirtschaftlich betrachtet, die Option, gegen eine Entschädigung durch die beherrschende Gesellschaft aus seiner Rechtsstellung auszuscheiden.[126]

Der Abfindungsanspruch knüpft an die Stellung als außenstehender Aktionär an. Dementsprechend verliert der betreffende Aktionär seinen Anspruch, wenn er freiwillig aus der Gesellschaft ausscheidet. Der in die Stellung des alten Aktionärs eintretende neue Aktionär erwirbt den Anspruch originär, sofern er ein außenstehender Aktionär ist und der Erwerb während des Bestehens des Unternehmensvertrages erfolgt.[127] Solange der außenstehende Aktionär nicht gegen Abfindung aus der beherrschten Gesellschaft ausscheidet, behält er seinen Anspruch auf Ausgleichszahlung gemäß § 304 AktG.[128]

---

122 LG Dortmund, AG 1996, 278 (279 f.).

123 Siehe hierzu auch die detaillierteren Ausführungen unter § 2 C.IV.2. u. 3.

124 *Müller*, JuS 1973, 745 (747).

125 BGHZ 135, 374 (380); *Stephan* in: Schmidt/Lutter, AktG, § 305, Rn. 8 ff.

126 BGHZ 138, 136 (138 ff.); *Paschos* in: Henssler/Strohn, Gesellschaftsrecht, § 305 AktG, Rn. 2.

127 BGHZ 167, 299 (303); *Paschos* in: Henssler/Strohn, Gesellschaftsrecht, § 305 AktG, Rn. 4.

128 *Krieger* in: MünchHdbGesR, Band 4, § 71, Rn. 81.

Aus § 305 Abs. 2 AktG ergibt sich die nähere Ausgestaltung der Abfindung. Der gesetzliche Regelfall sieht vor, dass die Abfindung in der Gewährung von Aktien der beherrschenden Gesellschaft bestehen kann, sofern es sich bei der beherrschenden Gesellschaft nicht um eine abhängige oder in Mehrheitsbesitz stehende Gesellschaft handelt (§ 305 Abs. 2 Nr. 1 AktG). Beim Umtausch der Aktien gilt es, das Gleichbehandlungsprinzip zwischen den Aktionären beider Gesellschaften einzuhalten, d.h. es sind jeweils gattungsgleiche Aktien zu gewähren.[129]

Handelt es sich bei der beherrschenden Gesellschaft um eine abhängige oder in Mehrheitsbesitz stehende Gesellschaft, können als Abfindung entweder Aktien der herrschenden oder mit Mehrheit beteiligten Gesellschaft gewährt werden oder aber eine Barabfindung (§ 305 Abs. 2 Nr. 2 AktG). Eine Abfindung in Aktien der beherrschenden Gesellschaft reicht in diesem Fall nicht aus. Der außenstehende Aktionär soll nicht verpflichtet sein, sich an einer Gesellschaft beteiligen zu müssen, die einer gewissen Fremdsteuerung unterliegt.[130] Das Wahlrecht zwischen der Abfindung in Aktien oder einer Barabfindung wird dabei nicht von den außenstehenden Aktionären, sondern von den am Beherrschungs- und Gewinnabführungsvertrag beteiligten Gesellschaften ausgeübt.[131]

In allen anderen Fällen ist gemäß § 305 Abs. 2 Nr. 3 AktG eine Barabfindung zu leisten, die gemäß § 305 Abs. 1 AktG angemessen sein muss. Die Angemessenheit der Abfindung ist in § 305 Abs. 3 S. 2 AktG geregelt. § 305 Abs. 3 AktG differenziert hierzu zwischen der Abfindung in Aktien (S. 1) und der Abfindung in bar (S. 2 und 3). Eine angemessene Abfindung muss gemäß § 305 Abs. 3 S. 2 AktG die Verhältnisse der Gesellschaft im Zeitpunkt der Beschlussfassung ihrer Hauptversammlung über den Vertrag berücksichtigen. Leitlinie für die Höhe der angemessenen Abfindung ist eine Entscheidung des Bundesverfassungsgerichts vom 7.8.1962[132] zu §§ 12, 15 UmwG. Danach muss die „angemessene" Abfindung im Sinne dieser Bestimmung immer die „volle Abfindung" sein und dem „vollen Wert der Beteiligung an dem arbeitenden Unternehmen" entsprechen.[133] Dem ausscheidenden Aktionär muss die Summe gewährt werden, die seinem Anteil an dem wirtschaftlichen Wert des Unternehmens entspricht. Nach h.M. findet dieser zu § 12 UmwG entwickelte Rechtsgrundsatz auch auf die Abfindungsfälle der §§ 304, 305 AktG Anwendung.[134]

Bei der zur Ermittlung dieser „vollen Abfindung" in aller Regel vorzunehmenden Bewertung der beherrschten Gesellschaft ist der Wert der Gesellschaft im Ganzen zu

---

129 *Koch* in: Hüffer, AktG, § 305, Rn. 15; *Paschos* in: Henssler/Strohn, Gesellschaftsrecht, § 305 AktG, Rn. 9.

130 *Paschos* in: Henssler/Strohn, Gesellschaftsrecht, § 305 AktG, Rn. 11.

131 *Paulsen* in: MüKo, AktG, § 305, Rn. 58; *Paschos* in: Henssler/Strohn, Gesellschaftsrecht, § 305 AktG, Rn. 12.

132 BVerfGE 14, 263 (263 ff.); vgl. *Piltz*, Die Unternehmensbewertung in der Rechtsprechung, S. 76 f.

133 OLG München AG 2008, 28 (29); BVerfGE 14, 263 (284); BVerfGE 100, 289 (304 ff.).

134 OLG München AG 2008, 28 (29); BVerfGE 100, 289 (304 ff.); *Koppensteiner* in: Kölner Kommentar, AktG, § 305, Rn. 21 ff.

Grunde zu legen. Auf dieser Basis wird anschließend der Wert der einzelnen Aktie ermittelt (sog. indirekte Methode).[135]

Bei der Abfindung in Aktien ist eine Bewertung beider Unternehmen erforderlich, um das jeweilige Umtauschverhältnis zu errechnen. Ziel ist hierbei die Ermittlung der Verschmelzungswertrelation der beteiligten Gesellschaften. Den außenstehenden Aktionären müssen so viele Aktien des anderen Vertragsteils bzw. im Fall von § 305 Abs. 2 Nr. 2 AktG von der Obergesellschaft gewährt werden, wie den außenstehenden Aktionären zustehen würden, wenn beide Gesellschaften miteinander verschmolzen würden.[136] Stichtag für die Bewertung ist gemäß § 305 Abs. 3 S. 2 AktG der Tag, an dem die Hauptversammlung der Untergesellschaft über den Unternehmensvertrag beschließt.

Auch bei der Abfindung gemäß § 305 AktG spielt die Unternehmensbewertung somit eine Rolle. Welche Bewertungsmethode für die Bewertung anzuwenden ist, bleibt auch hier offen. In der Praxis wird überwiegend die Ertragswertmethode angewandt.[137]

Handelt es sich um eine börsennotierte Gesellschaft, ist zu beachten, dass bei der Bemessung der Abfindung der Börsenkurs zu berücksichtigen ist. Die Abfindung darf bei börsennotierten Gesellschaften nicht unter dem Börsenwert liegen.[138] Ein Unterschreiten des Börsenkurses ist nur dann möglich, wenn der Börsenkurs ausnahmsweise nicht den Verkehrswert der Aktie widerspiegelt.[139]

Ist eine GmbH beherrschtes Unternehmen im Sinne des § 291 AktG finden die Regelungen zum Ausgleichsanspruch und zur Abfindung nach §§ 304, 305 AktG analoge Anwendung.[140]

5. *Squeeze-out (§§ 327a ff. AktG)*

Ein weiterer Anlass für die Durchführung einer Unternehmensbewertung bei einer AG ergibt sich bei dem zwangsweisen Ausschluss von Minderheitsaktionären aus der AG, dem sog. „Squeeze-out" (= Herausdrängen). Es lässt sich hier zwischen dem aktienrechtlichen „Squeeze-out" und dem übernahmerechtlichen „Squeeze-out" differenzieren.

a) Aktienrechtlicher Squeeze-out

Der sog. aktienrechtliche Squeeze-out ist möglich, wenn 95 % aller Aktien der Gesellschaft einem Hauptaktionär gehören. In diesem Fall kann die Hauptversammlung einer AG oder einer KGaA gemäß § 327a Abs. 1 AktG beschließen, dass

---

135 BGHZ 116, 359 (370 f.); *K. Schmidt* in: MüKo, HGB, § 131, Rn. 141.

136 *Paschos* in: Henssler/Strohn, Gesellschaftsrecht, § 305 AktG, Rn. 14.

137 *Koch* in: Hüffer, AktG, § 305, Rn. 24; *Paschos* in: Henssler/Strohn, Gesellschaftsrecht, § 305 AktG, Rn. 16. Siehe näher zu den einzelnen Verfahren § 2 C.IV.

138 Vgl. BVerfGE 100, 289 (307 ff.); *Koch* in: Hüffer, AktG, § 305, Rn. 29. Siehe hierzu auch die Ausführungen unter § 2 C.IV.5.c) u. § 3 B.II.1.

139 BVerfGE 100, 289 (309).

140 Vgl. *Emmerich* in: Emmerich/Habersack, Aktien- und GmbH-Konzernrecht, § 304 AktG, Rn. 11.

die Aktien der Minderheitsaktionäre auf den Hauptaktionär „gegen Gewährung einer angemessenen Barabfindung" übertragen werden. Hierdurch soll die unternehmerische Entfaltungsfreiheit des Hauptaktionärs gestärkt werden, indem er die minderheitsschützenden Vorschriften nicht länger beachten muss.[141]

Nach der § 327a AktG konkretisierenden Vorschrift des § 327b AktG legt der Hauptaktionär die Höhe der Barabfindung fest (§ 327b Abs. 1 S. 1 Hs. 1 AktG). Diese muss die Verhältnisse der Gesellschaft im Zeitpunkt der Beschlussfassung der Hauptversammlung berücksichtigen (§ 327b Abs. 1 S. 1 Hs. 2 AktG).

Die Rechtsprechung konkretisiert insoweit, dass die Minderheitsaktionäre für den Verlust ihrer Mitgliedschaft wirtschaftlich voll entschädigt werden müssen.[142] Für die Wertermittlung ist „der volle Wert des Unternehmens einzustellen".[143] Die ausscheidenden Aktionäre sollen eine Barabfindung in angemessener Höhe erhalten. Hierauf haben sie einen verfassungsrechtlich gesicherten Anspruch.[144] Im Gegenzug für den Verlust der Aktionärsstellung verlangt Art. 14 Abs. 1 S. 1 GG, dass der Gesetzgeber die Interessen der Beteiligten gerecht ausgleicht. Mit dem Ausschluss aus der Gesellschaft muss zum einen ein legitimer Zweck verfolgt werden, zum anderen muss sichergestellt sein, dass die Minderheitsaktionäre vollen Wertersatz erhalten.[145]

Auch hier findet also eine Unternehmensbewertung statt. Wie dieser „volle Wert" des Unternehmens zu ermitteln ist, ist auch hier gesetzlich nicht geregelt.[146] Es finden die gleichen Grundsätze Anwendung wie bei der Zahlung einer Abfindung gemäß § 305 AktG, so dass auf die Ausführungen dazu unter § 2 A.III.4.b) verwiesen wird.

Handelt es sich um eine börsennotierte Gesellschaft, ist nach h.M. als Untergrenze der Bewertung grundsätzlich der durchschnittliche Börsenwert zu beachten.[147] Eine Unterschreitung des Börsenkurses ist jedoch zulässig, wenn der Börsenkurs den Verkehrswert aufgrund der bestehenden Marktenge nur unzutreffend widerspiegelt.[148]

---

141 *Wilsing* in: Henssler/Strohn, Gesellschaftsrecht, § 327a AktG, Rn.1.

142 BVerfGE 100, 289 (303 ff.).

143 OLG Frankfurt a.M. AG 2010, 368 (376); BGH NZG 2016, 139 (140).

144 *Grunewald* in: MüKo, AktG, § 327b, Rn. 2.

145 BVerfG ZIP 2007, 1261 (1262); OLG Düsseldorf NZG 2004, 328 (330); OLG Düsseldorf ZIP 2005, 441 (441); OLG Stuttgart NZG 2004, 146 (149); OLG Köln AG 2004, 39 (40 f.); OLG Oldenburg ZIP 2003, 1351 (1352); OLG Hamburg ZIP 2003, 1344 (1348); OLG Hamburg ZIP 2003, 2076 (2077); LG Hamburg BB 2003, 1296 (1298 f.); LG Berlin ZIP 2003, 1352 (1353 f.); *Bauer*, NZG 2000, 1214 (1214 f.); *Halm*, NZG 2000, 1162 (1165); *Land/Hasselbach*, DB 2000, 557 (562); *Krieger*, BB 2002, 53 (54); *Vetter*, AG 2002, 176 (181); *Wirth/Arnold*, AG 2002, 503 (504); *Habersack* in: Emmerich/Habersack, Aktien- und GmbH-Konzernrecht, § 327a AktG, Rn. 7.

146 Vgl. BGH NZG 2016, 139 (140).

147 BVerfGE 100, 289 (309 f.); OLG Düsseldorf AG 2008, 498 (501); LG Frankfurt a.M. NZG 2007, 40 (40); Großfeld, Recht der Unternehmensbewertung, Rn. 95; krit. hierzu: *Burger*, NZG 2012, 281 (281 ff.).

148 OLG München Der Konzern 2006, 692 (694 f.); LG Frankfurt a.M. AG 2006, 757 (758); OLG Düsseldorf NZG 2007, 36 (39 f.); *Koch* in: Hüffer, AktG, § 327b, Rn. 6;

b) Übernahmerechtlicher Squeeze-out

Neben dem aktienrechtlichen Squeeze-out gibt es einen übernahmerechtlichen Squeeze-out. Dieser ist geregelt in §§ 31, 39a Wertpapiererwerbs- und Übernahmegesetz (WpÜG). Der Bieter hat gemäß § 31 Abs. 1 WpÜG den Aktionären bei einer Übernahme eine angemessene Gegenleistung für die Übernahme der Aktien zu leisten. § 31 WpÜG regelt insoweit gemeinsam mit den auf Grundlage von § 31 Abs. 7 WpÜG erlassenen §§ 3–7 WpÜG-AngebotsVO, welchen Grundsätzen die den Aktionären durch den Bieter bei einem Übernahmeangebot zu offerierende Gegenleistung genügen muss.[149] Als Indizien für die Angemessenheit der Gegenleistung der Höhe nach sieht der Gesetzgeber grundsätzlich den Börsenkurs vor der Übernahme sowie die Höhe des Preises für konkrete Geschäfte vor der Übernahme an.[150] Dem Adressaten muss mindestens das angeboten werden, was der Bieter selbst im Vorfeld der Übernahme für die Aktien gezahlt hat; die Gegenleistung darf nicht die Bewertung durch den Kapitalmarkt unterschreiten.[151] Die Regelung gilt nach h.M. sowohl für Übernahme- wie auch für Pflichtangebote.[152] So kann die Gegenleistung in bar gezahlt werden oder aber in Aktien bestehen. Allerdings müssen die als Umtausch angebotenen Aktien auch „liquide" sein. In bestimmten Fällen ist gemäß § 31 Abs. 3 WpÜG sogar nur ein Barangebot möglich, nämlich dann, wenn der Bieter oder mit ihm gemeinsam handelnde Personen oder deren Tochterunternehmen vor oder während des Angebots Bargeschäfte über die Wertpapiere der Zielgesellschaft in erheblichem Umfang getätigt haben.[153]

Gemäß § 31 Abs. 1 WpÜG ist im Hinblick auf die Angemessenheit der Gegenleistung grundsätzlich der „durchschnittliche Börsenwert der Aktien der Zielgesellschaft und Erwerbe von Aktien der Zielgesellschaft durch den Bieter" zu berücksichtigen. Gemäß § 31 Abs. 2 WpÜG hat die Gegenleistung in Euro oder in liquiden Aktien zu bestehen, die zum Handel an einem organisierten Markt zugelassen sind. § 31 Abs. 1 WpÜG enthält somit die Grundwertung des Gesetzgebers, dass Börsenpreis und Vorerwerbe maßgebliche Anhaltspunkte für die Angemessenheit der Gegenleistung bilden.[154] Dass es sich hier lediglich um eine Grundwertung handelt, wird aus der Formulierung „grundsätzlich" deutlich. Eine Konkretisierung im Hinblick auf die Angemessenheit der Gegenleistung enthält die WpÜG-AngebotsVO in den §§ 3–7.[155] Unter Berücksichtigung der §§ 3–7 WpÜG-AngebotsVO ergibt sich, dass

---

Wilsing in: Henssler/Strohn, Gesellschaftsrecht, § 327b AktG, Rn. 5. Zum Börsenkurs als Untergrenze siehe die detaillierten Ausführungen unter § 3 B.II.1.

149 *Süßmann* in: Geibel/Süßmann, WpÜG, § 31, Rn. 1; *Wackerbarth* in: MüKo, AktG, § 31 WpÜG, Rn. 1.

150 *Wackerbarth* in: MüKo, AktG, § 31 WpÜG, Rn. 2.

151 *Wackerbarth* in: MüKo, AktG, § 31 WpÜG, Rn. 2.

152 *Süßmann* in: Geibel/Süßmann, WpÜG, § 31, Rn. 4.

153 *Wackerbarth* in: MüKo, AktG, § 31 WpÜG, Rn. 4.

154 *Wackerbarth* in: MüKo, AktG, § 31 WpÜG, Rn. 18.

155 Diese sind Bestimmungen über die Angemessenheit gemäß § 31 Abs. 7 WpÜG. *Wackerbarth* in: MüKo, AktG, § 31 WpÜG, Rn. 18.

„angemessen" im Sinne des WpÜG die Festlegung eines Mindestpreises zum Schutz der Wertpapierinhaber der Zielgesellschaft meint. § 3 Abs. 2 WpÜG-Angebots-VO konkretisiert den Begriff der „Angemessenheit" dahingehend, dass das Gesetz Mindestpreise bestimmt, aber kein eigentliches Angemessenheitserfordernis enthält.[156] Die Bewertung der „Angemessenheit" der Gegenleistung obliegt somit dem Kapitalmarkt. Als sachgerecht wird gemäß § 31 Abs. 1 WpÜG der durchschnittliche, nach Umständen gewichtete Börsenkurs der letzten drei Monate vor Bekanntgabe der Strukturmaßnahme angesehen.[157]

Sofern dem Bieter mindestens 95 % der Aktien der Zielgesellschaft gehören, sind gemäß § 39a Abs. 1 WpÜG auf seinen Antrag hin die übrigen stimmberechtigten Aktien gegen Gewährung einer ebenfalls „angemessenen Abfindung" durch Gerichtsbeschluss zu übertragen. Die Abfindung gilt dabei gemäß § 39a Abs. 3 WpÜG als „angemessen", wenn der Bieter aufgrund seines Angebots mindestens 90 % des betroffenen Grundkapitals erworben hat.[158]

Wie die Verpflichtung zur Zahlung einer angemessenen Gegenleistung bzw. angemessenen Abfindung zeigt, ist damit auch beim übernahmerechtlichen Squeeze-out eine Unternehmensbewertung vorzunehmen. Auch hier finden sich im Gesetz keinerlei Anhaltspunkte, mittels welcher Methode die Bewertung vorzunehmen ist.

6. Eingliederung (§ 320b AktG)

Ein weiterer Anlass für die Durchführung einer Unternehmensbewertung ist im Fall der Eingliederung einer AG in eine andere AG gegeben. Gemäß § 319 Abs. 1 S. 1 AktG kann die Hauptversammlung einer AG die Eingliederung der AG in eine andere AG beschließen, wenn sich alle Aktien der AG in der Hand der zukünftigen Hauptgesellschaft befinden bzw. wenn sich nach § 320 Abs. 1 AktG 95 % der Aktien der einzugliedernden Gesellschaft in der Hand der Hauptgesellschaft befinden. Durch die Eingliederung gehen gemäß § 320a Abs. 1 AktG alle Aktien auf die Hauptgesellschaft über. Im Unterschied zur Verschmelzung behält die eingegliederte AG dabei ihre rechtliche Selbständigkeit.[159]

---

156 So die h.M.: *Habersack*, ZIP 2003, 1123 (1124 ff.); *Rodewald/Siems*, ZIP 2002, 926 (928); *Drinkuth* in: Marsch-Barner/Schäfer, Handbuch börsennotierte AG, § 60, Rn. 250 f.; *Wackerbarth* in: MüKo, AktG, § 31 WpÜG, Rn. 18 m.w.N.

157 Vgl. *Emmerich* in: Emmerich/Habersack, Aktien- und GmbH-Konzernrecht, § 305 AktG, Rn. 46. Vgl. hierzu auch § 5 WpÜG-AngVO, der die Dreimonatsregelung implementiert und bei anderen Abfindungen u.U. analog anwendbar ist. Hierzu OLG München ZIP 2006, 1722 (1724); OLG Düsseldorf NZG 2005, 1012 (1015); OLG Frankfurt a.M. AG 2003, 581 (582).

158 *Großfeld*, Recht der Unternehmensbewertung, Rn. 98; für eine unwiderlegliche Vermutung OLG Stuttgart ZIP 2009, 1059 (1061); offengelassen durch OLG Frankfurt a. M., vgl. *Mock/Winkelmann*, BB 2009, 122 (123 ff.); siehe zum Ganzen auch *Veil/Wildhirth*, BB 2010, 1035 (1040).

159 *Wilsing* in: Henssler/Strohn, Gesellschaftsrecht, § 319 AktG, Rn. 1.

Gemäß § 320b Abs. 1 S. 1 AktG haben die ausgeschiedenen Aktionäre der eingegliederten AG bei einer Eingliederung gemäß § 320 Abs. 1 AktG einen Anspruch auf eine „angemessene Abfindung“. Mit diesem Anspruch auf eine angemessene Abfindung ist der Vermögensausgleich für den mit der Mehrheitseingliederung notwendigerweise verbundenen Verlust der Mitgliedschaft in der eingegliederten Gesellschaft bezweckt.[160] Die betroffenen Aktionäre sind auch hier voll für den Verlust ihrer Aktionärsstellung zu entschädigen.[161] Gemäß § 320b Abs. 1 S. 2 AktG sind ihnen hierzu eigene Aktien der Hauptgesellschaft zu gewähren. Diese müssen grundsätzlich derselben Gattung angehören, wie die in der eingegliederten Gesellschaft gehaltenen Aktien.[162] Handelt es sich bei der Hauptgesellschaft um eine abhängige Gesellschaft, so sind den ausgeschiedenen Aktionären gemäß § 320b Abs. 1 S. 3 AktG nach deren Wahl eigene Aktien der Hauptgesellschaft oder eine angemessene Barabfindung zu gewähren.

Im Fall der Gewährung von Aktien der Hauptgesellschaft als Abfindung gemäß § 320b Abs. 1 S. 4 AktG gilt die Abfindung dann als angemessen, wenn die Aktien in dem Verhältnis gewährt werden, in dem bei einer Verschmelzung auf eine Aktie der Gesellschaft Aktien der Hauptgesellschaft zu gewähren wären.

Die Barabfindung muss gemäß § 320b Abs. 1 S. 5 AktG die Verhältnisse der Gesellschaft im Zeitpunkt der Beschlussfassung ihrer Hauptversammlung über die Eingliederung berücksichtigen. Beide Unternehmen sind nach denselben Grundsätzen zu bewerten.[163] Im Übrigen sind hinsichtlich der Angemessenheit der Abfindung die Grundsätze des § 305 Abs. 3 AktG zu Grunde zu legen,[164] auf die hier daher verwiesen wird.[165]

Eine gesetzliche Vorgabe für die Ermittlung des Unternehmenswertes findet sich auch hier nicht.

IV. Umwandlungen

1. Verschmelzung

Bewertungsfragen stellen sich ferner bei der Verschmelzung von Gesellschaften. Bei der Verschmelzung wird unterschieden zwischen der „Verschmelzung durch Aufnahme“ gemäß §§ 4–35 UmwG und der „Verschmelzung durch Neugründung“ gemäß §§ 36–38 UmwG.

---

160 *Koch* in: Hüffer, AktG, § 320b, Rn. 1.

161 BVerfG NZG 2007, 228 (229); *Leuering/Goertz* in: Hölters, Aktiengesetz, § 320b, Rn. 1.

162 *Habersack* in: Emmerich/Habersack, Aktien- und GmbH-Konzernrecht, § 320b AktG, Rn. 6; *Krieger* in: MünchHdbGesR, Band 4, § 74, Rn. 37; *Grunewald* in: MüKo, AktG, § 320b, Rn. 4.

163 LG Dortmund NZG 2001, 1145 (1147); *Großfeld*, Recht der Unternehmensbewertung, Rn. 93.

164 *Grunewald* in: MüKo, AktG, § 320b, Rn. 12.

165 Siehe § 2 A.III.4.b).

Da hier entweder das Vermögen der übertragenden Gesellschaft als Ganzes auf eine schon bestehende Gesellschaft gegen Gewährung von Anteilen dieser Gesellschaft (Verschmelzung durch Aufnahme) oder das Vermögen mehrerer übertragender Gesellschaften gegen Gewährung von Anteilen auf eine neugegründete Gesellschaft übergeht (Verschmelzung durch Neugründung), muss stets das Verhältnis ermittelt werden, in dem die Gesellschafter der übertragenden Gesellschaft Gesellschafter der übernehmenden Gesellschaft werden. Das Umtauschverhältnis der Anteile und gegebenenfalls die Höhe der baren Zuzahlung wie auch Angaben über die Mitgliedschaft bei dem übernehmenden Rechtsträger sind ein wesentlicher Bestandteil des Verschmelzungsvertrags (§ 5 Abs. 1 Nr. 3 UmwG).[166] Es geht hier also darum, zu ermitteln, in welchem Verhältnis die Anteile der beteiligten Gesellschaften zueinanderstehen. Im Gegensatz zu anderen Bewertungsfällen soll also kein absoluter Wert ermittelt werden. Das Gesetz schreibt für die Ermittlung dieses Verhältnisses nicht ausdrücklich eine Unternehmensbewertung vor. Grundsätzlich können sich die jeweiligen Vertreter der beteiligten Gesellschaften im Verschmelzungsvertrag ohne Bewertung auf ein bestimmtes Umtauschverhältnis einigen.[167]

Die Vertretungsorgane jedes der an der Verschmelzung beteiligten Rechtsträger haben hierzu – sofern die Parteien des Verschmelzungsvertrags hierauf nicht gemäß § 8 Abs. 3 UmwG, §§ 9 Abs. 3 i.V.m. 8 Abs. 3 UmwG sowie § 12 Abs. 3 i.V.m. § 8 Abs. 3 UmwG einheitlich verzichten – gemäß § 8 Abs. 1 S. 1 UmwG einen ausführlichen schriftlichen Bericht zu erstatten, in dem u.a. das Umtauschverhältnis der Anteile rechtlich und wirtschaftlich erläutert und begründet wird. Der Bericht wird gemäß § 9 Abs. 1 UmwG durch sachverständige Prüfer geprüft. In dem von den Prüfern zu fertigenden Prüfungsbericht ist gemäß § 12 Abs. 2 UmwG anzugeben, nach welchen Methoden das vorgeschlagene Umtauschverhältnis ermittelt worden ist, aus welchen Gründen die Anwendung dieser Methoden angemessen ist und welches Umtauschverhältnis sich bei der Anwendung verschiedener Methoden, sofern mehrere angewendet worden sind, jeweils ergeben würde; zugleich ist darzulegen, welches Gewicht den verschiedenen Methoden bei der Bestimmung des vorgeschlagenen Umtauschverhältnisses und der ihm zugrunde liegenden Werte beigemessen worden ist und welche besonderen Schwierigkeiten bei der Bewertung der Unternehmen aufgetreten sind.[168]

Über die Festsetzung des Umtauschverhältnisses durch die Parteien hinausgehend, erfolgt oftmals eine interne ggf. auch eine externe Bewertung durch Gutachter, um z.B. bei der Verschmelzung von Aktiengesellschaften einer Anfechtung der Zustimmungsbeschlüsse der Hauptversammlungen vorzubeugen und um den

---

166 In der Regel ist die Angemessenheit des Umtauschverhältnisses maßgeblich. Der Gegenwert der Mitgliedschaft im übernehmenden Rechtsträger ist dann heranzuziehen, wenn die Mitgliedschaft nicht aus Anteilen besteht, wie z.B. beim e.V. Siehe hierzu *Simon* in: Kölner Kommentar, UmwG, § 15, Rn. 6; *Junker* in: Henssler/Strohn, Gesellschaftsrecht, § 15 UmwG, Rn. 3.

167 Vgl. *Müller*, JuS 1973, 745 (747).

168 Vgl. *Stratz* in: Schmitt/Hörtnagl/Stratz, UmwG, § 8, Rn. 19 ff.

Sorgfaltspflichten der jeweiligen Vertreter der Gesellschaften nachzukommen und etwaigen Schadenersatzansprüchen vorzubeugen.[169] Dementsprechend kann auch hier die Unternehmensbewertung eine Rolle spielen.

Maßgeblich für die Bewertung ist sowohl bei der Verschmelzung durch Aufnahme wie bei der Verschmelzung durch Neugründung die Verschmelzungswertrelation[170] zum Bewertungsstichtag, also dem Tag der Beschlussfassung der Anteilseigner des übertragenden Rechtsträgers über die Zustimmung zum Verschmelzungsvertrag.[171] Beide Gesellschaften sind nach denselben Grundsätzen zu bewerten.[172] Der jeweilige Unternehmenswert bestimmt sich danach, wie die Gesellschaften ohne die Verschmelzung zu bewerten wären.[173] Wertbildende Faktoren, die sich aus der Ausstattung der gewährten Anteile ergeben, etwa Sonder- oder Vorzugsrechte, sind bei der Bemessung des Umtauschverhältnisses zu berücksichtigen.[174] Kann ein Umtauschverhältnis nicht festgesetzt werden, weil die Anteilsinhaber des übertragenen Rechtsträgers z.B. Mitglieder in einem übernehmenden Verein werden, so kommt es darauf an, ob die Mitgliedschaft in dem Verein ein ausreichender Gegenwert für die Anteile an dem übertragenden Rechtsträger sind.[175]

Ermittelt werden muss die Beteiligungsquote für alle Mitglieder an dem Rechtsträger, der aus der Verschmelzung entsteht.[176] Dabei kommt es nicht auf das Verhältnis der Verkehrswerte der einzelnen Anteile vor und nach der Verschmelzung an. Entscheidend ist das Verhältnis der auf die einzelnen Mitglieder entfallenden Unternehmenswerte.[177] Bewertungsgegenstand ist nicht der auf die einzelnen Mitglieder entfallende Anteil, sondern das Vermögen der an der Verschmelzung beteiligten Gesellschaften als Ganzes.[178]

Die Angemessenheit des Umtauschverhältnisses ergibt sich aus einem Vergleich des Werts der Anteile am übertragenden Rechtsträger mit den Leistungen, die die Anteilsinhaber nach dem Verschmelzungsvertrag für ihre Anteile am übertragenden

---

169 *Müller*, JuS 1973, 745 (747).

170 KG Berlin NZG 2003, 644 (644).

171 OLG Frankfurt a.M. Beschluss vom 3.9.2010 – 5 W 57/59, juris Rn. 165; LG Dortmund DB 1997, 1915 (1915); LG Dortmund DB 1996, 2221 (2221); *Großfeld*, Recht der Unternehmensbewertung, Rn. 56; *Gehling* in: Semler/Stengel, UmwG, 15, Rn. 19; *Stratz* in: Schmitt/Hörtnagl/Stratz, UmwG, § 15, Rn. 21.

172 OLG Stuttgart AG 2006, 420 (427); LG Dortmund NZG 2001, 1145 (1147).

173 OLG Düsseldorf NZG 2006, 911 (911 f.); *Großfeld*, Recht der Unternehmensbewertung, Rn. 56.

174 *Gehling* in: Semler/Stengel, UmwG, § 15, Rn. 20.

175 *Gehling* in: Semler/Stengel, UmwG, § 15, Rn. 20.

176 *Großfeld*, Recht der Unternehmensbewertung, Rn. 57.

177 *Baums* in: FS Schindhelm, S. 63 (73); *Großfeld*, Recht der Unternehmensbewertung, Rn. 57.

178 OLG Stuttgart AG 2007, 705 (706); *Großfeld*, Recht der Unternehmensbewertung, Rn. 57.

Rechtsträger erhalten.[179] Die Anteilsinhaber des übertragenden Rechtsträgers müssen einen ausreichenden Gegenwert für ihre Anteile am übertragenden Rechtsträger bekommen. Ist das Umtauschverhältnis zu niedrig oder ist die Mitgliedschaft bei dem übernehmenden Rechtsträger kein ausreichender Gegenwert für den Anteil oder die Mitgliedschaft bei dem übertragenden Rechtsträger, können die Anteilseigner der übertragenden Gesellschaft von den Anteilseignern der übernehmenden Gesellschaft eine bare Zuzahlung bis zur Angemessenheit des Umtauschverhältnisses verlangen (vgl. § 15 Abs. 1 UmwG).[180] Das Verlangen auf bare Zuzahlung können nur die Anteilsinhaber des übertragenden Rechtsträgers geltend machen. Die Anteilsinhaber des übernehmenden Rechtsträgers können dies nicht. Haben sie Zweifel an der Angemessenheit des Umtauschverhältnisses besteht für sie nur die Möglichkeit, Klage gegen die Wirksamkeit des Verschmelzungsbeschlusses zu erheben.[181] Die Höhe der angemessenen Zuzahlung wird gemäß § 15 Abs. 1 UmwG auf Antrag der Anteilsinhaber des übertragenden Rechtsträgers durch das Gericht bestimmt.

Bei der Verschmelzung durch Aufnahme muss die übernehmende Gesellschaft gemäß § 29 Abs. 1 UmwG widersprechenden Anteilseignern der übertragenden Gesellschaft ferner eine „angemessene Barabfindung" anbieten. Diese sollen einen adäquaten Ersatz für ihre Anteile an der übertragenden Gesellschaft erhalten, wenn sie in den in § 29 Abs. 1 UmwG aufgeführten Konstellationen der Verschmelzung widersprechen. Die Barabfindung muss dabei gemäß § 30 Abs. 1 S. 1 UmwG „die Verhältnisse des übertragenden Rechtsträgers im Zeitpunkt der Beschlussfassung über die Verschmelzung berücksichtigen". Es kommt hier allein auf eine Bewertung des übertragenden Rechtsträgers auf „stand-alone"-Basis an.[182] Regelmäßig kann die für Zwecke der Festsetzung des Umtauschverhältnisses vorgenommene Unternehmensbewertung auch für die Bestimmung der Barabfindung herangezogen werden. Für die Bestimmung der Angemessenheit der Barabfindung kann im Übrigen auf die zu § 305 Abs. 3 AktG entwickelten Kriterien Bezug genommen werden.[183] Hierauf wird insoweit verwiesen.[184]

Zu beachten ist, dass der Verschmelzungsbeschluss gemäß § 32 UmwG nicht dadurch angreifbar wird, dass die Barabfindung unangemessen ist.[185] Die Angemessenheit der Barabfindung ist auf Antrag des Anteilsinhabers aber gemäß § 34 UmwG

---

179 *Marsch-Barner* in: Kallmeyer, UmwG, § 15, Rn. 2; *Gehling* in: Semler/Stengel, UmwG, § 15, Rn. 19.

180 Vgl. OLG Düsseldorf NZG 2005, 280 (281); *Zur Megede*, BB 2007, 337 (338 ff.); *Großfeld*, Recht der Unternehmensbewertung, Rn. 58.

181 Vgl. BGH AG 2007, 625 (626); *van Aerssen*, AG 1999, 249 (254); *Gehling* in: Semler/Stengel, UmwG, § 15, Rn. 6; *Simon* in: Kölner Kommentar, UmwG, § 15, Rn. 1.

182 OLG Düsseldorf NZG 2012, 1260 (1261).

183 *Müller* in: Henssler/Strohn, Gesellschaftsrecht, § 30 UmwG, Rn. 2.

184 Siehe § 2 A.III.4.b).

185 *Großfeld*, Recht der Unternehmensbewertung, Rn. 58.

gerichtlich nachprüfbar. Gleiches gilt gemäß § 36 Abs. 1 S. 1 UmwG auch für die Verschmelzung durch Neugründung.

2. Spaltung

Weiterer Anlass für eine Unternehmensbewertung kann die Spaltung sein. Eine Gesellschaft, die übertragende Gesellschaft, kann ihr Vermögen aufspalten (§ 123 Abs. 1 UmwG), einen Teil oder mehrere Teile des Vermögens abspalten (§ 123 Abs. 2 UmwG) bzw. einen Teil oder mehrere Teile des Vermögens ausgliedern (§ 123 Abs. 3 UmwG), indem sie es auf eine andere Gesellschaft, die übernehmende Gesellschaft, zur Aufnahme bzw. zur Neugründung überträgt. Die Gesellschafter der übertragenden Gesellschaft erhalten im Gegenzug entweder gemäß § 123 UmwG Anteile oder Mitgliedschaften am übernehmenden Rechtsträger. § 125 Abs. 1 S. 1 UmwG verweist u.a. auf die §§ 12, 15 und 29 f. UmwG, so dass auch hier jeweils im Hinblick auf die Ermittlung des Umtauschverhältnisses bzw. die Ermittlung der Höhe der Barabfindung eine Unternehmensbewertung vorzunehmen ist, wenn das Umtauschverhältnis der Anteile zu niedrig bemessen ist, oder wenn Anteilseigner der übertragenden Gesellschaft der Spaltung widersprechen.

3. Formwechsel

Auch beim Formwechsel gemäß § 190 Abs. 1 UmwG kann eine Bewertung des Unternehmens erforderlich werden. Ein Formwechsel ist gegeben, wenn die Rechtsform unter Wahrung der Identität des Rechtsträgers im Übrigen gewechselt wird, ohne dass eine Vermögensübertragung stattfindet.[186] Im Hinblick auf die in dieser Arbeit schwerpunktmäßig zu beleuchtenden Kapitalgesellschaften kommen daher insbesondere Formwechsel in Betracht, an denen Kapitalgesellschaften als formwechselnde Rechtsträger gemäß § 191 Abs. 1 Nr. 2 UmwG bzw. als neuer Rechtsträger gemäß § 191 Abs. 2 Nr. 3 UmwG beteiligt sind.

§ 196 Abs. 1 UmwG sieht vor, dass jeder Anteilseigner vom formwechselnden Rechtsträger eine angemessene bare Zuzahlung verlangen kann, wenn die im Umwandlungsbeschluss bestimmten Anteile an dem Rechtsträger neuer Rechtsform zu niedrig bemessen sind oder für die Mitgliedschaft bei diesem kein ausreichender Gegenwert für die Anteile oder die Mitgliedschaft bei dem formwechselnden Rechtsträger gewährt wird. Dementsprechend ist im Hinblick auf das Umrechnungsverhältnis der Anteile bzw. den zu leistenden Gegenwert für die Anteile oder die Mitgliedschaft bei dem formwechselnden Rechtsträger eine Unternehmensbewertung durchzuführen.

Ferner ist den dem Formwechsel widersprechenden Anteilseignern gemäß § 207 Abs. 1 UmwG der Erwerb ihrer Anteile gegen eine „angemessene Barabfindung“ anzubieten, soweit diese durch Gegenstimme und Widerspruch ausgedrückt haben,

---

186 *Meister/Klöcker* in: Kallmeyer, UmwG, § 190, Rn. 6; *Decher/Hoger* in: Lutter, UmwG, § 190, Rn. 1.

nicht Gesellschafter der neuen Rechtsform werden zu wollen.[187] Ausnahmen hiervon ergeben sich lediglich aus § 194 Abs. 1 Nr. 6 UmwG. Ferner ist gemäß § 250 UmwG ein Abfindungsangebot nicht bei einem Formwechsel von einer AG in eine KGaA erforderlich. In allen anderen Fällen ist den widersprechenden Anteilseignern gemäß § 207 Abs. 1 UmwG der Erwerb ihrer Anteile gegen eine „angemessene Barabfindung" anzubieten, d.h. auch hier muss das Angebot angemessen im Verhältnis zum Wert der Beteiligung des jeweiligen Anteilseigners sein. Danach muss das Barabfindungsangebot die Verhältnisse des übertragenden Rechtsträgers im Zeitpunkt der Beschlussfassung über den Formwechsel berücksichtigen. Dem Widerspruch gleichgestellt ist gemäß § 207 Abs. 2 UmwG i.V.m. § 29 Abs. 2 UmwG die unberechtigte Nichtzulassung zur Versammlung sowie die fehlerhafte Einberufung oder Bekanntmachung des Gegenstandes der Beschlussfassung. Im Hinblick auf den Inhalt des Barabfindungsanspruchs und die Prüfung der Barabfindung verweist § 208 UmwG auf § 30 UmwG.

Auf Antrag eines Anteilsinhabers hin kann das Gericht gemäß § 212 UmwG den Anspruch nachprüfen und, sofern es zu dem Ergebnis kommt, dass der Anspruch zu niedrig bemessen worden ist, eine angemessene Barabfindung bestimmen.

Im Übrigen wird auf die Ausführungen unter § 2 A.III.4.a) verwiesen.

4. Vermögensübertragung

Ferner kann die Vermögensübertragung gemäß § 174 UmwG Grund für die Vornahme einer Unternehmensbewertung sein. Mit Blick auf Kapitalgesellschaften spielen hier insbesondere die in § 175 Nr. 1 UmwG und in § 175 Nr. 2 a UmwG geregelten Fälle eine Rolle. § 175 Nr. 1 UmwG sieht die Vermögensvollübertragung von einer Kapitalgesellschaft auf den Bund, ein Land, eine Gebietskörperschaft oder einen Zusammenschluss von Gebietskörperschaften vor. § 175 Nr. 2a UmwG regelt die Vermögensvollübertragung von einer Versicherungs-Aktiengesellschaft auf Versicherungsvereine auf Gegenseitigkeit (VVaG) oder öffentlich-rechtliche Versicherungsunternehmen. Die Vermögensübertragung erfolgt hier jeweils gegen Gewährung einer Gegenleistung, die weder in Anteilen noch in Mitgliedschaften besteht. Dies ist auch zweckmäßig, da die öffentliche Hand strukturbedingt keine Anteile gewähren kann und eine Beteiligung an einem VVaG wegen des nach § 20 VAG bestehenden Erfordernisses eines Versicherungsverhältnisses nicht systemgerecht wäre.[188] Gemäß § 176 Abs. 2 S. 4 UmwG bzw. § 178 Abs. 2 UmwG und § 180 Abs. 2 UmwG jeweils i.V.m. § 176 Abs. 2 S. 4 UmwG sind die Vorschriften des Zweiten Buches und damit Vorschriften betreffend die Ansprüche auf bare Zuzahlung (§ 15 UmwG) oder Barabfindung (§ 29 UmwG) entsprechend anwendbar. Auch hier sollen die Anteilsinhaber des übertragenden Rechtsträgers durch den Anspruch auf bare Zuzahlung bzw. die Zahlung einer angemessenen Barabfindung gemäß § 176 Abs. 1

187 *Decher* in: Lutter, UmwG, § 207, Rn. 7.
188 *H. Schmidt* in: Lutter, UmwG, § 174, Rn. 1.

UmwG i.V.m. § 15 Abs. 1 UmwG bzw. § 176 Abs. 1 UmwG i.V.m. § 29 Abs. 1 UmwG (bei Vollübertragung) bzw. gemäß § 177 Abs. 1 UmwG i.V.m. § 123 UmwG i.V.m. § 15 Abs. 1 UmwG bzw. § 177 Abs. 1 UmwG i.V.m. § 123 UmwG i.V.m. § 29 Abs. 1 UmwG (bei Teilübertragung) vor einer unangemessenen Gegenleistung, was nach h.M. jeder Vermögensvorteil sein kann[189], bzw. einer zu niedrigen Barabfindung geschützt werden. Die Gegenleistung ist nur dann angemessen, wenn sie den vollen Verkehrswert der untergegangenen Beteiligung am übertragenden Rechtsträger ersetzt.[190]

Auf die Ausführungen zu § 2 A.III.4.a) wird entsprechend verwiesen.

5. Grenzüberschreitende Verschmelzung

Durch Einführung der grenzüberschreitenden Verschmelzung durch die Europäische Verschmelzungsrichtlinie in §§ 122a ff. UmwG hat die Unternehmensbewertung eine „europäische Dimension" erhalten.[191] So sieht § 122i Abs. 1 S. 1 UmwG vor, dass, sofern die übernehmende oder neue Gesellschaft nicht dem deutschen Recht unterliegt, die übertragende Gesellschaft im Verschmelzungsplan oder seinem Entwurf jedem Anteilsinhaber, der dem Verschmelzungsbeschluss widerspricht, den Erwerb seiner Anteile gegen eine „angemessene Barabfindung" anzubieten hat. § 122i Abs. 1 S. 2 und S. 3 UmwG verweist auf die jeweiligen Vorschriften des AktG über den Erwerb eigener Anteile und des GmbHG über den Erwerb eigener Anteile sowie die §§ 29 Abs. 1 S. 4 und 5, Abs. 2, 30, 31 und 33 UmwG, die entsprechende Anwendung finden. §§ 32 und 34 UmwG finden gemäß § 122i UmwG nur eingeschränkt Anwendung.

6. Gründung und Sitzverlegung bei der Europäischen Aktiengesellschaft

Weitere Anlässe für eine Unternehmensbewertung auf europäischer Ebene finden sich bei der Gründung einer Europäischen Aktiengesellschaft (Societas Europaea) durch Verschmelzung, bei der Gründung einer Holding-SE und bei der Sitzverlegung einer Europäischen Aktiengesellschaft.[192]

Bei der Gründung einer Societas Europaea durch Verschmelzung hat die übertragende Gesellschaft jedem Aktionär der übertragenden Gesellschaft, der geltend macht, dass das Umtauschverhältnis der Anteile nicht angemessen sei, einen Ausgleich durch „angemessene bare Zuzahlung" zu leisten (Art. 24 Abs. 2 SE-VO, § 6 Abs. 2 und Abs. 4 SEAG) bzw. jedem Aktionär, der gegen den Verschmelzungsbeschluss der Gesellschaft Widerspruch zur Niederschrift erklärt, den Erwerb seiner Aktien gegen eine „angemessene Barabfindung" anzubieten (Art. 24 Abs. 2 SE-VO,

---

189 *H. Schmidt* in: Lutter, UmwG, § 174, Rn. 7; *Drinhausen/Keinath* in: Henssler/Strohn, Gesellschaftsrecht, § 174 UmwG, Rn. 3.

190 *Drinhausen/Keinath* in: Henssler/Strohn, Gesellschaftsrecht, § 174 UmwG, Rn. 3.

191 *Großfeld*, Recht der Unternehmensbewertung, Rn. 61.

192 *Großfeld*, NZG 2002, 353 (353 ff.); *Großfeld*, Recht der Unternehmensbewertung, Rn. 61, 123.

§ 7 Abs. 1 SEAG). Gemäß § 7 Abs. 1 SEAG finden die jeweiligen Vorschriften des AktG über den Erwerb eigener Anteile entsprechende Anwendung. Im Kern gleiche Vorschriften finden sich im Zusammenhang mit der Gründung einer Holding-SE (vgl. § 9 Abs. 1 SEAG sowie § 11 Abs. 1 SEAG).

Auch im Rahmen der Sitzverlegung hat die Societas Europaea gemäß Art. 8 SE-VO, § 12 SEAG jedem Aktionär, der gegen den Verlegungsbeschluss Widerspruch zur Niederschrift erklärt, den Erwerb seiner Aktien gegen eine „angemessene Barabfindung" anzubieten. Auch hier wird auf die jeweiligen Vorschriften des AktG über den Erwerb eigener Anteile verwiesen, die entsprechende Anwendung finden.

V. Sonstige Anlässe

1. Unternehmenskauf

Der wahrscheinlich häufigste Anlass für eine Unternehmensbewertung ist die Ermittlung des Kaufpreises im Rahmen einer Unternehmenstransaktion.[193] Da gesetzlich auch hier keine bestimmte Bewertungsmethode vorgeschrieben ist, kommt der Ermittlung des Unternehmenswertes eine zentrale Bedeutung zu. Der konkrete Kaufpreis ist in der Regel das Ergebnis von Verhandlungen zwischen den Vertragsparteien. Naturgemäß haben Käufer und Verkäufer eines Unternehmens zu Beginn der Verhandlungen unterschiedliche Vorstellungen darüber, was das Unternehmen „wert" ist. Für den Verkäufer spielen bei der Bemessung des Unternehmenswertes vor allem seine Aufbauleistung, seine Beziehungen und seine persönlichen Fähigkeiten eine große Rolle. Er will in den meisten Fällen den höchstmöglichen Wert ansetzen, da er mit dem erzielten Verkaufserlös möglicherweise seine weitere Zukunft absichern muss.[194] Der Käufer wird hingegen stets an einer möglichst niedrigen Bewertung des Unternehmens interessiert sein. Für ihn steht die Erfolgs- und Wertsteigerung des zu kaufenden Unternehmens im Vordergrund. Er wird sich primär die Frage stellen, welchen Wert die mit dem Unternehmen übernommenen materiellen und immateriellen Wirtschaftsgüter und anderen wertbildenden Faktoren (z.B. Know-how, Patente, Synergieeffekte, Vertriebschancen, höhere Marktanteile) unter Berücksichtigung der Risiken und Ungewissheiten der Unternehmensfortführung für ihn haben (Going-Concern-Wert). Ferner werden strategische Überlegungen, wie die Kosten einer möglichen Umstrukturierung, bei der Kalkulation des Käufers eine wesentliche Rolle spielen.[195]

Um diese beiden, häufig wohl diametral auseinanderliegenden Preisvorstellungen von Verkäufer und Käufer möglichst zusammenzuführen, besteht im Rahmen eines Unternehmenskaufs das Bedürfnis, den „wahren" Wert, der von subjektiven Einschätzungen und individuellen Bedürfnissen weitestgehend unabhängig ist, zu

---

193 *Barthel*, DStR 1996, 1458 (1458); *Winter*, Der Unternehmenswert von Steuerberaterkanzleien, S. 7.

194 *Schindler* in: Beisel/Klumpp, Der Unternehmenskauf, 3. Kapitel, Rn. 4.

195 *Schindler* in: Beisel/Klumpp, Der Unternehmenskauf, 3. Kapitel, Rn. 3.

ermitteln.[196] Die Unternehmensbewertung hat hier primär die Funktion, die Kaufpreisfindung zu erleichtern und den Parteien einen möglichst objektiven Mittelwert bzw. einen Grenzwert zu liefern, der den Rahmen der Kaufpreisfindung absteckt und als eine Art Richtwert für die Kaufpreisverhandlungen gelten kann. Der schließlich im Rahmen der Verhandlungen gefundene Kaufpreis wird allerdings selten dem tatsächlichen Unternehmenswert entsprechen, da auch nicht quantitativ messbare Größen, wie die Verhandlungsmacht der Parteien, eine nicht unwesentliche Rolle während der Verhandlungen spielen.[197]

2. *Börseneinführung (IPO)*

Ein weiterer Anlass, der eine Unternehmensbewertung erforderlich macht, kann der Börsengang (= Initial Public Offering (IPO))[198] eines Unternehmens sein. Die Gründe für einen Börsengang sind vielfältig. In den meisten Fällen ist treibende Kraft die Sicherstellung der Finanzierung des weiteren Wachstums und die Expansion des betreffenden Unternehmens. Auch ein zunehmender Wettbewerb mag eine nicht unerhebliche Rolle für den Börsengang spielen. Ein weiterer Aspekt ist, dass ein Unternehmen durch einen Börsengang seinen Bekanntheitsgrad verbreitert und häufig auch seine Wahrnehmung in der Öffentlichkeit deutlich verbessert wird. Da eine Aktie einen Anteil am Unternehmen verbrieft, muss, um den Emissionspreis beim Börsengang überhaupt plausibel festlegen zu können und die Wertschöpfung zu ermitteln, die mit dem Kapital erzielt werden soll, vorab eine Bestimmung des Unternehmenswertes erfolgen.[199]

Wie beim Unternehmenskauf ist es auch hier für die Bestimmung des Emissionspreises erforderlich, dass die beteiligten Parteien sich auf einen annähernd gleichen Unternehmenswert einigen, um eine gemeinsame Verhandlungsbasis zu haben. Hierzu werden alle an einem IPO beteiligten Parteien – das emittierende Unternehmen und die begleitenden Banken, sowie auch interessierte Investoren – eine Unternehmensbewertung durchführen, um eine Entscheidungsgrundlage für die Emission zu erhalten.

3. *Familienrecht*

Im Familienrecht können Unternehmensbewertungen bei der Auseinandersetzung von Güterständen, insbesondere beim Zugewinnausgleich gemäß § 1373 BGB relevant werden, da beim Zugewinnausgleich Anfangs- und Endvermögen gemäß § 1376 BGB miteinander zu vergleichen sind.[200] Fällt ein Unternehmen in den Zugewinnausgleich, ist eine Bewertung dieses Unternehmens vorzunehmen. Der

---

196 *Schindler* in: Beisel/Klumpp, Der Unternehmenskauf, 3. Kapitel, Rn. 1.
197 *Schindler* in: Beisel/Klumpp, Der Unternehmenskauf, 3. Kapitel, Rn. 5.
198 Wörtlich lässt sich dies als „erstes öffentliches Angebot“ übersetzen.
199 *Koch/Wegmann*, Börseneinführung, S. 17 ff.
200 *Müller*, JuS 1973, 745 (746); *Großfeld*, Recht der Unternehmensbewertung, Rn. 70.

Hauptfachausschuss des IDW hat in diesem Zusammenhang am 20. Juni 2016 den neuen Standard IDW S 13 für die Unternehmensbewertung zur Bestimmung von Ansprüchen im Familien- und Erbrecht in seiner endgültigen Fassung gebilligt.[201]

4. *Erbrecht*

Wie sich bereits aus dem neuen Standard IDW S 13 ergibt,[202] kann eine Unternehmensbewertung auch im Erbrecht relevant werden, falls ein Unternehmen Teil des Nachlasses ist, wie im Rahmen der Auseinandersetzung einer Erbengemeinschaft gemäß § 2042 i.V.m. §§ 750 bis 758 BGB oder im Rahmen der Pflichtteilsberechnung (§§ 2303, 2311 BGB).[203]

5. *Strafrecht*

Auch im Bereich des Strafrechts finden sich Anlässe, die eine Unternehmensbewertung erforderlich machen. So verlangt das Bundesverfassungsgericht im Rahmen des Tatbestandes der Untreue (§ 266 StGB) die Feststellung eines bezifferten Vermögensnachteils für das veruntreute Unternehmen.[204] Ist Vermögensnachteil z.B. der Verlust des Unternehmens oder von Teilen davon, wird eine Unternehmensbewertung erforderlich. Der Vermögensnachteil ist hier gegebenenfalls durch einen entsprechenden Sachverständigen festzustellen.[205]

6. *Bilanzrecht*

Ein weiterer Bereich, in dem die Unternehmensbewertung immer mehr Bedeutung erlangt, ist das Bilanzrecht.[206] Mit den Regeln über den Geschäfts- oder Firmenwert, den Regeln zum Unternehmenserwerb und zu Werthaltigkeitsprüfungen finden sich in der Bilanz zunehmend Posten, die geprägt sind von Werteinschätzungen. Das Bilanzrecht und das Recht der Unternehmensbewertung durchdringen einander mehr und mehr.[207]

Bei der Unternehmensbewertung hat man es bei Konzernen zunehmend mit einer Bewertung von verbundenen Unternehmen i.S.d. §§ 15 ff. AktG zu tun. Dabei kann für jedes Konzernunternehmen ein Einzelabschluss aufgestellt werden oder aber

201 Vgl. IDW, IDW S 13 verabschiedet: Besonderheiten bei der Unternehmensbewertung zur Bestimmung von Ansprüchen im Familien- und Erbrecht, http://www.idw.de/idw/portal/d659862/index.jsp; *Ihlau/Kohl*, WPg 2016, 163 (163 ff.).

202 *Ihlau/Kohl*, WPg 2016, 163 (163 ff.).

203 *Müller*, JuS 1973, 745 (746); *Großfeld*, Recht der Unternehmensbewertung, Rn. 70.

204 BVerfGE 126, 170 (170 ff.); *Schlitt*, NZG 2006, 925 (927 ff.); *Großfeld*, Recht der Unternehmensbewertung, Rn. 71.

205 *Großfeld*, Recht der Unternehmensbewertung, Rn. 71.

206 *Großfeld/Stöver/Tönnes*, NZG 2006, 521 (521); *Großfeld*, Recht der Unternehmensbewertung, Rn. 64.

207 *Großfeld/Tönnes*, NZG 2010, 921 (921); IDW S 1 2008, Rn. 10.

eine einheitliche Konzernbilanz.[208] Während beim Einzelabschluss die Einschätzung der Leitung des jeweiligen Unternehmens im Vordergrund steht, liegt der Fokus beim Konzernabschluss stärker auf der Konzernverbindung. Beide Bilanzen stehen in einer Wechselbeziehung zueinander.[209]

Allerdings kann weder ein Einzelabschluss noch eine Konzernbilanz eine Unternehmensbewertung ersetzen. Aufgrund der – insbesondere bei einer Bilanzierung nach HGB – aus Gläubigerschutzgesichtspunkten einzuhaltenden Grundsätze, wie einer vorsichtigen Bewertung der Vermögensgegenstände und Schulden (Vorsichtsprinzip) oder dem Imparitätsprinzip und dem daraus folgenden Niederstwertprinzip für den Ansatz von Vermögensgegenständen und dem Höchstwertprinzip für bestimmte Schulden sowie der Pflicht zur Bildung von Rückstellungen für mögliche Verluste,[210] und aufgrund der bei der Aufstellung einer Bilanz vorzunehmenden Abschreibungen werden sich die aus einer Bilanz ergebenden Werte vom wahren Wert des Unternehmens unterscheiden und häufig darunter liegen. Sowohl der Einzelabschluss als auch der Konzernabschluss sind damit zwar bei einer Unternehmensbewertung zu berücksichtigen und geben Anhaltspunkte auf die interne Bewertung, jedoch sagen Bilanzwerte allein nur wenig über den tatsächlichen Wert eines Unternehmens aus.[211]

a) Einzelabschluss

aa) Der entgeltlich erworbene Geschäfts- oder Firmenwert

Der Einzelabschluss unterliegt den Regeln des Handelsgesetzbuchs.[212] Im Einzelabschluss wird die Unternehmensbewertung in erster Linie im Rahmen des Erwerbs eines Unternehmens relevant.[213] Beim Erwerb eines Unternehmens mittels eines sog. Asset Deals[214] trifft man hier auf den „entgeltlich erworbenen Geschäfts- oder Firmenwert". Das ist „der Unterschiedsbetrag, um den die für die Übernahme eines Unternehmens bewirkte Gegenleistung den Wert der einzelnen Vermögensgegenstände des Unternehmens abzüglich Schulden im Zeitpunkt der Übernahme übersteigt."[215] Der erworbene Geschäfts- oder Firmenwert ist gemäß § 246 Abs. 1 S. 4 HGB „als zeitlich begrenzt nutzbarer Vermögensgegenstand" anzusetzen. Gemäß § 253 Abs. 3 S. 1 HGB ist er planmäßig abzuschreiben, ggf. sogar außerplanmäßig gemäß § 253 Abs. 3 S. 5 HGB. Gemäß § 253 Abs. 5 S. 2 HGB ist dieser Wertansatz beizubehalten, auch wenn der Wert wieder angestiegen ist. Schwierigkeiten ergeben sich vor allem, wenn eine außerplanmäßige Abschreibung vorliegt. Der in

208 *Großfeld/Tönnes*, NZG 2010, 921 (921).
209 *Großfeld/Tönnes*, NZG 2010, 921 (921).
210 *Ballwieser* in: MüKo, HGB, § 252, Rn. 38 ff., 74.
211 *Großfeld/Tönnes*, NZG 2010, 921 (921).
212 *Großfeld*, Recht der Unternehmensbewertung, Rn. 1331.
213 *Großfeld*, Recht der Unternehmensbewertung, Rn. 65.
214 Das ist der Erwerb eines Unternehmens durch Übernahme der einzelnen Vermögensgegenstände und Schulden.
215 *Großfeld/Tönnes*, NZG 2010, 921 (924).

diesem Fall „beizulegende Zeitwert" entspricht gemäß § 255 Abs. 4 S. 1 HGB dem „Marktpreis". Sofern es, wie beim Geschäfts- oder Firmenwert, keinen aktiven Markt gibt, ist der Wert gemäß § 255 Abs. 4 S. 2 HGB „mit Hilfe anerkannter Bewertungsmethoden" zu bestimmen.

Ansonsten spielt die Unternehmensbewertung beim Einzelabschluss nur ausnahmsweise eine Rolle, z.B. im Rahmen der Unterbilanzhaftung bei der GmbH.[216]

bb) Erwerb einer Unternehmensbeteiligung

Bei einem Unternehmenserwerb durch den Erwerb von Anteilen, einem sog. Share Deal, sind die Unternehmensanteile i.S.v. §§ 271 Abs. 1, 266 Abs. 2 A.III.3 HGB gemäß §§ 253 Abs. 1 S. 1, 255 Abs. 1 HGB mit dem Kaufpreis plus Nebenkosten anzusetzen. Danach sind diese auf ihren Zeitwert gemäß § 253 Abs. 3 S. 3 HGB abzuschreiben. Entfallen die Gründe für eine Wertminderung, so darf der niedrigere Wert gemäß § 253 Abs. 5 S. 1 HGB anders als beim entgeltlich erworbenen Geschäfts- oder Firmenwert (vgl. § 253 Abs. 5 S. 2 HGB) nicht beibehalten werden.[217] Der Zeitwert wird in der Regel durch eine Unternehmensbewertung aus der Sicht des bilanzierenden Unternehmens (subjektiver Unternehmenswert) ermittelt.[218] Grundsätzlich sind alle Synergieeffekte der bilanzierenden Muttergesellschaft oder der zu erwerbenden Gesellschaft zu berücksichtigen. Sie dürfen aber nur insoweit erfasst werden, wie sie durch die bilanzierende Muttergesellschaft, die zu bewertende Beteiligung oder die Töchter dieser beiden Gesellschaften realisierbar sind. Synergien bei dem Mutter- oder Schwesterunternehmen der bilanzierenden Gesellschaft scheiden aus.[219]

b) Konzernabschluss

aa) HGB-Konzernabschluss

Grundsätzlich gelten für den Konzernabschluss die §§ 290–314 HGB, sofern das Mutterunternehmen seinen Verwaltungssitz in Deutschland hat und nicht börsenorientiert ist.[220]

Beim Konzernabschluss nach HGB sind gemäß §§ 297 Abs. 3 S. 1, 300 Abs. 1 HGB die Vermögensgegenstände und Schulden des in den Konzernabschluss einbezogenen Unternehmens anzusetzen anstatt der Beteiligung selbst, soweit diese Vermögensgegenstände und Schulden nach dem Recht des Mutterunternehmens gemäß § 300 Abs. 2 S. 1 HGB bilanzierungsfähig sind. Diese werden so behandelt,

---

216 BGH BB 2006, 907 (908 ff.) m. Anm. *Gehrlein*; *Großfeld*, Recht der Unternehmensbewertung, Rn. 66.

217 *Großfeld/Tönnes*, NZG 2010, 921 (925 f.).

218 *Großfeld/Merkelbach*, NZG 2008, 241 (242); *Großfeld/Tönnes*, NZG 2010, 921 (925); *Großfeld*, Recht der Unternehmensbewertung, Rn. 65.

219 *Großfeld/Tönnes*, NZG 2010, 921 (925).

220 *Großfeld/Tönnes*, NZG 2010, 921 (922).

als ob sie einzeln zum Zeitwert erworben seien (sog. Neubewertungsmethode, vgl. § 300 Abs. 2 S. 1 HGB).[221] Als eine Art Residualgröße bleibt häufig der Geschäfts- oder Firmenwert der in den Konzernabschluss einbezogenen Unternehmen übrig. Dieser ist gemäß § 309 Abs. 1 HGB nach den allgemeinen Regeln abzuschreiben.[222] Mit Blick auf die vorzunehmenden Abschreibungen und die im Rahmen der Bilanzierung nach HGB einzuhaltenden Grundsätze (z.B. Vorsichtsprinzip, Imparitätsprinzip) spiegelt der auf diese Weise ermittelte Geschäfts- oder Firmenwert jedoch nicht den wahren Wert des Unternehmens wieder und ersetzt insoweit auch keine Unternehmensbewertung.[223]

bb) IFRS-Konzernabschluss

Der Konzernabschluss von Unternehmen, deren Aktien oder Anleihen börsenorientiert sind, erfolgt gemäß § 315a Abs. 1 und 2 HGB nach den International Financial Reporting Standards.[224] Andere Unternehmen haben gemäß § 315a Abs. 3 HGB ein Wahlrecht.[225] Eine Unternehmensbewertung ist hier insbesondere bei Verschmelzungen durchzuführen. Die Verschmelzung gilt im Rahmen des IFRS-Konzernabschlusses als Kauf, so dass grundsätzlich der volle Erwerbspreis, einschließlich des Geschäfts- oder Firmenwertes auszuweisen ist.[226] Die Positionen erscheinen gemäß IFRS 3.10 mit ihrem „beizulegenden Zeitwert". Das ist der Betrag „den sachverständige, vertragswillige und voneinander unabhängige Geschäftspartner unter marktüblichen Bedingungen" vereinbaren (IFRS 3. Anhang A Definitionen). Als Differenz zum Kaufpreis verbleibt der Geschäfts- oder Firmenwert als „künftiger wirtschaftlicher Nutzen aus Vermögenswerten, die nicht einzeln identifiziert und separat angesetzt werden können" (IFRS 3. Anhang A Definitionen).[227] Der Geschäfts- oder Firmenwert ist getrennt anzusetzen.[228] Er wird nicht regelmäßig abgeschrieben. Vielmehr ist er jährlich auf eine Wertminderung hin zu testen. Hierzu ist nach den International Financial Reporting Standards ein „Impairment Test", also ein Werthaltigkeitstest erforderlich. Der Wert ist durch vergleichbare Marktpreise zu ermitteln (IAS 36.25 f.).[229] Sind solche nicht ermittelbar, sind die „besten verfügbaren Informationen heranzuziehen".[230] Im

221 *Großfeld/Tönnes*, NZG 2010, 921 (925).
222 *Großfeld*, Recht der Unternehmensbewertung, Rn. 1341.
223 Siehe hierzu die Ausführungen in der Einl. zu § 2 A.V.6.
224 *Großfeld*, Recht der Unternehmensbewertung, Rn. 1343.
225 *Großfeld/Tönnes*, NZG 2010, 921 (922).
226 *Großfeld/Merkelbach*, NZG 2008, 241 (242); *Großfeld*, Recht der Unternehmensbewertung, Rn. 67.
227 *Großfeld/Tönnes*, NZG 2010, 921 (925).
228 *Großfeld/Tönnes*, NZG 2010, 921 (925).
229 *Großfeld/Tönnes*, NZG 2010, 921 (925); *Hachmeister* in: Ballwieser/Beyer/Zelger, Unternehmenskauf nach IFRS und HGB, S. 371 (373 ff.).
230 *Großfeld/Tönnes*, NZG 2010, 921 (925); *Hachmeister* in: Ballwieser/Beyer/Zelger, Unternehmenskauf nach IFRS und HGB, S. 371 (373 ff.).

Rahmen dieses Werthaltigkeitstestes ist eine Unternehmensbewertung durchzuführen (IAS 36.27).[231]

7. Bilanzsteuerrecht

Auch im Bilanzsteuerrecht finden sich Anlässe für eine Unternehmensbewertung. Im Bilanzsteuerrecht gibt es den sog. „Teilwert". Hierunter wird gemäß § 6 Abs. 1 Nr. 1 S. 3 EStG der Betrag verstanden, „den ein Erwerber des ganzen Betriebs im Rahmen des Gesamtkaufpreises für das einzelne Wirtschaftsgut ansetzen würde; dabei ist davon auszugehen, dass der Erwerber den Betrieb fortführt.[232] Es kommt somit auf den Wert des Wirtschaftsguts im gesamten Unternehmenszusammenhang an. Es besteht hier eine direkte Verbindung zum Unternehmenswert, aus dem das Gesetz die Teilwerte der einzelnen Wirtschaftsgüter, die das sachliche Substrat des Unternehmens bilden, ableiten will,[233] so dass auch hier eine Unternehmensbewertung erforderlich werden kann.

B. Klassifizierung der Bewertungsanlässe

Die vorgenannten Bewertungsanlässe lassen sich mittels unterschiedlicher, in der betriebswirtschaftlichen Lehre entwickelten Kriterien klassifizieren.

I. Entscheidungsabhängige und nicht entscheidungsabhängige Bewertungsanlässe

In einer ersten Stufe lassen sich die Bewertungsanlässe grob in zwei Gruppen einteilen: Solche Bewertungsanlässe, die entscheidungsabhängig sind und solche, die nicht entscheidungsabhängig sind.[234]

1. Entscheidungsabhängige Bewertungsanlässe

Der erste Fall tritt ein bei einer tatsächlichen oder potenziellen Änderung der Eigentumsverhältnisse. Hierzu zählt z.B. der Kauf/Verkauf eines Unternehmens/Unternehmensteils, die Barabfindung von Minderheitsgesellschaftern beim Squeeze-out, die Abfindung eines Gesellschafters einer Personengesellschaft beim Ausscheiden aus einer Personengesellschaft, die Unternehmensgründung mit Einbringung eines

---

231 *Großfeld/Merkelbach*, NZG 2008, 241 (242); *Hachmeister* in: Ballwieser/Beyer/Zelger, Unternehmenskauf nach IFRS und HGB, S. 371 (373 ff.); *Großfeld*, Recht der Unternehmensbewertung Rn. 67.

232 *Großfeld*, Recht der Unternehmensbewertung, Rn. 68.

233 *Müller*, JuS 1973, 745 (748).

234 *Winter*, Der Unternehmenswert von Steuerberaterkanzleien, S. 5 f.

Unternehmens oder die Abfindung von Minderheitsgesellschaftern in eigenen Aktien bei einer Eingliederung.[235]

2. *Nicht entscheidungsabhängige Bewertungsanlässe*

Im zweiten Fall findet hingegen keine Veränderung der Eigentumsverhältnisse statt, wie z.B. bei einer Unternehmensbewertung zum Zweck der Substanzbesteuerung, bei einer Kreditwürdigkeitsprüfung oder im Rahmen einer Sanierung.[236] Hier ist die Unternehmensbewertung immer vom Willen einer Person abhängig.

II. Dominierte und nicht dominierte Bewertungsanlässe

In einer zweiten Stufe lassen sich die Bewertungsanlässe der entscheidungsabhängigen Gruppe ferner in die Kriterien „dominiert“ und „nicht dominiert“ unterteilen.[237]

1. *Dominierte Bewertungsanlässe*

Bei den dominierten Situationen ist eine Partei in der Lage, die Eigentumsverhältnisse auch ohne und sogar gegen den Willen der anderen Partei abzuändern. Die Grundlage hierfür bildet entweder das Gesetz oder eine vertragliche Vorgabe.[238]

Hierunter fallen z.B. das Ausscheiden eines Gesellschafters aus einer Gesellschaft durch Kündigung oder Ausschluss, die Abfindung von Minderheitsgesellschaftern bei einer übertragenden Umwandlung, beim Squeeze-out, beim Abschluss eines Beherrschungs- und Gewinnabführungsvertrages, bei einer Eingliederung oder beim Formwechsel. In diesen Fällen sieht das Gesetz direkt oder indirekt bereits einen Abfindungsanspruch für den ausscheidenden Gesellschafter vor.[239]

2. *Nicht dominierte Bewertungsanlässe*

Bei den „nicht dominierten“ Unternehmensbewertungsanlässen ist hingegen eine Änderung der Eigentumsverhältnisse ohne den Willen der anderen Partei nicht möglich. Vielmehr müssen die Parteien im gegenseitigen Einvernehmen handeln.[240] Zu dieser Gruppe gehören daher der Kauf/Verkauf eines Unternehmens oder Unternehmensteils, die Festsetzung des Unternehmenswertes im Rahmen eines IPO, die

---

235 *Winter*, Der Unternehmenswert von Steuerberaterkanzleien, S. 5 f.
236 *Winter*, Der Unternehmenswert von Steuerberaterkanzleien, S. 5 f.
237 *Winter*, Der Unternehmenswert von Steuerberaterkanzleien, S. 5 f.
238 *Matschke/Brösel*, Unternehmensbewertung, S. 90 f.; *Mandl/Rabel*, Unternehmensbewertung, S. 13 f.
239 *Winter*, Der Unternehmenswert von Steuerberaterkanzleien, S. 5 f.
240 *Ballwieser/Leuthier*, DStR 1986, 545 (546); *Matschke/Brösel*, Unternehmensbewertung, S. 90.

Gründung einer GmbH oder AG mit Einbringung eines Unternehmens als Sacheinlage, die Kapitalerhöhung mittels Sacheinlage oder die Verschmelzung.[241]

III. Einteilung in Typ „Kauf/Verkauf" bzw. Typ „Fusion"

Situationsbedingt können darüber hinaus die entscheidungsabhängigen Bewertungsanlässe in solche vom Typ „Kauf/Verkauf" und vom Typ „Fusion" unterteilt werden.[242]

1. Bewertungsanlässe vom Typ „Kauf/Verkauf"

Innerhalb des Bewertungsanlasses vom Typ „Kauf/Verkauf" findet eine Änderung der Eigentumsstruktur statt. Der Veräußerer erklärt sich bereit, seine Eigentumsrechte am Unternehmen/Unternehmensanteil ganz oder teilweise gegen eine Gegenleistung auf den Erwerber zu übertragen.[243]

2. Bewertungsanlässe vom Typ „Fusion"

Beim Bewertungsanlass vom Typ „Fusion" kommt es hingegen nicht zu einem Eigentumsverlust für eine Partei. Nach der Durchführung der Fusion liegt zwar eine Änderung der Eigentumsverhältnisse vor, allerdings für die gleichen Anteilseigner. Die bisherigen Eigentümer der fusionierenden Unternehmen erhalten mittelbar oder unmittelbar Eigentum an der durch die Fusion entstandenen neuen wirtschaftlichen Einheit.[244]

C. Die Bestimmung des Unternehmenswerts

Die Bewertung von Unternehmen ist in erster Linie Aufgabe der Betriebswirtschaftslehre und dort häufig den Wirtschaftsprüfern[245] vorbehalten. Bevor daher auf die Frage nach dem „Wert" und dessen konkreter Ermittlung eingegangen werden soll, stellt sich vorab mit Blick auf die vorgenannten Bewertungsanlässe die Frage, inwieweit die Juristen auf die Bestimmung von Unternehmenswerten und die Auswahl der Bewertungsmethode Einfluss nehmen können, bzw. in welchem Maße die Bestimmung von Unternehmenswerten und die Auswahl der Bewertungsmethode der Betriebswirtschaftslehre vorbehalten bleibt.

---

241 *Ballwieser/Leuthier*, DStR 1986, 545 (546 f.); *Künnemann*, Objektivierte Unternehmensbewertung, S. 59; *Winter*, Der Unternehmenswert von Steuerberaterkanzleien, S. 5; *Zitzelsberger* in: Schüppen/Schaub, MAH Aktienrecht, § 20, Rn. 6.

242 *Ballwieser/Leuthier*, DStR 1986, 545 (546 f.); *Künnemann*, Objektivierte Unternehmensbewertung, S. 59; *Winter*, Der Unternehmenswert von Steuerberaterkanzleien, S. 5 f.; *Zitzelsberger* in: Schüppen/Schaub, MAH Aktienrecht, § 20, Rn. 6.

243 *Matschke/Brösel*, Unternehmensbewertung, S. 87.

244 *Matschke/Brösel*, Unternehmensbewertung, S. 87.

245 Gemäß § 2 Abs. 1 WPO ist die Bewertung von Unternehmen eine Kerntätigkeit der Wirtschaftsprüfer.

I. Unternehmensbewertung als Tat- oder Rechtsfrage

1. Unternehmensbewertung als Tatfrage

Betrachtet man die Entwicklung der Unternehmensbewertung sowie die Bewertungsmethoden, die ausschließlich auf der betriebswirtschaftlichen Bewertungstheorie basieren, könnte man als logische Folge daraus ziehen, dass die Bewertung von Unternehmen als komplizierte Aufgabe der Wertermittlung und Berechnung den Juristen vollständig entzogen und stattdessen vollständig dem Aufgabenfeld der Betriebswirte, insbesondere dem der Wirtschaftsprüfer, zuzuordnen ist.[246]

Die Rechtsprechung scheint dieser Auffassung zu folgen und die Bewertung als eine nicht revisible Tatfrage einzuordnen.[247] So hat der BGH festgestellt: „Eine allgemein anerkannte oder rechtlich vorgeschriebene Methode für die Bewertung von Handelsunternehmen gibt es nicht. Vielmehr unterliegt es dem pflichtgemäßen Urteil der mit der Bewertung befassten Fachleute, unter den in der Betriebswirtschaftslehre vertretenen Verfahren das im Einzelfall geeignet erscheinende auszuwählen. Das von ihnen gefundene Ergebnis hat dann der Tatrichter frei zu würdigen."[248] An anderer Stelle führt er aus: „Dem Revisionsgericht steht nur eine Rechtskontrolle zu; es ist nicht seine Aufgabe, genaue Anweisungen für das Berechnungsverfahren zu geben oder wirtschaftswissenschaftliche Methodenstreitfragen zu entscheiden.[249] Die Frage nach der geeigneten Bewertungsmethode ist somit nach der Rechtsprechung Teil der Tatsachenfeststellung und beurteilt sich nach der betriebswirtschaftlichen Bewertungstheorie und -praxis.[250]

Nach der Rechtsprechung hat der betriebswirtschaftliche Sachverständige einen gewissen Freiraum im Hinblick auf das „Wie" der Ermittlung des Unternehmenswertes. Dem Tatrichter obliegt es lediglich, das Ergebnis der Feststellung des Sachverständigen auf Rechtsfehler zu untersuchen.[251]

Allerdings hält auch der BGH seine Einstufung der Unternehmensbewertung als Tatfrage nicht immer strikt ein. Tatrichterliche Feststellungen und die diesen zu Grunde liegenden Bewertungsgutachten werden teilweise sehr weitreichend nachgeprüft, ohne das dargelegt wird, ob ein Verstoß gegen Denkgesetze oder Erfahrungssätze der Betriebswirtschaftslehre vorliegt oder ob eine Rechtsnorm nicht richtig angewandt wurde.[252]

---

246 *Mertens*, AG 1992, 321 (322 f.); *Ullrich*, Abfindung und Börsenkurs, S. 34 f.

247 RG JW 1936, 3118 (3118); BGH WM 1973, 286 (287); BGH WM 1973, 306 (306 f.); BGH NJW 1978, 1316 (1319); BGH WM 1982, 17 (18); BGH NJW 1982, 2441 (2441); OLG Düsseldorf DB 1977, 296 (296); OLG Düsseldorf AG 1984, 216 ff.; OLG Hamburg AG 1980, 163 (163); LG Frankfurt AG 1985, 58 (58); BGH NZG 2016, 139 (140).

248 BGH WM 1978, 401 (405).

249 BGH WM 1982, 17 (18).

250 BGH NZG 2016, 139 (140).

251 *Neuhaus*, Unternehmensbewertung und Abfindung, S. 63 f.

252 Vgl. BGH WM 1979, 432 (432 ff.).

In einem Urteil des BayObLG aus dem Jahr 1995 heißt es sogar: „Die Bestimmung der angemessenen Barabfindung und die dazu erforderliche Unternehmensbewertung sind zunächst rechtliche Aufgaben. (...) Die Aufgabe der Gerichte besteht nicht darin, den vom Sachverständigen ermittelten Unternehmenswert nur auf Plausibilität zu prüfen und zu übernehmen; die Gerichte haben vielmehr bei der Entscheidungsfindung die maßgeblichen rechtlichen Faktoren der gesetzlichen Abfindungsregelung festzustellen und an Hand dieser Kriterien den zutreffenden Unternehmenswert für ein bestimmtes Abfindungsverlangen zu ermitteln."[253] Auch ein Urteil der jüngeren Geschichte geht in eine ähnliche Richtung: „Die Entscheidung darüber, welche von mehreren rechtlich zulässigen Berechnungsweisen im konkreten Fall geeignet und sachgerecht sind, obliegt als Teil der Tatsachenfeststellung im Rahmen des Schätzungsermessens dem Tatrichter. (...) Die Auswahl der jeweils geeigneten, mit den Gesetzen zu vereinbarenden Bewertungsmethode ist Aufgabe des Tatrichters."[254]

Die Judikatur hält es sich somit trotz der originären Einstufung der Bewertung als Tatfrage offen, eigene Bewertungskriterien anzulegen, so dass die Grenzen zwischen Tat- und Rechtsfrage verwischen.[255]

2. *Unternehmensbewertung als Rechtsfrage*

Die überwiegende Literatur stuft demgegenüber die Unternehmensbewertung überwiegend als eine revisible Rechtsfrage ein. Danach sind fast sämtliche Faktoren der Unternehmensbewertung, auch die Frage nach der rechtlich richtigen Bewertungsmethode, rechtsgebunden und damit Rechtsfragen im Sinne der §§ 545, 546 ZPO.[256]

Als wesentliche Begründung hierfür wird zum einen Art. 92 1. Hs. GG angeführt. Die Bewertung wird danach als eine der Sache nach streitentscheidende und somit rechtsprechende Tätigkeit verstanden, die nach Art. 92 1. Hs. GG den Richtern anvertraut ist.[257] Eine rechtliche Bindung des Richters an die Lehrmeinungen und Erfahrungssätze der Betriebswirtschaft wird abgelehnt.[258] Des Weiteren werden die Wertungen, die die Betriebswirtschaftslehre als Grundlage für die Wertberechnung anstellt, als typische und ureigentliche Aufgabe der Rechtswissenschaft angesehen.[259] Mit Blick auf die Ausfüllung von unbestimmten Rechtsbegriffen, wie „Angemessenheit" der Abfindung in § 305 Abs. 1 AktG oder die Ausführungen der

253 BayObLG AG 1996, 127 (128).
254 BGH NZG 2016, 139 (140 ff.).
255 *Neuhaus*, Unternehmensbewertung und Abfindung, S. 64.
256 *Ränsch*, AG 1984, 202 (203 f.); *Schulze-Osterloh*, ZGR 1986, 545 (562 ff.); *Hennrichs*, ZHR 164 (2000), 453 (457 ff.); ausführlich dazu *Neuhaus*, Unternehmensbewertung und Abfindung, S. 64 f.
257 Ränsch, AG 1984, 202 (203).
258 *Lutter*, ZGR 1979, 401 (416 f.).
259 *Meilicke*, Die Barabfindung für den ausgeschlossenen oder ausscheidungsberechtigten Minderheits-Kapitalgesellschafter, S. 32 f.; *Ränsch*, AG 1984, 202 (203 f.).

Schätzung nach § 738 Abs. 2 BGB, 287 Abs. 2 ZPO ist es die Aufgabe der Rechtswissenschaft, die rechtlichen Zielvorgaben, Rahmenbedingungen und normativen Weichenstellungen der Unternehmensbewertung zu übernehmen.[260] Dem betriebswirtschaftlichen Sachverständigen obliegt es nach dieser Ansicht nur, nachdem ihm vom Gericht die Bewertungsmethoden und die tragenden Bewertungselemente vorgegeben wurden, die Einzelheiten des Berechnungsverfahrens, wie die Beschaffung von relevanten Daten zu besorgen.[261]

Schaut man sich diese auf den ersten Blick konträr erscheinenden Auffassungen von Literatur und Rechtsprechung genauer an, ist festzustellen, dass sie sich im Wesentlichen in der Frage unterscheiden, wo die Grenze zwischen dem Teil der Unternehmensbewertung, der Rechtsfrage ist und dem Teil, der Tatfrage ist, gezogen werden muss. Der als Rechtsfrage eingestufte Teil der Unternehmensbewertung ist nach der Literatur wesentlich größer als nach der, wenn auch nicht ganz eindeutigen Rechtsprechung des BGH.[262] Nach der Rechtsprechung haben Tatrichter und Sachverständiger einen großen Freiraum bei der Feststellung des Unternehmenswertes, wobei das Ergebnis anschließend im Einzelnen genau auf Rechtsfehler untersucht wird.[263] Die Literatur macht gegenüber der Rechtsprechung deutlich mehr rechtliche Vorgaben. Aber auch sie überlässt die Einzelheiten der Berechnung einem Sachverständigen, ohne diese als Rechtsfragen einzustufen. Auch ist der Tatrichter an die gutachterlichen Ausführungen nach Ansicht der Literatur nicht gebunden, sondern kann im Wege freier Beweiswürdigung nach § 286 ZPO entscheiden. Sowohl nach der Literatur als auch nach der Rechtsprechung stellen sich demnach Tatfragen wie auch Rechtsfragen.[264]

In der Literatur wird daher teilweise die Auffassung vertreten, dass die Grenzen zwischen Rechts- und Tatsachenfragen bei der Unternehmensbewertung fließend verlaufen.[265] Nach dieser Ansicht darf die Bewertung nicht vollständig auf den Sachverständigen verlagert werden.[266] Soweit sich aus dem Gesetz Bewertungsmaßstäbe ergeben, sind diese als Rechtssätze zu beachten. Die Wahl der Bewertungsmethode ist nach dieser Ansicht in Übereinstimmung mit dem BGH[267] aber

260 *Ränsch*, AG 1984, 202 (204); *Lutter*, ZGR 1979, 401 (416 f.); *Schulze-Osterloh*, ZGR 1986, 545 (562 ff.); *Zehner*, DB 1981, 2109 (2111).
261 *Großfeld*, Unternehmens- und Anteilsbewertung im Gesellschaftsrecht, S. 14; *Ränsch*, AG 1984, 202 (203 f.); *Schulze-Osterloh*, ZGR 1986, 545 (563); zum Ganzen vgl. *Neuhaus*, Unternehmensbewertung und Abfindung, S. 64 f.
262 *Neuhaus*, Unternehmensbewertung und Abfindung, S. 66.
263 *Neuhaus*, Unternehmensbewertung und Abfindung, S. 65 f.
264 *Neuhaus*, Unternehmensbewertung und Abfindung, S. 66.
265 *Piehler/Schulte* in: MünchHdbGesR, Band 1, § 75, Rn. 23.
266 *Piehler/Schulte* in: MünchHdbGesR, Band 1, § 75, Rn. 23.
267 BGHZ 116, 359 (370 f.); BGH NJW 1982, 2441 (2441); BGH NJW-RR 1986, 1066 (1068); BGH NJW 1995, 2781 (2783).

als Tatsachenfrage anzusehen.[268] Hinsichtlich der Einzelheiten der Bewertung, insbesondere bezüglich der Wahl der Bewertungsmethode ist ein Sachverständiger heranzuziehen. Erst die vom Sachverständigen vorgenommene Bewertung ist hinsichtlich ihrer Plausibilität Gegenstand der tatrichterlichen Würdigung und unterliegt mit Blick auf die Einhaltung von Bewertungsgrundsätzen der revisionsrechtlichen Überprüfung.[269]

3. *Stellungnahme*

Zur genaueren Beurteilung dieser Auffassungen ist zunächst zu klären, was genau unter Tat- und was genau unter Rechtsfrage zu verstehen ist und wo eine Grenze zwischen beiden gezogen werden kann.

Tatfrage ist die Frage nach dem tatsächlichen Geschehensablauf, der vom Richter als gegeben zu unterstellen ist, wohingegen Rechtsfrage die Frage nach der Bewertung der tatsächlichen Vorgänge ist, bei der der Richter einen ihm überlassenen Handlungsspielraum hat.[270] Die §§ 545, 546 ZPO geben näheren Aufschluss darüber, was dies für einen Zivilprozess bedeutet. Nach §§ 545, 546 ZPO unterliegen Rechtsfragen einer möglichen Überprüfung durch den Revisionsrichter, wohingegen die Erörterung von Tatsachenfragen dem Revisionsrichter entzogen ist. Dementsprechend muss die Unternehmensbewertung als „Rechtsfrage" zu qualifizieren sein, um überhaupt durch den Revisionsrichter überprüft werden zu können. Dann müsste den Grundsätzen der Unternehmensbewertung im Ergebnis aber die Qualität von Rechtssätzen zukommen.[271]

Nach der in der Betriebswirtschaft entwickelten Funktionenlehre[272] ist der Unternehmenswert jeweils abhängig vom jeweiligen Bewertungszweck (Beratungsfunktion, Vermittlungs- und Schiedsgutachterfunktion, Argumentationsfunktion sowie Gutachterfunktion), der durch das jeweils zugrunde liegende Rechtsverhältnis festgelegt wird. Der Bewertungszweck selbst ist aus den jeweiligen gesetzlichen Bestimmungen abzuleiten.[273] Die Bewertung muss normorientiert erfolgen.[274] Gerade bei den Bewertungsanlässen, bei denen die Unternehmensbewertung durch eine konkrete Rechtsbeziehung motiviert ist, wie z.B. in den Fällen der Abfindungszahlung gemäß § 305 Abs. 1 AktG, ist die Unternehmensbewertung Teil dieser

---

268 *Hopt* in: Baumbach/Hopt, HGB, Einl. v. § 1, Rn. 37; *Piehler/Schulte* in: MünchHdbGesR, Band 1, § 75, Rn. 23; wohl auch *Hüttemann*, ZHR 162 (1998), 563 (588 f.).

269 *K. Schmidt* in: MüKo, HGB, § 131, Rn. 139; *Schulze-Osterloh*, ZGR 1986, 545 (562 f.).

270 *Ränsch*, AG 1984, 202 (203 f.); *Piltz*, Die Unternehmensbewertung in der Rechtsprechung, S. 121 ff.

271 *Ullrich*, Abfindung und Börsenkurs, S. 36; im Ergebnis wohl auch *Neuhaus*, Unternehmensbewertung und Abfindung, S. 70 f.

272 Siehe hierzu die detaillierteren Ausführungen unter § 2 C.III.1.c).

273 *Piehler/Schulte* in: MünchHdbGesR, Band 1, § 75, Rn. 23.

274 *Großfeld*, Recht der Unternehmensbewertung, Rn. 181.

Rechtsbeziehung.[275] Die Bewertung ist danach auf ein bestimmtes Rechtsverhältnis bezogen und wird von dem rechtlichen Zusammenhang zwischen dem Zweck der Norm und der Bewertung geprägt (Normwert).[276] Das Gesetz gibt in diesem Fall selbst den Bewertungszweck vor, z.B. die Zahlung einer „angemessenen“ Abfindung gemäß § 305 Abs. 1 AktG, den zu bestimmen in diesem Fall auch Aufgabe des Spruchstellenverfahrens nach § 306 AktG ist. Als rechtlich zulässig wird nur eine Bewertungsmethode angesehen, die für die Erreichung des jeweiligen Bewertungszwecks geeignet ist. Die Unternehmensbewertung wird geprägt durch das Rechtsverhältnis, in dessen Rahmen sie vorzunehmen ist.[277] Legt man diese Überlegungen zu Grunde, so muss man zwangsläufig zu dem Ergebnis kommen, dass den Grundsätzen der Unternehmensbewertung die Qualität von Rechtssätzen zukommt, die vollständig, insbesondere auch im Hinblick auf die Wahl der richtigen Bewertungsmethode der richterlichen Überprüfung durch den Revisionsrichter unterliegen.

Für diese Ansicht spricht auch die Bindung des Richters an Recht und Gesetz gemäß Art. 20 Abs. 3 GG. Betriebswirtschaftlichen Methoden und Meinungen ist er hingegen nicht verpflichtet.[278]

Die Bewertung von Unternehmen und die Anwendung der entsprechenden Methoden müssen somit als Rechtsfragen qualifiziert werden und können inhaltlich vollständig durch den Tat- und Revisionsrichter überprüft werden. Das Recht gibt die Vorgaben für die Bewertung in Abhängigkeit vom jeweiligen Bewertungszweck. In diesem Rahmen muss sich der betriebswirtschaftliche Sachverständige sowohl bei der Auswahl der Bewertungsmethode wie auch im Hinblick auf die einzelnen Bemessungsfaktoren, die der Sachverständige innerhalb der im Einzelfall geeigneten Bewertungsmethode festzulegen hat (z.B. die Ermittlung von geeigneten Vergleichsobjekten), bewegen. Die Wahl der geeigneten Bewertungsmethode sowie sämtliche, einzelnen Bewertungsfaktoren unterliegen einer vollständigen richterlichen Kontrolle.

II. Objektiver vs. subjektiver Wert

Die Rechtsordnung kennt – wie oben unter § 2 A. dargestellt – zahlreiche Anlässe, in denen der Wert eines Unternehmens von Rechts wegen zu bestimmen ist. Die sich aus gesellschaftsrechtlicher Sicht ergebenden Anlässe zur Unternehmensbewertung sind dabei nur einige von vielen Anlässen, die sich in der Rechtsordnung finden. Obwohl man erwarten könnte, dass die Rechtsordnung somit allgemeine Vorschriften

---

275 *Großfeld*, JZ 1981, 641 (643).

276 *K. Schmidt* in: MüKo, HGB, § 131, Rn. 139; *Piehler/Schulte* in: MünchHdbGesR, Band 1, § 75, Rn. 21.

277 *Piltz*, Die Unternehmensbewertung in der Rechtsprechung, S. 121 f.

278 *Meilicke*, Die Barabfindung für den ausgeschlossenen oder ausscheidungsberechtigten Minderheits-Kapitalgesellschafter, S. 28 f.; *Ullrich*, Abfindung und Börsenkurs, S. 36.

zur „Wertermittlung“ enthalten müsste, ist dies nur ganz vereinzelt der Fall.[279] Der Gesetzgeber des BGB hielt allgemeine Vorschriften über den „Wert“ für überflüssig.[280] Auch das GmbHG, das AktG oder das UmwG enthalten keine allgemeinen Vorschriften zur Wertermittlung. Betrachtet man allerdings die im Gesellschaftsrecht verwendeten Wertbegriffe etwas näher, kristallisieren sich zwei Wertbegriffe näher heraus, der objektive und der subjektive Wert.

1. Objektiver Wert

Objektiver Wert ist der Wert, den der Gegenstand allgemein, d.h. für jedermann hat. Bestimmt wird er durch den im gewöhnlichen Geschäftsverkehr erzielbaren Veräußerungserlös. Der objektive Wert wird auch als „Verkehrswert“, als „Verkaufswert“, als „Normwert“, als „wahrer“ oder „wirklicher“ Wert, als „tatsächlicher“ Wert, als „innerer“ Wert, als „gemeiner Wert“, als „Marktwert“ oder als „objektiver Verkehrswert“, als „gemeiner Verkehrswert“ oder „Schätzungswert“ bezeichnet.[281] Der objektive Wert ist der die Rechtsordnung dominierende Wert.

2. Subjektiver Wert

Im Gegensatz zum objektiven Wert bezeichnet der subjektive Wert den Wert, den der Gegenstand für eine ganz bestimmte einzelne Person hat. Synonyme sind die Begriffe „Interesse“ oder „Liebhaberwert“.[282] Der subjektive Wertbegriff spielt gegenüber dem objektiven Wertbegriff nur eine untergeordnete Rolle und ist im Gesellschaftsrecht nur beim Schadenersatzrecht von Relevanz.

Diese Differenzierung zwischen objektivem und subjektivem Wert hat wichtige Konsequenzen auch für den Unternehmenswert und die Unternehmensbewertung. Je nach Bewertungsanlass ist der objektive oder der subjektive Wert Bewertungsmaßstab.[283]

III. Entwicklung der Unternehmensbewertung

Die Unternehmensbewertung hat – wie es sich schon aus dem Begriff „Unternehmensbewertung“ ergibt – die Aufgabe, den Wert eines Unternehmens zu ermitteln. Was ist aber genau der Wert eines Unternehmens und aus wessen Perspektive ist dieser zu ermitteln? Diesen Fragen soll im Folgenden nachgegangen werden.

---

279 Z.B. § 2049 BGB bzgl. Landgütern; auch das Steuer- und das öffentliche Recht enthalten Vorschriften zur Wertermittlung.
280 *Mugdan*, Materialien zum BGB, Bd. 3, S. 14 (17).
281 *Piltz*, Die Unternehmensbewertung in der Rechtsprechung, S. 92 f.
282 *Enneccerus/Nipperdey*, BGB AT, S. 854.
283 *Piltz*, Die Unternehmensbewertung in der Rechtsprechung, S. 93.

1. *Der „Wert" des Unternehmens*

Im Hinblick auf die Definition des „Werts" eines Unternehmens sind im Wesentlichen drei Bewertungstheorien in den Vordergrund zu stellen, die entscheidende Bedeutung erlangt haben: die objektive, die subjektive und die funktionale Werttheorie.[284]

a) Objektive Bewertungslehre

Bis in die 1960er Jahre wurde in der Literatur primär die Auffassung vertreten, dass die Unternehmensbewertung der Ermittlung von objektiven Werten des Unternehmens dienen sollte. Die objektive Bewertungslehre versuchte einen einzigen, dem Unternehmen selbst innewohnenden Wert zu ermitteln. Danach sollte jedem Unternehmen ein allgemeingültiger Wert zukommen, der sich unabhängig von subjektiven Wertkomponenten bestimme.[285] Der Wert eines Unternehmens ergebe sich aus dem Wert den ein durchschnittlicher Investor ansetzen würde.[286] Das ist der Wert, den das Unternehmen für einen gedachten „objektiven normalen Dritten" hätte, wenn er das Unternehmen anstelle des Inhabers fortführen würde.[287] Sämtliche subjektiven Aspekte, wie z.B. die Interessen der Parteien und individuelle Umstände wurden bei dieser Art der Wertermittlung außer Betracht gelassen. Vielmehr wurden in die Wertbildung lediglich Komponenten einbezogen, die dem Unternehmen selbst anhaften.[288] Es sollte das, was im Unternehmen an Erfolgspotential für jedermann enthalten ist, ermittelt werden und nicht das, was einzelne Personen aus dem Unternehmen machen können.[289] Die Leistungsfähigkeit des Unternehmens, also dessen Substanz, stand bei der objektiven Theorie im Vordergrund.[290]

Eine langsame Abkehr von der objektiven Bewertungslehre erfolgte bereits Ende der 1950er Jahre. Hauptkritikpunkt an der objektiven Bewertungslehre war, dass die einzelnen Umstände und Absichten von Verkäufer und Käufer nicht berücksichtigt würden und auf dieser Basis keinerlei Verhandlungsgrundlage zwischen den Parteien geschaffen werden könne.[291] Des Weiteren wurde zunehmend gegen die objektive

---

284 *Mandl/Rabel*, Unternehmensbewertung, S. 5 f.; *Winter*, Der Unternehmenswert von Steuerberaterkanzleien, S. 7 f.

285 *Peemöller*, Unternehmensbewertung S. 4; *Winter*, Der Unternehmenswert von Steuerberaterkanzleien, S. 9; *Schultze*, Unternehmensbewertung, S. 7.

286 *Mellerowicz*, Der Wert der Unternehmung als Ganzes, S. 12.

287 *Piltz*, Die Unternehmensbewertung in der Rechtsprechung, S. 93.

288 *Mandl/Rabel*, Unternehmensbewertung, S. 6.; *Dörner*, BFuP 1976, 505 (506).

289 *Matschke/Brösel*, Unternehmensbewertung, S. 15.

290 *Peemöller*, Unternehmensbewertung, S. 4.

291 *Peemöller*, Unternehmensbewertung, S. 5; *Winter*, Der Unternehmenswert von Steuerberaterkanzleien, S. 9.

Lehre angeführt, dass ein rein objektiver Unternehmenswert überhaupt nicht bestimmbar sei, da jeder Wertvorstellung ein subjektives Element anhafte.[292]

Dem ist zuzustimmen. Einen allgemeingültigen Wert eines Unternehmens gibt es nicht. Der Wert eines Unternehmens wird maßgeblich von individuellen Perspektiven und Möglichkeiten bestimmt. Daher kann es keinen rein objektiven Wert geben, der völlig frei von subjektiven Elementen ist.[293] Das macht auch folgende Überlegung deutlich: Kein Verkäufer, der ein Unternehmen maßgeblich vorangetrieben und neue Nutzungsmöglichkeiten und Synergien für das Unternehmen erschlossen hat, wird als Einigungswert einen Wert akzeptieren, der auf eine völlig durchschnittliche Geschäftsleitung abstellt. Das wäre aber die logische Konsequenz bei Anwendung der objektiven Lehre.[294]

Die objektive Wertermittlung findet daher heute kaum mehr Anwendung und gilt als weitestgehend überholt. Lediglich die Ansätze der objektiven Werttheorie haben in der Praxis heute noch Bestand.[295]

b) Subjektive Bewertungslehre

Als Reaktion auf die Kritik an der objektiven Bewertungslehre und an dem vielfach als zu starr betrachteten Vorgehen etablierte sich in den 1960er Jahren die subjektive Bewertungslehre, die auf psychologischen Erfahrungen basiert.[296] Im Gegensatz zur objektiven Bewertungslehre ist Kernelement dieser Lehre ein rein subjektiver Ansatz. Davon ausgehend, dass das Unternehmen nicht einen einzigen Wert hat, wie es das Verständnis der objektiven Unternehmensbewertung ist, sondern für jeden Bewertungsinteressenten einen spezifischen und grundsätzlich verschiedenen Wert hat, soll ermittelt werden, was das Unternehmen unter Berücksichtigung der subjektiven Planungen und Vorstellungen eines konkreten Bewertungsinteressenten für diesen wert ist.[297] Der Wert des Unternehmens bemisst sich danach aus der Perspektive des jeweiligen Bewertungssubjektes. Dessen individuellen Interessen und Absichten stehen im Vordergrund.[298] Für jedes Bewertungssubjekt ergibt sich dabei ein eigener Unternehmenswert, der sog. Entscheidungswert, der jeweils mit der unterschiedlichen Einstellung hinsichtlich Zukunftserwartungen, des jeweiligen Risikos, verfolgten Strategien und der Unternehmensausstattung zusammenhängt.[299]

---

292 *Mandl/Rabel*, Unternehmensbewertung, S. 7; *Peemöller*, Unternehmensbewertung, S. 5.

293 *Peemöller*, Unternehmensbewertung, S. 5.

294 Vgl. *Müller*, JuS 1973, 603 (605).

295 *Mandl/Rabel*, Unternehmensbewertung, S. 7; *Winter*, Der Unternehmenswert von Steuerberaterkanzleien, S. 9.

296 *Behringer*, Mittel- und Kleinbetriebe, S. 60; *Winter*, Der Unternehmenswert von Steuerberaterkanzleien, S. 10.

297 *Matschke/Brösel*, Unternehmensbewertung, S. 15.

298 *Müller*, JuS 1973, 603 (605).

299 *Peemöller*, Unternehmensbewertung, S. 7.

Ein sinnvoller Unternehmenswert lässt sich nach dieser Ansicht nur dann bestimmen, wenn die jeweiligen Nutzenpräferenzen und Zielvorstellungen der beteiligten Personen berücksichtigt werden.[300] Der individuelle Unternehmenswert stellt für die jeweilige Partei die Grenze der Einigungsbereitschaft dar. Für den Verkäufer eines Unternehmens ist dies der bei einem Verkauf mindestens zu erzielende und für den Erwerber der maximal zu leistende Preis.[301]

Dieser subjektbezogene Unternehmenswert ist vom tatsächlich gezahlten Preis, der im Rahmen von Verhandlungen vereinbart wurde, dem sog. Schiedswert, streng zu differenzieren. Dieser Schiedswert oder Arbitriumwert findet sich immer im Differenzbereich zwischen den Grenzpreisen der Parteien. Der subjektive Unternehmenswert den das Unternehmen für das jeweilige Individuum hat, spielt lediglich für die interne Entscheidung eine Rolle, während der Schiedswert, auf den sich die Parteien im Rahmen ihrer Verhandlungen geeinigt haben, das Ergebnis ihrer Verhandlungen widerspiegelt.[302]

Wie der Schiedswert in der Bandbreite zwischen den jeweiligen Entscheidungswerten zu finden ist, wird in der Literatur unterschiedlich beantwortet. Es wird auf den Grenzpreis des Schwächeren[303] oder auf den Grenzpreis der Partei abgestellt, der die Bewertung aufgedrängt wurde. Andere stellen auf den Wert ab, der in der Mitte zwischen dem höchsten und dem niedrigsten Verkaufswert liegt.[304] Der Schiedswert ist die Synthese von verschiedenen subjektiven Vorstellungen mit zum Teil entgegengesetzten Interessen. Da er aus verschiedenen Blickwinkeln ermittelt wird, ist er ein objektivierter Wert.[305]

Aufgrund der mit der subjektiven Werttheorie einhergehenden Betrachtung individueller Vorstellungen spielt die Zukunft des Unternehmens für die Bewertung eine erhebliche Rolle. Aus diesem Grund findet das im Rahmen der objektiven Bewertungstheorie heranzuziehende Substanzwertverfahren, das auf einer Einzelbewertung von Vermögen und Schulden basiert,[306] bei der subjektiven Werttheorie keine Anwendung. Stattdessen werden Bewertungsmethoden angewendet, bei

---

300 *Großfeld*, Unternehmens- und Anteilsbewertung im Gesellschaftsrecht, S. 10 ff.; *Ränsch*, AG 1984, 202 (205).

301 *Winter*, Der Unternehmenswert von Steuerberaterkanzleien, S. 10; *Großfeld*, Unternehmens- und Anteilsbewertung im Gesellschaftsrecht, S. 11.

302 *Mandl/Rabel*, Unternehmensbewertung, S. 8; *Winter*, Der Unternehmenswert von Steuerberaterkanzleien, S. 10.

303 *Sieben/Schildbach*, DStR 1979, 455 (456 f.).

304 *Sieben/Schildbach*, DStR 1979, 455 (457); *Helbling*, Unternehmensbewertung, S. 47; *Großfeld*, Unternehmens- und Anteilsbewertung im Gesellschaftsrecht, S. 13 f. m.w.N.

305 *Großfeld*, Unternehmens- und Anteilsbewertung im Gesellschaftsrecht, S. 12 ff.; *Neuhaus*, Unternehmensbewertung und Abfindung, S. 23 f.; *Müller*, JuS 1973, 603 (605).

306 Siehe hierzu die Ausführungen unter § 2 C.IV.1.a).

denen die Zukunftsbezogenheit eine Rolle spielt und der Vorrang der Gesamtbewertung sowie die Subjektivität des Bewertenden im Vordergrund stehen, wie z.B. die Ertragswertmethode.[307]

Der subjektive und der objektive Unternehmenswert können übereinstimmen, müssen dies aber nicht und tun es in den meisten Fällen auch nicht. Der subjektive Unternehmenswert kann allein deshalb hoch sein, weil der Eigentümer aufgrund seiner persönlichen Fähigkeiten und Beziehungen hohe Erträge erwirtschaftet. Der objektive Unternehmenswert des gleichen Unternehmens kann hingegen sehr niedrig sein, sofern ein Dritter nicht in der Lage ist, vergleichbare Erträge aus dem Unternehmen zu ziehen.[308]

Auch die rein subjektive Bewertungslehre kann nicht überzeugen und ist abzulehnen. Es ist kaum möglich, die subjektiven, äußerst individuellen Entscheidungswerte festzustellen und anschließend auch noch einen Schiedswert hieraus zu bilden.[309] Keine Partei wird ihre subjektiven Vorstellungen dem Verhandlungspartner gänzlich offenlegen. Ein rein anhand subjektiver Vorstellungen ermittelter Unternehmenswert ist faktisch nicht begründbar.[310] Die subjektive Werttheorie kann in ihrer Reinform keinen gerechten Ausgleich der Belange der beteiligten Parteien schaffen und die Aufgabenbereiche der Unternehmensbewertung daher nicht vollständig bewältigen.[311] Auch die rein subjektive Werttheorie findet heutzutage kaum mehr Anwendung.

c) Funktionale Bewertungslehre

Beeinflusst durch die Auseinandersetzungen zwischen den Anhängern der objektiven und subjektiven Bewertungslehre entwickelte sich ab den 1970er Jahren die sogenannte funktionale Bewertungslehre. Begründet wurde dieses Konzept von der sogenannten „Kölner Schule".[312] Die funktionale Bewertungslehre hat sich im Laufe der Jahrzehnte immer weiter fortentwickelt und ist heute allgemein anerkannt.[313] Sie hat den jahrzehntelangen Streit zwischen den Anhängern der

---

307 *Peemöller*, Unternehmensbewertung, S. 7; *Winter*, Der Unternehmenswert von Steuerberaterkanzleien, S. 10; vgl. § 2 C.IV.2.

308 *Piltz*, Die Unternehmensbewertung in der Rechtsprechung, S. 97.

309 *Neuhaus*, Unternehmensbewertung und Abfindung, S. 24; *Müller*, JuS 1973, 603 (605).

310 *Peemöller*, Unternehmensbewertung, S. 7; *Müller*, JuS 1973, 603 (605).

311 *Peemöller*, Unternehmensbewertung, S. 7; *Mandl/Rabel*, Unternehmensbewertung, S. 8; *Winter*, Der Unternehmenswert von Steuerberaterkanzleien, S. 11.

312 Die Kölner Schule war eine Arbeitsgruppe der Schmalenbach-Gesellschaft, die sich mit Fragestellungen der Unternehmensbewertung befasste. Sie stand unter der Leitung von Bernhard Zapf von der Mannesmann AG und Günter Sieben von der Universität zu Köln. Moxters „Grundsätze ordnungsgemäßer Unternehmensbewertung" (1983) basieren auf den Ansätzen der funktionalen Werttheorie, die insbesondere von der Arbeitsgruppe entwickelt wurde. Vgl. *Matschke/Brösel*, Unternehmensbewertung, S. 22; *Mandl/Rabel*, Unternehmensbewertung, S. 9.

313 *Moxter*, Grundsätze ordnungsgemäßer Unternehmensbewertung, S. 5 f.; *Mandl/Rabel*, Unternehmensbewertung, S. 15 ff.; *Coenenberg/Schultze*, DBW 2002, 597 (599).

objektiven und subjektiven Theorie geschlichtet und einen Konsens der beiden Lager herbeigeführt.[314]

Die funktionale Bewertungslehre kombiniert Elemente der objektiven und subjektiven Bewertungslehre und vereinigt die objektive und die subjektive Bewertungslehre in einem einheitlichen Ansatz, indem sie auf den jeweiligen Zweck der Bewertung abstellt und zulässt, dass eine Bewertung, abhängig vom jeweils verfolgten Zweck der Bewertung, anders ausfallen kann.[315] Der konkrete rechtliche Zusammenhang innerhalb eines bestimmten Rechtsverhältnisses bestimmt die Wertermittlung. Es erfolgt eine „Bewertung im Rechtsverhältnis" oder anders ausgedrückt „in der rechtlichen Sonderbeziehung" – ausgerichtet an den jeweiligen Besonderheiten der durch das Gesetz geschaffenen Bewertungssituation.[316]

Dieses Zweckadäquanzprinzip[317]als Grundsatz ordnungsgemäßer Unternehmensbewertung führt in der Konsequenz dazu, dass es weder einen „allgemeinen" Wert eines Unternehmens noch eine allgemeingültige, einschlägige Bewertungsmethode gibt.[318] Der Unternehmenswert ist nach dieser Auffassung jeweils abhängig vom jeweiligen Bewertungsanlass. Der Wert des Unternehmens ist ein relativer Begriff bezogen auf den jeweiligen Bewertungszweck. Der im Hinblick auf einen rechtlichen Zusammenhang gefundene Wert kann nicht ohne weiteres in einen anderen Zusammenhang übernommen werden. Ein Unternehmen hat nach diesem Ansatz somit keinen „Wert an sich"; ein „innerer", „absoluter" oder „wahrer" Unternehmenswert existiert nicht. Abhängig vom jeweils verfolgten Bewertungszweck bestehen unterschiedliche Anforderungen an die Ermittlung des Unternehmenswertes.[319] Die zur Ermittlung des Wertes jeweils anzuwendenden Regeln sind aus der jeweiligen rechtlichen Zwecksetzung abzuleiten. Die Wertermittlung im Ganzen muss dem „Sinn der gesetzlichen Regelung" entsprechen.[320]

Zunächst sind die Ziele zu ermitteln, die das Gesetz mit einer Bewertung verfolgt. Erst in einem weiteren Schritt sind die diversen Bewertungsmethoden auf ihre Eignung zur Erreichung des jeweiligen Bewertungsziels zu prüfen. Es ist zu überprüfen, ob die

---

314 *Moxter*, Grundsätze ordnungsgemäßer Unternehmensbewertung, S. 5 ff.; *Mandl/Rabel*, Unternehmensbewertung, S. 15 ff.; *Matschke/Brösel*, Unternehmensbewertung, S. 22.

315 *Ballwieser/Hachmeister*, Unternehmensbewertung, S. 1 f.; *Neuhaus*, Unternehmensbewertung und Abfindung, S. 20.

316 *Großfeld*, JZ 1981, 641 (643).

317 *Coenenberg/Schultze*, DBW 2002, 597 (599); *Moxter*, Grundsätze ordnungsgemäßer Unternehmensbewertung, S. 5 f.; *Ballwieser/Hachmeister*, Unternehmensbewertung, S. 1 f.

318 *Hüttemann*, ZHR 162 (1998), 563 (573 f.); *Richter*, Abfindung ausscheidender Gesellschafter, S. 25.

319 *IDW*, WP Handbuch 2014, Bd. II, S. 14 f.; *Richter*, Abfindung ausscheidender Gesellschafter, S. 26.

320 LG Hannover AG 1977, 346 (347 ff.); *Großfeld*, JZ 1981, 641 (643).

Methode in ihren Grundannahmen auf das jeweils zu beurteilende Rechtsverhältnis ausgerichtet ist.[321] Hierzu sind auch die das Rechtsverhältnis prägenden Vorstellungen, wie z.B. der Gleichbehandlungsgrundsatz, zu berücksichtigen.[322]

Idealtypischer Anwendungsfall der betriebswirtschaftlichen Funktionenlehre ist der Kauf/Verkauf eines Unternehmens[323] bzw. der Kauf/Verkauf von Anteilen eines Unternehmens.[324]

aa) Funktionen der Unternehmensbewertung

Im Rahmen der funktionalen Bewertungslehre ist zwischen den Funktionen der Unternehmensbewertung zu unterscheiden. Zunächst wird zwischen Haupt- und Nebenfunktionen unterschieden.[325] Zu den Hauptfunktionen gehören die Beratungs-, die Vermittlungs- und Schiedsgutachterfunktion sowie die Argumentationsfunktion. Das Institut der Wirtschaftsprüfer ordnet darüber hinaus die Funktion des neutralen Gutachters bei den Hauptfunktionen ein, lehnt jedoch die Argumentationsfunktion als Hauptfunktion ab.[326] Als Nebenfunktionen lassen sich die Informationsfunktion, die Steuerbemessungsfunktion sowie die Vertragsgestaltungsfunktion unterscheiden.[327] Allerdings kommt diesen Nebenfunktionen, die primär auf fiskalischen, handelsrechtlichen oder vertraglichen Bewertungskonzepten beruhen, aus betriebswirtschaftlicher Sicht lediglich eine untergeordnete Rolle zu,[328] wohingegen aber der Vertragsgestaltungsfunktion aus rechtlicher Sicht eine immer größere Rolle zu Teil wird.[329]

(1) Hauptfunktionen

(a) Beratungsfunktion

Im Zentrum der diversen Funktionen der Unternehmensbewertung steht die Beratungsfunktion.[330] Diese hat die Unterstützung einer Partei im Rahmen einer Unternehmenstransaktion durch eine entsprechende Beratung zum Gegenstand. Es soll

---

321 *Großfeld*, JZ 1981, 641 (644).

322 *Großfeld*, JZ 1981, 641 (643).

323 *Adolff*, Unternehmensbewertung im Recht der börsennotierten Aktiengesellschaft, S. 169; *Ruthardt*, Normzweckkonforme Unternehmensbewertung, S. 33.

324 *Nonnenmacher*, Anteilsbewertung bei Personengesellschaften, S. 36; *Ruthardt*, Normzweckkonforme Unternehmensbewertung, S. 33.

325 *Ballwieser/Hachmeister*, Unternehmensbewertung, S. 1 f.

326 Siehe hierzu auch § 2 C.III.1.c) aa)(1)(d).

327 *Peemöller*, Unternehmensbewertung, S. 8; *Winter*, Der Unternehmenswert von Steuerberaterkanzleien, S. 12.

328 *Hayn*, DB 2000, 1346 (1346 f.); *Winter*, Der Unternehmenswert von Steuerberaterkanzleien, S. 12.

329 *Neuhaus*, Unternehmensbewertung und Abfindung, S. 27.

330 *Sieben/Schildbach*, DStR 1979, 455 (455 f.); *Neuhaus*, Unternehmensbewertung und Abfindung, S. 21; *Peemöller*, Unternehmensbewertung, S. 8.

der sog. subjektive Grenzpreis für die zu beratende Partei ermittelt werden. Ziel dieser Methode ist es, einen sog. Entscheidungswert festzustellen, der auf das Entscheidungsfeld und die Präferenzen eines bestimmten Subjektes bezogen ist und die jeweilige individuelle Grenze der Konzessionsbereitschaft der jeweiligen Partei darstellt. Bezogen auf den Käufer eines Unternehmens soll also der maximale Kaufpreis ermittelt werden (Preisobergrenze), den ein potentieller Käufer zahlen kann, ohne dass er durch die Transaktion einen Nachteil erleidet.[331] Bezogen auf den Verkäufer soll der minimal zu fordernde Preis ermittelt werden (Preisuntergrenze), um dessen wirtschaftliche Lage durch den Verkauf nicht zu verschlechtern.[332] Zur Ermittlung der jeweiligen Grenzpreise sind die individuellen Präferenzen, Einflussmöglichkeiten und Alternativanlagen der jeweiligen Partei zu berücksichtigen.[333] Auf welchen Entscheidungswert sich die Parteien innerhalb des sich bietenden Einigungsfelds im Ergebnis einigen und wie sie mögliche Transaktionsvorteile verteilen, richtet sich nach ihrem jeweiligen Verhandlungsgeschick bzw. der Verhandlungsmacht der Parteien.[334]

(b) Vermittlungs- und Schiedsgutachterfunktion

Diese Funktion kommt zum Tragen, wenn zwei Bewertungssubjekte keine Einigung über einen Unternehmenswert finden können.[335] Der Bewerter tritt hier als Vermittler auf, der einen sog. Schiedswert (auch „Schiedsspruchwert“ oder „Arbitriumwert“ genannt) bestimmen soll, der zwischen den auseinanderliegenden Grenzpreisen der beiden Bewertungssubjekte liegt. Ziel ist es, einen für beide Seiten angemessen und fairen Kompromisswert, der den Interessen beider Seiten gerecht wird, zu finden und als Vermittler einen solchen zu empfehlen.[336] Beide Parteien sollen eine positive wirtschaftliche Entwicklung erreichen. Der dabei erzielte Schiedswert besitzt keine Allgemeingültigkeit.[337]

Wie der jeweilige Schiedswert zu bestimmen ist, wird von der betriebswirtschaftlichen Literatur und Praxis unterschiedlich beantwortet.

---

331 IDW S 1 2008, Rn. 12; *Neuhaus*, Unternehmensbewertung und Abfindung, S. 21; *Hayn*, DB 2000, 1346 (1347).

332 *Peemöller*, Unternehmensbewertung, S. 8.

333 *Sieben/Schildbach*, DStR 1979, 455 (456).

334 *Busse von Colbe*, ZGR 1994, 595 (598).

335 *Sieben/Schildbach*, DStR 1979, 455 (456 f.); *Moxter*, Grundsätze ordnungsgemäßer Unternehmensbewertung, S. 16 f.

336 IDW S 1 2008, Rn. 12; *Ballwieser/Hachmeister*, Unternehmensbewertung, S. 1 f.; *Richter*, Abfindung ausscheidender Gesellschafter, S. 26; *Kohl* in: Müller/Rödder, Beck'sches Handbuch der AG, § 24, Rn. 10.

337 *Peemöller*, Unternehmensbewertung, S. 9 f.

i) Lösung nach der Literatur

Die Literatur geht primär von den Grenzwerten der Bewertungssubjekte aus und versucht eine Einigung möglichst in der Mitte zwischen den Grenzwerten im sog. Einigungsbereich zu erzielen.[338]

Problematisch wird es nach diesem Ansatz dann, wenn gar kein Einigungsbereich existiert, innerhalb dessen sich die Parteien einigen können. Hier unterscheidet die Literatur wie folgt: Können die Parteien sich noch frei entscheiden, ob die Transaktion durchgeführt wird, so ist den Parteien von der Transaktion abzuraten; besteht diese Möglichkeit nicht mehr, ist der entstehende Verlust pro rata aufzuteilen.[339] Besteht darüber hinaus der Fall, dass eine Partei der anderen die Bewertung unabhängig von einem Entscheidungsbereich aufzwingen kann, so will diese Ansicht den Grenzwert der schwächeren Partei zu Grunde legen, der dann gleichzeitig den zu ermittelnden „Schiedswert" darstellt. Der Entscheidungswert der anderen Partei bleibt nach dieser Auffassung unberücksichtigt.[340]

Liegt der Unternehmensbewertung keine Transaktion zu Grunde, sondern ein Fall der Abfindung beim Ausscheiden eines Gesellschafters, so ist der Schiedswert das Mittel zwischen den Entscheidungswerten der beiden Parteien, sofern es einen Einigungsbereich gibt.[341] Gibt es keinen Einigungsbereich, ist der Unternehmenswert der Grenzwert der verbleibenden Gesellschafter.[342] Hat ein Gesellschafter die Gesellschaft „unfreiwillig" zu verlassen, ist der Grenzwert des Gesellschafters der Schiedswert.[343]

ii) Lösung nach der Praxis

Demgegenüber geht die Praxis davon aus, dass es überhaupt keine klar fassbaren subjektiven Wertvorstellungen über die Wertober- oder Wertuntergrenze gibt.[344] Nach Meinung der Praxis stellt vor allem die Bestimmung des Entscheidungswertes des Käufers eine besondere Schwierigkeit dar.[345] Die Praxis errechnet in zwei Bewertungsschritten zunächst den „objektivierten" Wert, nämlich den Wert des im Rahmen des vorhandenen Unternehmenskonzepts fortgeführten Unternehmens

---

338 *Sieben/Schildbach*, DStR 1979, 455 (457); *Neuhaus*, Unternehmensbewertung und Abfindung, S. 23; *Moxter*, Grundsätze ordnungsgemäßer Unternehmensbewertung, S. 17.

339 *Moxter*, Grundsätze ordnungsgemäßer Unternehmensbewertung, S. 9 ff.

340 *Sieben/Schildbach*, DStR 1979, 455 (456 f.); *Moxter*, Grundsätze ordnungsgemäßer Unternehmensbewertung, S. 16 f.; *Neuhaus*, Unternehmensbewertung und Abfindung, S. 23.

341 *Neuhaus*, Unternehmensbewertung und Abfindung, S. 23.

342 *Neuhaus*, Unternehmensbewertung und Abfindung, S. 23 f.

343 *Neuhaus*, Unternehmensbewertung und Abfindung, S. 23 f.

344 *Neuhaus*, Unternehmensbewertung und Abfindung, S. 24.

345 *IDW*, WP Handbuch 2014, Bd. II, S. 8 ff.; *Neuhaus*, Unternehmensbewertung und Abfindung, S. 24.

bezogen auf eine Alternativinvestition am Kapitalmarkt.[346] Anschließend werden in einem weiteren Bewertungsschritt die jeweiligen Grenzwerte der Parteien hinzugerechnet, sofern diese „intersubjektiv angemessen und gerecht im Umfang" sind.[347] Zwischen den so ermittelten Werten soll schließlich der Einigungswert liegen, wobei extrem subjektive Einschätzungen der Beteiligten ggf. eine Anpassung des Einigungswertes in die eine oder andere Richtung erforderlich machen.[348]

Dieser Ansatz versucht, den Wert des Unternehmens „wie es steht und fällt" zu ermitteln[349] und die im Unternehmen angelegte objektivierte Ertragskraft herauszufiltern, ohne zunächst auf subjektive Wertvorstellungen, worunter auch zu erwartende Synergieeffekte zu zählen sind, einzugehen.[350] In den objektivierten Unternehmenswert soll anschließend, wenn der Unternehmenswert für konkrete Personen zu ermitteln ist, der subjektive Entscheidungswert und das Bedürfnis nach subjektiver Wertschätzung der Parteien mit einfließen, um zu einem fairen Einigungspreis zu gelangen.[351]

Auch wenn der objektivierte Unternehmenswert sich in gewisser Weise an den objektiven Unternehmenswert anlehnt,[352] versucht er die subjektiven „Befindlichkeiten" als einen typisierten individuellen Entscheidungswert zu bündeln, der gewissermaßen den „Verkehrswert" darstellt.[353] In diesem Verkehrswert werden die subjektiven Wertvorstellungen der einzelnen Individuen in dem aus dem Ausgleich der unterschiedlichen Interessenlagen resultierenden Preis objektiviert.[354] Der Verkehrswert stellt – ähnlich wie der Schiedswert – im Ergebnis einen Wert her, bei dem die subjektiven Entscheidungswerte aller Beteiligten miteinander kompatibel sind.[355]

iii) Stellungnahme

Sowohl die Literatur als auch die Praxis sehen sich mit der Schwierigkeit konfrontiert, zutreffende Informationen zur Ermittlung der Preisgrenzen zu erlangen sowie mit der Problematik, einen für jede Partei relevanten Entscheidungswert zu

---

346 *IDW*, WP Handbuch 2014, Bd. II, S. 8 ff.; *Neuhaus*, Unternehmensbewertung und Abfindung, S. 24.

347 *IDW*, WP Handbuch 2014, Bd. II, S. 8 ff.; *Neuhaus*, Unternehmensbewertung und Abfindung, S. 24.

348 *IDW*, WP Handbuch 2014, Bd. II, S. 9 f.; *Hartmann*, Der ausscheidende Gesellschafter, S. 239; *Neuhaus*, Unternehmensbewertung und Abfindung, S. 24.

349 *Engel/Giese*, WPg 1983, 269 (269 f.).

350 *Ullrich*, Abfindung und Börsenkurs, S. 38 f.

351 *Schultze*, Unternehmensbewertung, S. 9 f.; *Ullrich*, Abfindung und Börsenkurs, S. 38 f.

352 Weshalb er von seinen Kritikern auch abgelehnt wird, vgl. *Engel/Giese*, WPg 1983, 269 (270).

353 *Engel/Giese*, WPg 1983, 269 (275 f.).

354 *Loistl*, Kapitalmarkttheorie, S. 313

355 *Casey*, Unternehmensbewertung und Marktpreisfindung, S. 4; *Ullrich*, Abfindung und Börsenkurs, S. 39 f.

ermitteln.[356] Während die Literatur darauf angewiesen ist, diese Werte durch entsprechende Informationen der Parteien zu ermitteln, arbeitet die Praxis mit „Typisierungen“[357] oder „Konventionen“[358]. Im Ergebnis führt dies zu einem ähnlichen Einigungswert wie dem Schiedswert, der nach der Literatur – sofern Zugang zu den entsprechenden Informationen besteht – ermittelt wird.[359]

Der Ansatz der Literatur versagt jedoch, wenn der relevante Entscheidungsbereich nicht ermittelt werden kann. Hier würde nach Ansicht der Literatur bevorzugt ein Abbruch der Transaktion in Betracht kommen, während die Praxis den objektivierten Wert ansetzt und so zu einem Ergebnis kommt, das auch die subjektiven Wertvorstellungen der Parteien berücksichtigt. Die Praxis versucht im Gegensatz zur Literatur in allen Bereichen zu einem für beiden Seiten akzeptablen und kompatiblen Ergebnis zu gelangen. Das Vorgehen der Praxis ist damit im Vergleich zu dem Weg, den die Literatur vorschlägt, die deutlich praktikablere und damit vorzugswürdige Variante. Der Weg, den die Praxis vorschlägt, ist häufig der einzige Weg überhaupt zu einem Schiedswert zu gelangen.

Im Übrigen wird die Literatur in den Fällen der Abfindung dem Ziel der Vermittlungs- und Schiedsgutachterfunktion, einen für beiden Seiten fairen Kompromisswert zu finden, nicht gerecht. In diesen Fällen stellt die Literatur auf den Grenzwert der vermeintlich schwächeren Partei ab. In den wenigsten Fällen ist dieser Grenzwert aber der Wert, der den Interessen beider Parteien gleichermaßen gerecht wird, was zu weiteren Konflikten führt und damit der eigentlichen Funktion der Vermittlungs- und Schiedsgutachterfunktion, einen angemessenen und fairen Kompromisswert zu finden, widerspricht.

Der Ansatz des objektivierten Unternehmenswertes hat sich in der Praxis mittlerweile gefestigt, wie sich beispielsweise aus dem IDW S 1 2008, dem betriebswirtschaftlichen „Standard“, den der Berufsstand der Wirtschaftsprüfer zur Bewertung von Unternehmen heranzieht,[360] ergibt, wo ebenfalls auf den objektivierten Unternehmenswert als Kriterium zur Bestimmung des Unternehmenswerts abgestellt wird.[361]

356 *Moxter*, Grundsätze ordnungsgemäßer Unternehmensbewertung, S. 25 f.; *König* in: Moderne Unternehmensbewertung, S. 73 (84 ff.).

357 *Moxter*, Grundsätze ordnungsgemäßer Unternehmensbewertung, S. 25 f.

358 *König* in: Moderne Unternehmensbewertung, S. 73 (84 ff.).

359 *Neuhaus*, Unternehmensbewertung und Abfindung, S. 25.

360 Das Institut der Wirtschaftsprüfer (IDW) fasst die Grundsätze, nach denen Wirtschaftsprüfer Unternehmen bewerten, im IDW S 1 zusammen. Aktuell ist IDW S 1 2008 relevant. In den letzten Jahren wurden die Bewertungsstandards des IDW häufig verändert. Vgl. *Ruthardt/Hachmeister*, WPg 2011, 351 (351 ff.); *Ruthardt*, Normzweckkonforme Unternehmensbewertung, S. 255.

361 IDW S 1 2008, Rn. 29 ff.

(c) Argumentationsfunktion

Als weitere Funktion der Bewertung wird die Argumentationsfunktion genannt.[362] Ziel dieser Funktion ist es, dem Bewertungssubjekt einen Wert zu geben, mit dem er in die Verhandlungen zur Ermittlung eines Kaufpreises starten, bei gerichtlichen Streitigkeiten seine Verhandlungsposition untermauern oder eine Investitionsentscheidung treffen kann.[363] Die Bemessung des Argumentationswertes soll dabei so bestimmt werden, dass er die Gegenseite überzeugen kann und aus der Sicht des jeweiligen Bewertungssubjekts angemessen und zweckmäßig ist. Gleichzeitig muss der Wert aber auch kompromissfähig sein, um verhandelbar zu bleiben, falls der Wert die Gegenseite nicht überzeugen kann.[364] Nach der betriebswirtschaftlichen Literatur dient die Argumentationsfunktion daher vor allem dazu, für das jeweilige Bewertungssubjekt in der Verhandlung ein möglichst günstiges Einigungsergebnis zu erzielen, um den Transaktionsgewinn für das Bewertungssubjekt zu steigern.[365]

(d) Gutachterfunktion

Da die Argumentationsfunktion häufig zur Benachteiligung einer der beim Bewertungsprozess Beteiligten führen kann, ist diese mit den Berufsgrundsätzen der Wirtschaftsprüfer, die zur Unparteilichkeit verpflichtet sind,[366] nicht vereinbar.[367] Hier findet stattdessen die Funktion des neutralen Gutachters Anwendung.[368] Im Rahmen der Gutachterfunktion hat der bewertende Wirtschaftsprüfer als objektiver Sachverständiger eine interessenunabhängige Wertgröße, den sogenannten objektivierten Unternehmenswert, zu ermitteln.[369]

In einer sogenannten „Feststellungsphase“ sind die Daten und Werte des Unternehmens sachgemäß auszuwerten, um eine fundierte Basis für eine objektive Begutachtung zu gewinnen. Der Wert des Unternehmens ist anhand künftiger Ertragsverhältnisse, die aus den Vorjahren abgeleitet werden, zu bestimmen.[370] Individuelle subjektive Wertvorstellungen bleiben hierbei zunächst unberücksichtigt. Im Rahmen einer Transaktion soll der Wirtschaftsprüfer hierdurch den „objektivierten

---

362 *Ballwieser/Hachmeister*, Unternehmensbewertung, S. 1 f.

363 *Sieben/Schildbach*, DStR 1979, 455 (457); *Peemöller*, Unternehmensbewertung, S. 6; *Neuhaus*, Unternehmensbewertung und Abfindung, S. 25.

364 *Hayn*, DB 2000, 1346 (1347); *Neuhaus*, Unternehmensbewertung und Abfindung, S. 25.

365 *Neuhaus*, Unternehmensbewertung und Abfindung, S. 25.

366 Vgl. § 43 Abs. 1 S. 2 WPO.

367 *Dörner*, WPg 1981, 202 (205 ff.); *Neuhaus*, Unternehmensbewertung und Abfindung, S. 26.

368 *Peemöller*, DStR 1993, 409 (410).

369 *Wehmeier*, Praxisübertragung, Rn. 62; *Kohl* in: Müller/Rödder, Beck'sches Handbuch der AG, § 24, Rn. 8.

370 *Winter*, Der Unternehmenswert von Steuerberaterkanzleien, S. 14.

Unternehmenswert" ermitteln und damit die Ausgangslage für Preisverhandlungen der Parteien schaffen. Die Gutachterfunktion geht somit nicht über eine Analyse des vorhandenen Unternehmens hinaus.[371] Die Bewertung des Unternehmens erfolgt „wie es steht und liegt". Dementsprechend spiegelt sich in dem so ermittelten Unternehmenswert lediglich der Wert des Unternehmens bei Weiterführung der bestehenden Unternehmenskonzepte wieder.[372]

Erst in einer zweiten Phase, der „Verhandlungsphase", können die an der Transaktion beteiligten Parteien ihre subjektiven Vorstellungen über den Kaufpreis selbst einbringen.[373] Hierdurch ändert sich die Funktion des Wirtschaftsprüfers vom neutralen Gutachter zum Berater bzw. Schiedsgutachter/Vermittler.[374] Zu berücksichtigen ist hierbei, dass der Wirtschaftsprüfer im Rahmen der Beratungsfunktion nur für eine Partei tätig werden kann,[375] was häufig der Mehrheitsgesellschafter des Unternehmens sein wird.[376]

Die betriebswirtschaftliche Theorie, lehnt den „objektivierten Unternehmenswert" ab. Es wird beanstandet, der objektivierte Unternehmenswert[377] sei lediglich ein Grenzwert aus der Sicht des Verkäufers. Die angestrebte Neutralität des Wertes sei nicht gewahrt. Die Käuferinteressen würden vernachlässigt.[378] Diese Ansicht will die Unparteilichkeit des Wirtschaftsprüfers dadurch wahren, dass der Wirtschaftsprüfer die Grenzwerte beider Parteien schätzt und seinem Mandanten hierdurch den Verhandlungsspielraum aufzeigt.[379] Unklar ist aber, auf welcher Basis eine solche Schätzung stattfinden soll. Es ist daher zu bezweifeln, ob ein Unternehmenswert, der anhand geschätzter Grenzwerte ermittelt wurde, im Ergebnis „neutraler" ist als der objektivierte Unternehmenswert. Nachvollziehbarer ist ein auf diese Weise ermittelter Unternehmenswert jedenfalls nicht.

---

371 *Neuhaus*, Unternehmensbewertung und Abfindung, S. 26.

372 *Peemöller*, Unternehmensbewertung, S. 11; *Winter*, Der Unternehmenswert von Steuerberaterkanzleien, S. 14.

373 *IDW*, WP Handbuch 2014, Bd. II, S. 7 ff.

374 *IDW* S 1 2008, Rn. 12.

375 *IDW*, WP Handbuch 2014, Bd. II, S. 8; *Neuhaus*, Unternehmensbewertung und Abfindung, S. 26.

376 *Ruthardt*, Normzweckkonforme Unternehmensbewertung, S. 255.

377 Es wird von einem objektivierten und nicht von einem objektiven Unternehmenswert ausgegangen, da sowohl individuelle Wertvorstellungen von den jeweiligen Parteien wie auch des Sachverständigen in die Bewertung einfließen. Vgl. *Wehmeier*, Praxisübertragung, Rn. 62; *Winter*, Der Unternehmenswert von Steuerberaterkanzleien, S. 14 f.

378 *Moxter*, Grundsätze ordnungsgemäßer Unternehmensbewertung, S. 27 ff.; *Peemöller*, Unternehmensbewertung, S. 11.

379 *Moxter*, Grundsätze ordnungsgemäßer Unternehmensbewertung, S. 29; *Neuhaus*, Unternehmensbewertung und Abfindung, S. 26.

bb) Nebenfunktionen

Neben den dargestellten Hauptfunktionen werden im Rahmen der funktionalen Bewertungsmethoden die Vertragsgestaltung, die Informationsfunktion sowie die Steuerbemessungsfunktion als Nebenfunktionen unterschieden.[380]

(1) Vertragsgestaltung

Die Unternehmensbewertung hat im Rahmen der Vertragsgestaltungsfunktion die Aufgabe der Entwicklung bzw. Auslegung vertraglicher Vereinbarungen.[381] Die Funktion der Vertragsgestaltung spielt vor allem im Rahmen der Gründung der Gesellschaft oder bei späteren Gesellschafterwechseln eine Rolle. Häufig werden bereits bei Gründung einer Gesellschaft Regelungen im Gesellschaftsvertrag oder in Nebenabreden zum Gesellschaftsvertrag vorgesehen, die Grundlage für eine spätere Bewertung des Unternehmens bilden, wie z.B. für den Fall des Ausscheidens eines Gesellschafters aus der Gesellschaft zu einem späteren Zeitpunkt. Im Vordergrund stehen hierbei grundsätzlich drei Gesichtspunkte: Die Klausel soll ihrem Zweck nach (1) die Auseinandersetzung möglichst vereinfachen und beschleunigen sowie Rechtsstreitigkeiten zwischen den Gesellschaftern vermeiden und die Interessen der Gesellschaft und des betroffenen Gesellschafters gleichermaßen wahren, sie soll (2) den Bestand und die Liquidität der Gesellschaft gewährleisten und soll (3) dem ausscheidenden Gesellschafter eine angemessene Abfindung verschaffen.[382]

(2) Informationsfunktion

Des Weiteren wird in der Informationsfunktion eine Nebenfunktion der funktionalen Bewertungsmethode gesehen. Ziel der Informationsfunktion ist es, durch Bilanzierung Informationen über das jeweilige Bewertungsobjekt und dessen Ertragskraft auf Basis der handelsrechtlichen Bilanzierungsvorschriften bzw. der jeweiligen Bewertungsgrundsätze/Vorschriften nach US-GAAP oder IFRS zu erlangen und so eine Aussage über den aus der Bilanz ermittelten Unternehmenswert zu erhalten.[383] Ein möglicher Anlass für eine solche Bewertung ist zum Beispiel die Prüfung der Kreditwürdigkeit eines Unternehmens.

---

380 *Sieben/Schildbach*, DStR 1979, 455 (458); *Neuhaus*, Unternehmensbewertung und Abfindung, S. 27; *Ballwieser/Hachmeister*, Unternehmensbewertung, S. 1 ff.

381 *Peemöller*, Unternehmensbewertung, S. 13.

382 *Neuhaus*, Unternehmensbewertung und Abfindung, S. 27.

383 *Brösel*, BFuP 2006, 128 (141); *Peemöller*, Unternehmensbewertung, S. 13; *Winter*, Der Unternehmenswert von Steuerberaterkanzleien, S. 15.

(3) Steuerbemessungsfunktion

Bei der Steuerbemessungsfunktion steht die Ermittlung von Bemessungsgrundlagen für die Steuerfestsetzung wie z.B. Erbschafts- und Schenkungssteuer, sonstiger Ertragssteuern, Substanzsteuern oder Verkehrssteuern im Vordergrund.[384] Das Ermessen bei der Ermittlung von Steuerbemessungsgrundlagen soll durch präzise Anhaltspunkte in den fiskalischen Gesetzen und Richtlinien eingeschränkt werden, um dem Bestreben nach Steuergerechtigkeit und Gleichmäßigkeit der Besteuerung zu entsprechen.[385] Unter derart einheitlich festgelegte Wertermittlungen fallen insbesondere die steuerlichen Massenbewertungsverfahren, wie das sog. "vereinfachte Ertragswertverfahren", das der Bewertung von nicht börsennotierten Anteilen an Kapitalgesellschaften dient.[386] Das vereinfachte Ertragswertverfahren ist seit dem 1. Januar 2009 in den §§ 199 ff. BewG geregelt.[387] Es ist ein vergangenheitsorientiertes Bewertungsverfahren, das das sog. Stuttgarter Verfahren ersetzt. Führt dieses vereinfachte Ertragswertverfahren zu einem nicht angemessenen Wert, muss der Steuerpflichtige sein Unternehmen durch ein Unternehmensbewertungsgutachten bewerten lassen bzw. der Freiberufler durch ein Praxisbewertungsgutachten.[388]

cc) Fazit

Wie bereits die unterschiedlichen Auffassungen zur neutralen Gutachterfunktion und der Argumentationsfunktion erkennen lassen, kann auch die funktionale Bewertungslehre nicht völlig unkritisch gesehen werden. Sie hat ihre Schwächen, wie die Bestimmung des Unternehmenswertes im Rahmen der Vermittlungs- und Schiedsgutachterfunktion zeigt. Ferner ist die Einteilung in Haupt- und Nebenfunktionen sehr vage, da sie je nach Blickwinkel des bewertenden Subjektes variieren kann.[389]

Trotz dieser „kleinen" Schwächen ist die funktionale Bewertungslehre aber von ihrem Ansatzpunkt her, nämlich der Bewertung im jeweiligen Rechtsverhältnis bzw. einer zweckorientierten Bewertung in Abhängigkeit vom jeweiligen Bewertungsanlass, die rechtlich vorzugswürdige Bewertungstheorie. Im Gegensatz zur rein objektiven und zur rein subjektiven Theorie berücksichtigt sie den eigentlichen Zweck der Bewertung und ermöglicht eine dem zugrundeliegenden Rechtsverhältnis angepasste Bewertung. Durch die Berücksichtigung des Bewertungsanlasses und

---

384 *Mandl/Rabel*, Unternehmensbewertung, S. 23; *Winter*, Der Unternehmenswert von Steuerberaterkanzleien, S. 15.

385 *Brösel*, BFuP 2006, 128 (139); *Winter*, Der Unternehmenswert von Steuerberaterkanzleien, S. 15.

386 *Winter*, Der Unternehmenswert von Steuerberaterkanzleien, S. 15.

387 *Milatz/Kämper*, GmbHR 2009, 470 (470 ff.); *Großfeld*, Recht der Unternehmensbewertung, Rn. 1351 ff.

388 *Milatz/Kämper*, GmbHR 2009, 470 (470 ff.); *Creutzmann*, DB 2008, 2784 (2784 ff.).

389 *Winter*, Der Unternehmenswert von Steuerberaterkanzleien, S. 17.

die hierin erfolgende Vereinigung von Elementen der objektiven und subjektiven Theorie wird sie den Belangen der beteiligten Parteien am ehesten gerecht.

2. *Abgrenzung des Unternehmenswerts zum „Preis" eines Unternehmens*

Unternehmensbewertungen werden häufig durchgeführt, um im Rahmen einer Transaktion die jeweiligen Preisgrenzen von Käufer und Verkäufer festzustellen und ggf. einen Schiedswert zu ermitteln.[390] Häufig ist der Kaufpreis, der am Ende gezahlt wird, aber nicht der Preis, der im Rahmen der erfolgten Bewertung ermittelt wurde. Eine im Rahmen der Kaufpreisverhandlung vorgenommene Unternehmensbewertung kann am Ende irrelevant für die eigentliche Preisfindung sein,[391] da der Preis für ein Unternehmen oder Unternehmensanteile auf dem freien Kapitalmarkt im Wesentlichen auf Angebot und Nachfrage beruht und häufig das Verhandlungsergebnis zwischen Verkäufer und Käufer im Rahmen der Kaufpreisfindung darstellt,[392] in das das Ergebnis einer erfolgten Unternehmensbewertung zwar einfließen kann, aber nicht zwangsläufig einfließen muss. Unternehmensbewertungen sind ein Hilfsmittel der Kaufpreisfindung.[393] In einer Marktwirtschaft ergibt sich der Preis aus dem Zusammentreffen vieler einzelner subjektiver Kosten- und Nutzenschätzungen der beteiligten Parteien.[394] Der Preis kann je nach dem mengenmäßigen Verhältnis zwischen Angebot und Nachfrage sowie den Einflussmöglichkeiten der Unternehmenseigner auf die Unternehmenspolitik mehr oder weniger stark von dem ermittelten Wert des Unternehmens abweichen.[395] Subjektive Umstände, wie ein Verkaufszwang beim Verkäufer (niedriger Preis), Unerfahrenheit des Käufers (hoher Preis) sowie bestimmte Synergieerwartungen des Käufers (höherer Preis) schlagen sich wesentlich im Kaufpreis nieder. Der Preis hängt somit in erster Linie von subjektiv-konkreten Umständen ab, während der Wert bei der Unternehmensbewertung anhand objektivierter Kriterien bestimmt wird.[396]

Der im Rahmen einer Unternehmensbewertung ermittelte Wert kann somit Auswirkungen auf den Kaufpreis haben, muss es aber nicht und spielt u.U. gar keine Rolle für die Kaufpreisermittlung.

Im Gegensatz dazu kann der tatsächlich für ein Unternehmen gezahlte Preis, also der Marktpreis, aber Auswirkungen auf die Bewertung eines Unternehmens haben. Teilweise wird sogar davon ausgegangen, dass ein Unternehmen grundsätzlich nicht mehr wert sein kann, als das, was am Markt tatsächlich für das Unternehmen

---

390 Vgl. die Ausführungen unter § 2 C.III.1.c) aa).
391 *Müller*, JuS 1973, 603 (604).
392 *Schindler* in: Beisel/Klumpp, Der Unternehmenskauf, 3. Kapitel, Rn. 1.
393 *Schindler* in: Beisel/Klumpp, Der Unternehmenskauf, 3. Kapitel, Rn. 1.
394 *Müller*, JuS 1973, 603 (604).
395 IDW S 1 2008, Rn. 13 ff.
396 *Holzapfel/Pöllath*, Unternehmenskauf, Rn. 861; *Schindler* in: Beisel/Klumpp, Der Unternehmenskauf, 3. Kapitel, Rn. 1.

gezahlt wird.[397] Dabei wird im Wesentlichen darauf abgestellt, dass auch die Bewertung eines Unternehmens aufgrund der den vorzunehmenden Prognosen innewohnenden Unsicherheiten nicht punktgenau möglich sei.[398] Der im Rahmen einer Transaktion ermittelte Marktpreis sei daher stets als Obergrenze im Rahmen der Unternehmensbewertung anzusehen.[399] Diese Ansicht lässt jedoch unberücksichtigt, dass der Kaufpreis für ein Unternehmen ganz wesentlich von subjektiven Umständen geprägt wird, die den Kaufpreis nachteilig beeinflussen können, möglicherweise aber nicht den wirklichen Wert des Unternehmens widerspiegeln.[400] Marktpreise berücksichtigen nicht immer alle Informationen, auf die im Rahmen einer Unternehmensbewertung eingegangen wird.[401]

Richtigerweise ist der Kaufpreis ein wichtiger Indikator für den tatsächlichen Wert des Unternehmens und ist als solcher bei der Unternehmensbewertung zu berücksichtigen. Er ist z.B. auch im Rahmen der richterlichen Schätzung gemäß § 287 ZPO in die Schätzung z.B. bei der Bemessung einer angemessenen Barabfindung im Rahmen der §§ 304, 305 AktG mit einzubeziehen.[402] Allerdings heißt dies nicht zwangsläufig, dass er auch als Obergrenze bei der Bewertung im Rahmen einer Transaktion angesehen werden muss. Vielmehr muss auch ein Überschreiten des Kaufpreises im Rahmen einer Bewertung möglich sein, wenn bei der Bewertung ein höherer Unternehmenswert berechnet wird.

Dies wird auch deutlich, wenn man sich die Berücksichtigung von Börsenwerten bei der Abfindungsbemessung nach §§ 304, 305 und 320b, §§ 327a und 327b AktG anschaut.[403] Auch der Börsenwert ist ein Marktwert, der bei der Bewertung des Unternehmens berücksichtigt werden muss.[404] Die Berücksichtigung des Börsenwertes beruht auf der Annahme, dass die Marktteilnehmer auf der Grundlage der ihnen zur Verfügung gestellten Informationen und Informationsmöglichkeiten die Ertragskraft des Unternehmens zutreffend bewerten und sich diese Marktbewertung im Börsenkurs der Aktien niederschlägt.[405] Der Börsenwert wird überwiegend zumindest als Untergrenze einer Abfindungszahlung angesetzt.[406] Teilweise wird sogar

397 LG Frankfurt a.M. NZG 2009, 553 (554); *Hüttemann*, ZGR 2001, 454 (468 f.); *Stilz*, ZGR 2001, 875 (882 f.).
398 *Hennrichs* in: FS Schneider, S. 489 (496 f.).
399 *Hennrichs* in: FS Schneider, S. 489 (497); *Hüttemann*, ZGR 2001, 454 (458).
400 IDW S 1 2008, Rn. 13; Großfeld, Recht der Unternehmensbewertung, Rn. 248.
401 Vgl. *Ruthardt/Hachmeister*, NZG 2014, 41 (41 ff.). Siehe hierzu auch die Ausführungen unter § 2 C.IV.5.c).
402 *Hennrichs* in: FS Schneider, S. 489 (497).
403 BVerfGE 100, 289 (305); BGH NZG 2016, 461 (463); siehe zum Einfluss des Börsenwertes auf die Unternehmensbewertung im Einzelnen die Ausführungen unter § 2 C.IV.5.c) und § 3 B.II.1.
404 IDW S 1 2008, Rn. 14 ff.; Hüttemann, ZGR 2001, 454 (469).
405 BGH NZG 2016, 461 (464); BGH NJW 2001, 2080 (2081).
406 BVerfGE 100, 289 (305 ff.); *Emmerich* in: Emmerich/Habersack, Aktien- und GmbH-Konzernrecht, § 305 AktG, Rn. 42 f.

davon ausgegangen, dass der Börsenkurs eine effektive Schätzgrundlage darstellt und allein maßgeblich für die angemessene Barabfindung bei aktienrechtlichen Strukturmaßnahmen sei. Erst wenn von einer effektiven Informationsbewertung nicht mehr ausgegangen werden könne, müsse auf andere Methoden der Unternehmensbewertung zurückgegriffen werden.[407] Zeitnah gezahlte Preise für ein Unternehmen müssen daher zumindest als Orientierungswerte, ggf. sogar als Untergrenze einer Bewertung berücksichtigt werden.

IV. Bewertungsverfahren

Zur Ermittlung des Unternehmenswerts steht grundsätzlich eine Vielzahl von betriebswirtschaftlichen Methoden zur Verfügung.[408] Die Auswahl zwischen diesen Methoden ist, wie unter § 2 C.I. dargestellt, eine Rechtsfrage. Gesetzliche Vorschriften zur Unternehmens- und Anteilsbewertung finden sich nur für steuerliche Zwecke. Eine Sonderregelung enthält darüber hinaus nur § 1376 Abs. 4 BGB für Betriebe der Land- und Forstwirtschaft. Hier ist für die Ermittlung des familienrechtlichen Zugewinns ausdrücklich der Ertragswert anzusetzen. Daher kann keine der in der Betriebswirtschaftslehre entwickelten Methoden ipso iure einen Vorrang beanspruchen.[409] Der Gesetzgeber und – bei Fehlen gesetzlicher Vorgaben – die Gerichte sind frei in ihrer Entscheidung, welche Methode und welche Faktoren sie bei der Bewertung eines Gegenstandes ansetzen wollen und wie diese Faktoren gewichtet werden sollen.[410] Auch die einmal gewählte Bewertungsmethode ist für das Gericht nicht bindend.[411]

Die wichtigsten von der Betriebswirtschaftslehre entwickelten Bewertungsmethoden können in vier Gruppen eingeteilt werden: Substanzwertorientierte Verfahren, ertragswertorientierte Verfahren, Mittelwertmethoden und Orientierungshilfen.

1. Substanzwertorientierte Verfahren

a) Substanzwertverfahren

Das Substanzwertverfahren zielt auf eine Betrachtung der Summe der Einzelwerte des Unternehmens ab. Die vorhandene Sachgesamtheit Unternehmen, also alle betriebseigenen Anlagen, Vorräte und Produkte sollen jedes für sich bewertet werden.

---

407 BGH NZG 2011, 869 (870); BGH NZG 2016, 461 (464); siehe hierzu insbesondere die Ausführungen unter § 2 C.IV.5.c) und § 3 B.II.1.

408 *Deilmann* in: Hölters, Aktiengesetz, § 305, Rn. 48; *Karrer*, Die Angemessenheit der Leistung, S. 108 ff.; *Emmerich* in: Emmerich/Habersack, Aktien- und GmbH-Konzernrecht, § 305 AktG, Rn. 51.

409 BayObLG AG 1996, 127 (127 f.); OLG Celle AG 1999, 128 (130); *Fleischer*, ZGR 1997, 368 (374 ff.); *Koch* in: Hüffer, AktG, § 305, Rn. 24.

410 OLG München AG 2007, 411 (411 f.); *Krieger* in: MünchHdbGesR, Band 4, § 71, Rn. 132; *Deilmann* in: Hölters, Aktiengesetz, § 305, Rn. 48; *Emmerich* in: Emmerich/Habersack, Aktien- und GmbH-Konzernrecht, § 305 AktG, Rn. 51.

411 *Deilmann* in: Hölters, Aktiengesetz, § 305, Rn. 48.

Es ist daher ein „Einzelbewertungsverfahren".[412] Der Substanzwert soll den Wiederbeschaffungswert einer solchen Unternehmung, d.h. den Betrag abzüglich der Verbindlichkeiten, verkörpern, der zum Aufbau eines identischen Unternehmens aufzuwenden wäre.[413] Hierzu ist der objektive Marktwert der einzelnen Bestandteile zu ermitteln und aufzuaddieren. Nicht betriebsnotwendiges Vermögen ist mit dem erzielbaren Veräußerungswert, d.h. mit dem Liquidationswert anzusetzen. Verbindlichkeiten sind vom Unternehmenswert abzuziehen.[414]

Da im Rahmen des Substanzwertverfahrens die zukünftige Entwicklung des Unternehmens völlig unbeachtet bleibt, findet es zur Unternehmenswertermittlung national wie international kaum noch Anwendung.[415] Es wird primär bei der Bewertung von Unternehmen mit nicht vorrangig finanziellen Zielsetzungen wie non-profit Organisationen angewendet. Substanzwerte können jedoch Hilfsfunktionen übernehmen, in dem mit Hilfe dieses Verfahrens z.B. beleihungsfähiges Vermögen festgestellt wird.[416]

b) Liquidationswertverfahren

Ein Unterfall der substanzwertorientierten Verfahren ist das Liquidationswertverfahren. Bei der Bemessung des Liquidationswertes wird gedanklich davon ausgegangen, dass das Unternehmen nicht weiter fortgeführt wird. Der Liquidationswert ist der Barwert der Nettoerlöse, die sich aus der Veräußerung der Vermögensgegenstände abzüglich Schulden und Liquidationskosten ergeben.[417] Beim Liquidationswert werden die einzeln veräußerbaren Güter mit ihren Einzelzerschlagungswerten und die Schulden mit ihren Ablösebeträgen angesetzt.[418] Im Gegensatz zum Substanzwert wird sich bei der Ermittlung des Liquidationswertes an den Preisen auf dem Absatzmarkt und nicht an den Preisen auf dem Beschaffungsmarkt orientiert. Der Liquidationswert kann jedoch als spezieller Zukunftserfolgswert verstanden

---

412 Vgl. IDW S 1 2008, Rn. 170; *Hosterbach*, DB 1987, 897 (900 f.); *Lausterer*, Unternehmensbewertung zwischen Betriebswirtschaftslehre und Rechtsprechung, S. 65.

413 *Moxter*, Grundsätze ordnungsgemäßer Unternehmensbewertung, S. 41; *Ballwieser/Hachmeister*, Unternehmensbewertung, S. 204; *Strohn* in: MüKo, GmbHG, § 34, Rn. 212; *Dielmann/König*, AG 1984, 57 (61); *Lausterer*, Unternehmensbewertung zwischen Betriebswirtschaftslehre und Rechtsprechung, S. 65.

414 *Moxter*, Grundsätze ordnungsgemäßer Unternehmensbewertung S. 41.

415 IDW S 1 2008, Rn. 6; *Großfeld*, Recht der Unternehmensbewertung, Rn. 1286; *Hügel*, Verschmelzung und Einbringung, S. 197 ff.

416 *Kohl* in: Müller/Rödder, Beck'sches Handbuch der AG, § 24, Rn. 14.

417 IDW S 1 2008, Rn. 141; *IDW*, WP Handbuch 2014, Bd. II, S. 61; OLG Frankfurt a.M. NZG 2011, 990 (992); BGHZ 138, 371 (385); *Fleischer/Schneider*, DStR 2013, 1736 (1736).

418 *Ballwieser/Hachmeister*, Unternehmensbewertung, S. 203.

werden, da er angibt, welche Erträge aus einer Einzelveräußerung der Vermögensgegenstände zu erwarten sind.[419]

Für die Ermittlung des Liquidationswertes kommt es auf die potentiellen Verwertungserlöse für die einzelnen Vermögensgegenstände an. Diese werden maßgeblich durch Zerschlagungsintensität und Zerschlagungsgeschwindigkeit beeinflusst.[420] Die Zerschlagungsintensität drückt aus, inwieweit Vermögensgegenstände als Einheit verkauft werden können. Da von Rechts wegen das bestmögliche Verwertungskonzept zugrunde zu legen ist,[421] sind bei einer Liquidation vorrangig Möglichkeiten zur kumulativen Veräußerung von Unternehmensteilen zu prüfen.[422] Die Zerschlagungsgeschwindigkeit bezieht sich hingegen auf den Zeitraum, innerhalb dessen die Veräußerung beendet sein muss.[423] Abhängig von den unterstellten Verwertungsaussichten sind verschiedene Liquidationswerte denkbar.[424] Von dem ermittelten Liquidationserlös sind die Verbindlichkeiten der Gesellschaft, sämtliche Kosten der Liquidation, wie die Kosten für Makler und Wirtschaftsprüfer, Vorfälligkeitsentschädigungen, Sozialplanverpflichtungen sowie die fiktive Steuerlast, insbesondere Ertragssteuern, abzusetzen.[425] Schlussendlich sind noch die Liquidationsüberschüsse auf den Bewertungsstichtag zu diskontieren, sofern die Liquidation voraussichtlich längere Zeit dauern würde.[426]

Das Liquidationswertverfahren hat in der Praxis aufgrund des geringen Liquidationswertes kaum Relevanz. Der Liquidationswert spielt in der Praxis nur insoweit eine Rolle, als dass er als Untergrenze für den Unternehmenswert und damit auch als Grenze für eine Bewertung anhand der Ertragswertmethode anzusehen ist, wenn die tatsächliche Absicht besteht, ein Unternehmen zu liquidieren und die Liquidation rechtlich zulässig ist, bei einer Fortsetzung des Unternehmens die Ertragsaussichten auf Dauer negativ sind oder wenn der Barwert der finanziellen Überschüsse, die sich bei einer Liquidation des gesamten Unternehmens ergeben,

---

419 *Matschke/Brösel*, Unternehmensbewertung, S. 324; *Fleischer/Schneider*, DStR 2013, 1736 (1737).

420 *Großfeld*, Recht der Unternehmensbewertung, Rn. 1263; *IDW*, WP Handbuch 2014, Bd. II, S. 61; *Fleischer/Schneider*, DStR 2013, 1736 (1737).

421 BayObLG DStR 1995, 1479 (1480); OLG Stuttgart AG 2008, 783 (789); *Fleischer/Schneider*, DStR 2013, 1736 (1737).

422 *Helbling*, Unternehmensbewertung, S. 216; *Fleischer/Schneider*, DStR 2013, 1736 (1737).

423 *Fleischer/Schneider*, DStR 2013, 1736 (1737).

424 *Mandl/Rabel*, Unternehmensbewertung, S. 49; *Fleischer/Schneider*, DStR 2013, 1736 (1737).

425 *Großfeld*, Recht der Unternehmensbewertung, Rn. 1263 ff.; *Ballwieser/Hachmeister*, Unternehmensbewertung, S. 203.

426 *Piltz*, Die Unternehmensbewertung in der Rechtsprechung, S. 196.

den Ertragswert bei Annahme der Fortführung des Unternehmens übersteigt.[427] Es wird auf die ausführliche Darstellung dieser Problematik unter § 3 B.V. verwiesen.

c) *Buchwertverfahren*

Bei einer Bewertung nach dem Buchwertverfahren bemisst sich der Unternehmenswert, wie der Name schon sagt, nach dem Buchwert des Unternehmens. Der Buchwert eines Unternehmens liegt regelmäßig deutlich unter dem wahren Wert des Unternehmens und sagt somit wenig über den Wert eines Unternehmens im Ganzen aus.[428] Der Buchwert berücksichtigt nicht den eigenen Firmenwert. Ferner werden allgemeine Risiken nicht voll erfasst.[429] Aus ihm ergibt sich allenfalls der Mindestwert des Unternehmens nach Einschätzung der Gesellschaft.[430] Das Buchwertverfahren hat daher in der Praxis keine Relevanz.[431] Lediglich in Gesellschaftsverträgen finden sich häufiger sog. Buchwertklauseln im Hinblick auf die an einen aus einer Gesellschaft ausscheidenden Gesellschafter zu zahlende Abfindung. Der BGH erachtet solche Buchwertklauseln in ständiger Rechtsprechung zwar grundsätzlich als zulässig; allerdings können diese im Einzelfall auch wegen eines erheblichen Missverhältnisses zwischen Buchwert und wirklichem Wert unwirksam sein, sofern dadurch die Freiheit eines Gesellschafters zur Kündigung eingeschränkt wird.[432]

Da der Buchwert den wahren Wert des Unternehmens nicht wiederspiegelt, ist er nicht geeignet für die Bewertung eines Unternehmens. Er kann allenfalls ein Anhaltspunkt für die Bewertung sein.[433] Aus diesem Grund soll der Buchwertmethode nachfolgend keine weitere Beachtung geschenkt werden.

2. *Ertragswertverfahren*

a) *Allgemeine Grundsätze*

Das Ertragswertverfahren wurde in den 1960er und 1970er Jahren entwickelt. Es ist seit den 1980er Jahren das die Unternehmensbewertung in Deutschland dominierende Verfahren in der betriebswirtschaftlichen Praxis.[434] Auch in den berufsständischen Empfehlungen der Wirtschaftsprüfer, die für die Bewertungspraxis von großer Relevanz sind, hat sich das Ertragswertverfahren als Unternehmensbewertungsverfahren

---

427 OLG Düsseldorf DB 1998, 1454 (1454 f.); OLG Düsseldorf AG 2008, 498 (500); *Deilmann* in: Hölters, Aktiengesetz, § 305, Rn. 67.

428 BGH NJW 1985, 192 (193). Vgl. hierzu auch die Ausführungen unter § 2 A.V.6.

429 *Großfeld*, Recht der Unternehmensbewertung, Rn. 281.

430 *Strohn* in: MüKo, GmbHG, § 34, Rn. 213.

431 *Großfeld*, Recht der Unternehmensbewertung, Rn. 279 ff.

432 BGH NJW 1985, 192 (193); LG Konstanz NJW-RR 1988, 1184 (1185 f.).

433 *Strohn* in: MüKo, GmbHG, § 34, Rn. 213.

434 *Großfeld*, Unternehmens- und Anteilsbewertung im Gesellschaftsrecht, S. 23 f. m.w.N.

durchgesetzt.[435] Es kann nunmehr „als richterliches Standardverfahren" angesehen werden.[436]

Im Rahmen des Ertragswertverfahrens gelten die allgemeinen Grundsätze der Unternehmensbewertung, nämlich der Maßgeblichkeit des Bewertungszwecks, der Bewertung der wirtschaftlichen Unternehmenseinheit, das Stichtagsprinzip, der Bewertung des nichtbetriebsnotwendigen Vermögens, der Unbeachtlichkeit des (bilanziellen) Vorsichtsprinzips, der Nachvollziehbarkeit der Bewertungsansätze und insbesondere die Prinzipien der Zukunftsbezogenheit, der Erfolgsbezogenheit und der Bewertung des Unternehmens als Ganzes.[437]

Das Ertragswertverfahren soll eine von den subjektiven Wertungen einzelner Marktteilnehmer gelöste, in diesem Sinne „verobjektivierte", d.h. generell gültige Unternehmensbewertung, ermöglichen.[438] Zu diesem Zweck greift das Ertragswertverfahren auf kapitalmarkttheoretische Überlegungen über die Preisbildung auf funktionierenden Märkten unter der Bedingung vollständiger Information aller Beteiligter zurück (sog. Portfoliotheorie).[439] Hintergrund der Ertragswertmethode ist die Überlegung, dass sich ein Unternehmenskäufer bei seinen Preisüberlegungen in erster Linie daran orientieren wird, mit welchen Erträgen er in Zukunft nachhaltig rechnen kann.[440]

b) Überblick über die Methodik

Der Unternehmenswert ergibt sich bei der Ertragswertmethode aus der Summe seiner geschätzten zukünftigen Ertragsüberschüsse, abgezinst auf den Bewertungsstichtag unter Zugrundelegung eines bestimmten Kapitalisierungszinssatzes.[441] Bei der Ertragswertmethode ist der Wert des Unternehmens als Summe zu ermitteln, die ein Investor für eine alternative Investition aufwenden müsste, um dieselben Erträge zu erzielen.[442] Finanzmathematisch wird bei dieser Methode der Barwert der zukünftigen Überschüsse ermittelt. Grundgedanke des Ertragswertverfahrens ist die Ermittlung des Unternehmenswertes in Abhängigkeit der zukünftig zu erzielenden

---

435 IDW S 1 2008, Rn. 101 ff.

436 *Müller* in: FS Bezzenberger, S. 705 (706).

437 IDW S 1 2008, Rn. 17 ff.; *Moxter*, Grundsätze der Unternehmensbewertung, S. 9 ff.; *Winter*, Der Unternehmenswert von Steuerberaterkanzleien, S. 36.

438 *Emmerich* in: Emmerich/Habersack, Aktien- und GmbH-Konzernrecht, § 305 AktG, Rn. 54.

439 *Emmerich* in: Emmerich/Habersack, Aktien- und GmbH-Konzernrecht, § 305 AktG, Rn. 54.

440 *Deilmann* in: Hölters, Aktiengesetz, § 305, Rn. 50.

441 *Schulze-Osterloh*, ZGR 1986, 545 (551); *Piltz/Wissmann*, NJW 1985, 2673 (2674); *Kamanabrou* in: Oetker, Handelsgesetzbuch, § 131, Rn. 60; *Emmerich* in: Emmerich/Habersack, Aktien- und GmbH-Konzernrecht, § 305 AktG, Rn. 54; *Großfeld*, Unternehmens- und Anteilsbewertung im Gesellschaftsrecht, S. 152 ff.; *Piehler/Schulte* in: MünchHdbGesR, Band 1, § 75, Rn. 34 f.

442 *Moxter*, Grundsätze ordnungsgemäßer Unternehmensbewertung, S. 123.

Erträge.[443] Das Ertragswertverfahren ist somit eine Methode der Zukunftserfolgsermittlung. Das Ertragswertverfahren betrachtet nicht die Substanz des Unternehmens, sondern den Erfolg, der sich aus der Unternehmenssubstanz erzielen lässt. Hierzu sind die Erträge zu prognostizieren und auf den Bewertungsstichtag abzuzinsen. Dadurch werden sie zum Ertragswert kapitalisiert.[444]

Entscheidend für die Ermittlung des Unternehmenswertes durch die Ertragswertmethode sind somit zwei Elemente: Die Ermittlung der zukünftigen Erträge oder Überschüsse des Unternehmens und die Bestimmung eines geeigneten Kapitalisierungszinssatzes.

Im Folgenden sollen die einzelnen Elemente der Ertragswertmethode näher beleuchtet werden.

aa) Die Ertragswertermittlung

Im Zentrum der Ertragswertmethode steht die Schätzung der vermutlichen zukünftigen Erträge des zu bewertenden Unternehmens am Bewertungsstichtag.[445] In der Ermittlung der zukünftigen Erträge des Unternehmens liegt auch gleichzeitig die Schwierigkeit der Ertragswertmethode.[446] Zur Schätzung dieser zukünftigen Erträge wird von einer Vergangenheitsanalyse ausgegangen. Der Ertragswert, obwohl zukunftsbezogen, beruht also auf zurückliegenden Daten.[447] Keine Rolle für die Ermittlung des Zukunftserfolgs spielt die Kapitalstruktur des Unternehmens, also das Verhältnis von Eigenkapital zu Fremdkapital.[448]

Alternativ hierzu wäre auch eine rein vergangenheitsorientierte Betrachtung denkbar. Man könnte versuchen, den Zukunftsertrag aus den in der Vergangenheit gewöhnlich erzielten Erträgen, bereinigt um außergewöhnliche Einflüsse und unrepräsentative Extremwerte, abzuleiten und das sich hieraus bildende Ergebnis für die Zukunft fortzuschreiben (sog. pauschale Methode).[449] Einer derart vergangenheitsorientierten Betrachtung steht jedoch entgegen, dass sie sowohl bei jungen Unternehmen wie auch bei Unternehmen mit veränderter Zukunftsausrichtung, wie z.B. bei einem Wechsel zu einem anderen Geschäftsbereich undurchführbar

443 IDW S 1 2008, Rn. 101.

444 BayObLG AG 2003, 569 (570); *Kamanabrou* in: Oetker, Handelsgesetzbuch, § 131, Rn. 60; *Piehler/Schulte* in: MünchHdbGesR, Band 1, § 75, Rn. 36; *Schäfer* in: Canaris/Habersack/Schäfer, Staub HGB, § 131, Rn. 158; *Winter*, Der Unternehmenswert von Steuerberaterkanzleien, S. 36.

445 *Veil* in: Spindler/Stilz, AktG, § 305, Rn. 72; *Deilmann* in: Hölters, Aktiengesetz, § 305, Rn. 54.

446 *Hennrichs*, ZGR 1999, 837 (848).

447 *Peemöller/Meyer-Pries*, DStR 1995, 1202 (1205); *Winter*, Der Unternehmenswert von Steuerberaterkanzleien, S. 36.

448 IDW S 1 2008, Rn. 101 ff.

449 *Lausterer*, Unternehmensbewertung zwischen Betriebswirtschaftslehre und Rechtsprechung, S. 47; *Piltz*, Die Unternehmensbewertung in der Rechtsprechung, S. 19 f.

ist. Auch vermag allein das Abstellen auf Vergangenheitswerte zukünftige Trends und Entwicklungen nicht zu berücksichtigen.[450] Aus diesem Grund wurde diese Ansicht auch zu Recht nicht weiterverfolgt und stattdessen auf den Zukunftsertrag, aufbauend auf einer Vergangenheitsanalyse abgestellt.

(1) Vergangenheitsanalyse

Für die Vergangenheitsanalyse werden die bisherigen Erträge der Gesellschaft aus den letzten drei bis fünf Jahren[451] vor dem Bewertungsstichtag herangezogen, bereinigt um die außerordentlichen Erträge und Aufwendungen, die den Gewinn- und Verlustrechnungen der vergangenen Jahre entnommen werden.[452] Im Rahmen einer Investitionsrechnung werden die zur Substanzerhaltung notwendigen Abschreibungen sowie unterlassene Zuführungen von Pensionsrückstellungen abgezogen.[453] Durch die Bereinigung werden alle ungewöhnlichen Unternehmensprozesse, die das Ergebnis beeinflussen können, herausgefiltert. Ausschüttungsfähige stille Reserven und überhöhte steuerliche Sonderabschreibungen sind ertragserhöhend zu berücksichtigen.[454] Um ein möglichst repräsentatives Ergebnis im Hinblick auf die dem Unternehmen innewohnende Ertragskraft zu erzielen, ist hinsichtlich den bei der Bewertung zu berücksichtigenden Gewinnausschüttungen die bisherige Ausschüttungspolitik des Unternehmens maßgeblich.[455]

Auf Basis des gewichteten Durchschnitts der Erträge aus der Vergangenheit erfolgt anschließend die Prognose der zukünftigen Erträge.[456]

(2) Kapitalisierungszeitraum

Im Hinblick auf die vorzunehmende Zukunftsprognose ist eine Untersuchung über die erwartete leistungs- und finanzwirtschaftliche Entwicklung des Unternehmens erforderlich. Diese ist unter Berücksichtigung der Markt- und Umweltentwicklungen vorzunehmen.[457] Da die Präzision einer Zukunftsprognose abnimmt, je weiter

---

450 *Ränsch*, AG 1984, 202 (209 f.); *Piltz*, die Unternehmensbewertung in der Rechtsprechung, S. 19 f.

451 OLG Zweibrücken AG 1995, 421 (421) (fünf Jahre); *Winter*, Der Unternehmenswert von Steuerberaterkanzleien, S. 36 f. (fünf Jahre); *Piltz/Wissmann*, NJW 1985, 2673 (2674) (drei bis sieben Jahre); *Piltz*, Die Unternehmensbewertung in der Rechtsprechung, S. 144 f. (drei bis sieben Jahre); *Sudhoff*, ZGR 1972, 157 (162) (drei, fünf oder sieben Jahre); *Schäfer* in: Canaris/Habersack/Schäfer, Staub HGB, § 131, Rn. 158.

452 IDW S 1 2008, Rn. 72 ff.

453 *Paulsen* in: MüKo, Aktiengesetz, § 305, Rn. 99; *Deilmann* in: Hölters, Aktiengesetz, § 305, Rn. 54.

454 *Deilmann* in: Hölters, Aktiengesetz, § 305, Rn. 54.

455 IDW S 1 2008, Rn. 36.

456 *Paulsen* in: MüKo, AktG, § 305, Rn. 97 f.

457 IDW S 1 2008, Rn. 104 ff.

diese vom Bewertungsstichtag entfernt ist, ist man von der sog. Pauschalmethode, bei der gleichbleibende Erträge über den jeweiligen Prognosezeitraum unterstellt werden, auf die sog. Phasenmethode umgeschwenkt, bei der die zukünftige Entwicklung des Unternehmens in mehrere Phasen unterteilt wird. Hierdurch soll einer mit zunehmendem Prognosezeitraum wachsenden Prognoseunsicherheit entgegengewirkt werden.[458]

Die Phasenmethode setzt sich in der Regel aus zwei Planungsphasen zusammen.[459] Die erste Phase, die auch als „nähere Phase“ bzw. „Detailplanungsphase“ bezeichnet wird, variiert in Abhängigkeit von Faktoren wie der Organisation, dem Geschäftszweig und den Erzeugnissen des Bewertungsobjektes. Generell wird für diese Phase eine Zeitperiode von drei bis fünf Jahren angesetzt.[460] Innerhalb dieses Zeitraums werden die individuellen Erträge auf der Basis von Planungsrechnungen erstellt.[461] Die Einteilung erfolgt grundsätzlich nach Jahren.[462] Bezieht sich die Unternehmensplanung auf einen kürzeren Zeitraum, so kann die erste Phase entsprechend kürzer bemessen sein.[463]

In der folgenden zweiten Phase, auch „fernere Phase“ oder „ewige Rente“ genannt, werden die Zukunftserfolgswerte auf Basis der Ergebnisse der ersten Methode pauschal basierend auf Trendentwicklungen fortgeschrieben. Hierbei ist zu untersuchen, ob sich die Vermögens-, Finanz- und Ertragslage des Unternehmens nach der ersten Phase im sog. Gleichgewichts- oder Beharrungszustand befindet, oder ob sich die jährlichen finanziellen Überschüsse zwar noch verändern, aber als eine konstant oder mit konstanter Rate wachsend angesetzte Größe, die die sich ändernden finanziellen Überschüsse (finanzmathematisch) angemessen repräsentiert.[464] Um dies herauszufinden ist die Wettbewerbs- und Marktsituation des Unternehmens heranzuziehen sowie eine Analyse der Wachstumschancen und des Marktpotentials des Unternehmens durchzuführen.[465]

---

458 IDW S 1 2008, Rn. 75 ff.; *Peemöller*, Unternehmensbewertung, S. 312; *Winter*, Der Unternehmenswert von Steuerberaterkanzleien, S. 38.

459 IDW S 1 2008, Rn. 75 ff.; *Peemöller*, Unternehmensbewertung, S. 312; *Winter*, Der Unternehmenswert von Steuerberaterkanzleien, S. 38.

460 IDW S 1 2008, Rn. 77; *Deilmann* in: Hölters, Aktiengesetz, § 305, Rn. 56; *Paulsen* in: MüKo, § 305, Rn. 97; *Peemöller*, Unternehmensbewertung, S. 312.

461 *Peemöller*, Unternehmensbewertung, S. 312; *Winter*, Der Unternehmenswert von Steuerberaterkanzleien, S. 38.

462 *IDW*, WP Handbuch 2014, Bd. II, S. 73 f.; *Winter*, Der Unternehmenswert von Steuerberaterkanzleien, S. 38.

463 *Deilmann* in: Hölters, Aktiengesetz, § 305, Rn. 56.

464 IDW S 1 2008, Rn. 78.

465 IDW S 1 2008, Rn. 79. In der Betriebswirtschaftslehre finden sich hierzu zahlreiche Szenario- und Analysetechniken wie das Branchenattraktivität Wettbewerb Portfolio (sog. BCG-Matrix), die Erfahrungskurve oder der Produktlebenszyklus. Obwohl diese Systeme alle mit unterschiedlichen Eintrittswahrscheinlichkeiten arbeiten, aus denen die zukünftigen Erträge abgeleitet werden, können sie dennoch nur Prognosen sein.

Die Prognose der künftigen finanziellen Überschüsse ist am Ende auf ihre Plausibilität hin zu beurteilen.[466]

(3) Berücksichtigung nicht betriebsnotwendigen Vermögens

Neben dem betriebsnotwendigen Vermögen verfügt ein Unternehmen grundsätzlich auch über nicht betriebsnotwendiges Vermögen. Nach herrschender Meinung ist der Wert des nicht notwendigen Betriebsvermögens bei der Ermittlung des Ertragswertes zu berücksichtigen.[467]

Nicht betriebsnotwendige Vermögensgegenstände sind nach herrschender Meinung solche, die nicht dem Betriebszweck dienen, also solche, die für die Erzielung der Erträge des Unternehmens nicht erforderlich sind und die deshalb unproblematisch veräußert werden können, ohne dass hiervon der Ertrag beeinflusst wird.[468] Maßgeblich ist die Notwendigkeit des jeweiligen Vermögensgegenstandes zur Erreichung des Unternehmenszwecks. Hierbei ist auf die tatsächliche Funktion des betreffenden Vermögensgegenstandes nach der betrieblichen Organisation des zu bewertenden Unternehmens abzustellen.[469] Solche Vermögensgegenstände können z.B. Finanzanlagen oder sonstige überschüssige Finanzmittel eines Unternehmens sein.[470] Maßgeblich für die zuweilen schwierige Abgrenzung des betriebsnotwendigen vom nicht betriebsnotwendigen Vermögen ist der tatsächliche Beitrag des fraglichen Vermögensgegenstandes zum Unternehmensertrag wie er aus der den Unternehmensgegenstand bildenden Tätigkeit erzielt wird.[471] Im Zweifel ist vom Vorliegen nicht betriebsnotwendigen Vermögens auszugehen und der Gegenstand gesondert zu bewerten.[472]

Vgl. *Ballwieser*, Unternehmensbewertung und Komplexitätsreduktion, S. 94 ff.; *Ullrich*, Abfindung und Börsenkurs, S. 42 f.

466 IDW S 1 2008, Rn. 81; *Deilmann* in: Hölters, Aktiengesetz, § 305, Rn. 56.

467 IDW S 1 2008, Rn. 59 ff.; BayObLGZ 2002, 400 (404); BayObLG AG 1996, 127 (128); OLG Stuttgart AG 2007, 128 (135 f.); OLG München ZIP 2007, 375 (379); LG Frankfurt a.M. AG 2007, 42 (47); *Emmerich* in: Emmerich/Habersack, Aktien- und GmbH-Konzernrecht, § 305 AktG, Rn. 72.

468 IDW S 1 2008, Rn. 59; BayObLG AG 1996, 127 (128); OLG Düsseldorf, AG 1984, 216 (217 ff.); *Stephan* in: Schmidt/Lutter, AktG, § 305, Rn. 82; *Deilmann* in: Hölters, Aktiengesetz, § 305, Rn. 66.

469 OLG Düsseldorf AG 2002, 398 (400); OLG Düsseldorf AG 2003, 688 (692); OLG Düsseldorf AG 2004, 324 (328); *Großfeld*, Recht der Unternehmensbewertung, Rn. 1158 ff.

470 OLG Düsseldorf AG 2003, 688 (692); OLG Düsseldorf AG 2004, 324 (328); LG Frankfurt a.M. AG 2007, 42 (47).

471 *Hüttemann*, ZHR 162 (1998); 563 (592 f.); *Krieger* in: MünchHdbGesR, Band 4, § 71, Rn. 136; *Emmerich* in: Emmerich/Habersack, Aktien- und GmbH-Konzernrecht, § 305 AktG, Rn. 72a.

472 *Deilmann* in: Hölters, Aktiengesetz, § 305, Rn. 66.

Die nicht betriebsnotwendigen Vermögensgegenstände sind einschließlich der dazugehörigen Schulden unter Berücksichtigung ihrer bestmöglichen Verwertung und unter Berücksichtigung der Verwendung freigesetzter Mittel gesondert zu bewerten.[473] Der Wert des nicht betriebsnotwendigen Vermögens bestimmt sich im Regelfall nach seinem Liquidationswert. In Ausnahmefällen (z.B. bei Immobilien) kann allerdings auch eine Ertragswertbetrachtung sachgerecht sein.[474] Dabei sind die Kosten der Veräußerung sowie alle bei der Kapitalgesellschaft anfallenden Ertragssteuern auf bei der Veräußerung offen gelegte stille Reserven vom Wert abzusetzen.[475] Beim Ertragswert müssen die zukünftigen Erträge mit den diskontierten Verlustvorträgen verrechnet werden.[476] Der danach noch verbleibende Wert der nicht betriebsnotwendigen Gegenstände ist dem Ertragswert des Unternehmens hinzuzurechnen.[477]

(4) Berücksichtigung von Steuereffekten

Nach dem IDW S 1 2008 sind bei der Berechnung des Ertragswertes darüber hinaus die persönlichen Ertragssteuern der Anteilseigner zu berücksichtigen.[478] In der Vergangenheit war es üblich, bei der Berechnung des Ertragswertes Steuereffekte grundsätzlich auszuklammern, da diese nur schwer kalkulierbar sind und erheblichen Schwankungen unterliegen.[479] Nach IDW S 1 2008 ist nunmehr von einer Nachsteuerbewertung auszugehen, und zwar sowohl auf der Ebene der zu bewertenden Gesellschaft als auch auf der Ebene der Gesellschafter, sofern es sich hierbei um natürliche Personen handelt.[480]

Auf der Ebene der zu bewertenden Kapitalgesellschaft bedeutet dies, dass bei dieser für die Festsetzung die vermuteten Bruttoerträge abzüglich der in- und ausländischen Ertragssteuern des Unternehmens berücksichtigt werden.[481]

Auf der Ebene der Gesellschafter ist wegen der unterschiedlichen Grenzsteuerbelastung der Anteilseigner mit typisierten Durchschnittssätzen (allein) für die Einkommensteuer (zzgl. Solidaritätszuschlag und Kirchensteuer) zu arbeiten, da eine

---

473 IDW S 1 2008, Rn. 60.

474 *IDW*, WP Handbuch 2014, Bd. II, S. 42 f.

475 OLG Düsseldorf AG 2004, 324 (328); *Emmerich* in: Emmerich/Habersack, Aktien- und GmbH-Konzernrecht, § 305, Rn. 73; *Deilmann* in: Hölters, Aktiengesetz, § 305, Rn. 66.

476 *Emmerich* in: Emmerich/Habersack, Aktien- und GmbH-Konzernrecht, § 305 AktG, Rn. 73.

477 *Emmerich* in: Emmerich/Habersack, Aktien- und GmbH-Konzernrecht, § 305 AktG, Rn. 73.

478 IDW S 1 2008, Rn. 28 ff., 43, 93; *IDW*, WP Handbuch, 2014, Bd. II, S. 25 f.

479 *Emmerich* in: Emmerich/Habersack, Aktien- und GmbH-Konzernrecht, § 305 AktG, Rn. 63; *Deilmann* in: Hölters, Aktiengesetz, § 305, Rn. 57.

480 IDW S 1 2008, Rn. 28, 43, 58; *Emmerich* in: Emmerich/Habersack, Aktien- und GmbH-Konzernrecht, § 305 AktG, Rn. 63.

481 IDW S 1 2008, Rn. 28; *IDW*, WP Handbuch 2014, Bd. II, S. 23 f.

auf die individuellen steuerlichen Verhältnisse der Anteilseigner zugeschnittene Bewertung nicht möglich ist.[482] IDW S 1 2008 gibt insoweit vor, dass von einer inländischen, unbeschränkt steuerpflichtigen, natürlichen Person als Anteilseigner auszugehen ist.[483] Im Zuge der Unternehmenssteuerreform von 2008 werden die Zinsen, Dividenden und Veräußerungsgewinne seit dem Veranlagungszeitraum 2009 nunmehr mit einem pauschalen Steuersatz von 25% (zzgl. Solidaritätszuschlag und Kirchensteuer) besteuert.[484]

bb) Ermittlung des Kapitalisierungszinssatzes

Der auf die vorgenannte Weise ermittelte zukünftige Erfolg ist mit einem Kapitalzinsfuß auf den Stichtag abzuzinsen, damit sich der Barwert des Zukunftserfolges ergibt.[485] Da für die Ermittlung des Kapitalisierungszinssatzes aufgrund der vorzunehmenden Prognose einige ungewisse Determinanten zu berücksichtigen sind, ist die Ermittlung des Kapitalisierungszinssatzes das Kernthema der Diskussionen über die Ertragswertmethode.[486] Die Bedeutung des Kapitalisierungszinssatzes wird deutlich, wenn man sich vor Augen führt, dass bereits geringfügige Änderungen des Zinssatzes erhebliche Auswirkungen auf den Unternehmenswert haben können. Der Unternehmenswert ist umso höher, je niedriger der Kapitalisierungszinssatz angesetzt wird und umgekehrt.[487] Eine Veränderung des Kapitalisierungszinssatzes um nur 2 Prozentpunkte kann eine Verringerung oder Erhöhung des Ertragswertes um rund ein Viertel nach sich ziehen.[488]

Grundgedanke der Bestimmung des Kapitalisierungszinses ist ein Vergleich des Bewertungsobjektes mit alternativen Investitionen.[489] Der Kapitalisierungszinssatz gibt an, wie viel eine mögliche Alternativinvestition mit dem eingesetzten Kapital generieren könnte.[490] Der Kapitalisierungszinssatz setzt sich im Wesentlichen aus

---

482 IDW S 1 2008, Rn. 43 ff.; *Emmerich* in: Emmerich/Habersack, Aktien- und GmbH-Konzernrecht, § 305 AktG, Rn. 64.

483 *Emmerich* in: Emmerich/Habersack, Aktien- und GmbH-Konzernrecht, § 305 AktG, Rn. 64.

484 *Emmerich* in: Emmerich/Habersack, Aktien- und GmbH-Konzernrecht, § 305 AktG, Rn. 64a.

485 IDW S 1 2008, Rn. 113; *Piehler/Schulte* in: MünchHdbGesR, Band 1, § 75, Rn. 36; *Peemöller*, Unternehmensbewertung, S. 320; *Schäfer* in: Canaris/Habersack/Schäfer, Staub HGB, § 131, Rn. 158.

486 *Winter*, Der Unternehmenswert von Steuerberaterkanzleien, S. 40; *Deilmann* in: Hölters, Aktiengesetz, § 305, Rn. 50.

487 *Deilmann* in: Hölters, Aktiengesetz, Rn. 50; *Emmerich* in: Emmerich/Habersack, Aktien- und GmbH-Konzernrecht, § 305 AktG, Rn. 54.

488 *Emmerich* in: Emmerich/Habersack, Aktien- und GmbH-Konzernrecht, § 305 AktG, Rn. 54.

489 *Peemöller*, Unternehmensbewertung, S. 320 f.; *Winter*, Der Unternehmenswert von Steuerberaterkanzleien, S. 40.

490 IDW S 1 2008, Rn. 114.

einem Basiszinssatz sowie Risikozuschlägen und ggf. Geldentwertungsabschlägen zusammen und ermittelt sich somit in mehreren Schritten.[491]

(1) Basiszins

In einem ersten Schritt ist der Basiszinssatz zu ermitteln. Er ist Ausgangspunkt für die Ermittlung des Kapitalisierungszinses. Zweck des zu bestimmenden Basiszinssatzes ist es, die Rendite einer risikoarmen Alternativanlage im Vergleich zur Rendite der Kapitalanlage im Unternehmen widerzuspiegeln.[492] Er wird regelmäßig aus dem sog. landesüblichen Zinssatz abgeleitet. Dieser wiederum entspricht dem durchschnittlichen Zinssatz für öffentliche Anleihen oder langfristige, festverzinsliche Wertpapiere am Bewertungsstichtag.[493] Dabei ist auf die aus der Sicht des Stichtags auf Dauer zu erzielende Rendite öffentlicher Anleihen und nicht auf die am Stichtag aktuelle Rendite[494] und auch nicht auf Vergangenheitswerte abzustellen.[495] Grundsätzlich wäre nach dem Gebot der Laufzeitadäquanz auf die mutmaßlichen zukünftigen Zinsen öffentlicher Anleihen mit endloser Laufzeit abzustellen. Eine solche Art von Anleihen gibt es jedoch nicht. Als Ersatz wird daher auf Anleihen mit einer Restlaufzeit von zehn oder mehr Jahren abgestellt.[496] Das OLG Düsseldorf hat in einem Urteil vom 12.2.1992 auf den Durchschnitt der letzten 15 Jahre einschließlich der Zinszyklen abgestellt.[497] Der aktuelle Basiszins wird dabei an der sog. Zinsstrukturkurve abgelesen. Er ist dementsprechend leicht zu ermitteln und reflektiert die geltenden Gegebenheiten des Kapitalmarktes realistisch.[498]

Der auf diese Weise ermittelte Basiszinssatz wird durch einen Risikozuschlag sowie ggf. durch einen Geldentwertungsabschlag ergänzt.

---

491 OLG Celle DB 1979, 1031 (1032); *Winter*, Der Unternehmenswert von Steuerberaterkanzleien, S. 40 f.; *Kamanabrou* in: Oetker, Handelsgesetzbuch, § 131, Rn. 60; *Paulsen* in: MüKo, AktG, § 305, Rn. 115, 132.

492 IDW S 1 2008, Rn. 114; *Dielmann/König*, AG 1984, 57 (60).

493 IDW S 1 2008, Rn. 116 f.; *Großfeld*, Recht der Unternehmensbewertung, Rn. 637 ff.; *Veil* in: Spindler/Stilz, AktG, § 305, Rn. 86; *Deilmann* in: Hölters, Aktiengesetz, § 305, Rn. 62.

494 Der Basiszinssatz am Bewertungsstichtag kann von zufälligen Gegebenheiten des Kapitalmarktes und der aktuellen Geldmarktpolitik beeinflusst sein. Vgl. OLG Düsseldorf DB 1988, 1109 (1111 f.); *Peemöller*, Unternehmensbewertung, S. 321 ff.; *Winter*, Der Unternehmenswert von Steuerberaterkanzleien, S. 41.

495 OLG Düsseldorf AG 2003, 688 (693); *Emmerich* in: Emmerich/Habersack, Aktien- und GmbH-Konzernrecht, § 305 AktG, Rn. 67; *Paulsen* in: MüKo, AktG, § 305, Rn. 108 ff.; *Deilmann* in: Hölters, Aktiengesetz, § 305, Rn. 62.

496 LG Frankfurt a.M. AG 1996, 187 (189); *Deilmann* in: Hölters, Aktiengesetz, § 305, Rn. 62.

497 OLG Düsseldorf AG 1992, 200 (203 f.).

498 *Deilmann* in: Hölters, Aktiengesetz, § 305, Rn. 62; *Paulsen* in: MüKo, AktG, § 305, Rn. 111.

(2) Risikozuschlag

Die wirtschaftliche Entwicklung des zu bewertenden Unternehmens ist mit Vorsicht zu beurteilen. Investoren messen den zukünftigen Risiken häufig eine größere Bedeutung zu, als den mit dem Unternehmen verbundenen Chancen.[499] Ferner können Unternehmen auch durch außergewöhnliche Ereignisse, wie z.B. höhere Gewalt, Insolvenzen von wichtigen Abnehmern etc. betroffen sein, die nicht in die Ertragsprognose eingeflossen sind.[500] Mit dem Risikozuschlag wird dem Umstand Rechnung getragen, dass die Investition in ein Unternehmen im Vergleich zu der durch den Basiszinssatz in Bezug genommenen verhältnismäßig sicheren Kapitalmarktinvestition riskanter ist.[501] Der Risikozuschlag erhöht den Kapitalisierungszinssatz und senkt somit den Unternehmenswert.

Die Korrektur des Basiszinssatzes mittels eines Risikozuschlags ist nicht unumstritten. Sie ist heute aber von der herrschenden Meinung anerkannt.[502] Hauptargument gegen die Berücksichtigung eines Risikozuschlags ist, dass sich das unternehmensspezifische Risiko schon in der Prognose der zukünftigen Erträge niedergeschlagen habe und daher nicht ein weiteres Mal durch einen Risikozuschlag berücksichtigt werden dürfe. Hierdurch würde der Abfindungsberechtigte im Ergebnis benachteiligt werden.[503] Diese Ansicht verkennt jedoch, dass mit dem Risikozuschlag auch das Risiko außergewöhnlicher Umstände und Ereignisse, das im Ertragswert nicht oder zumindest nicht vollständig berücksichtigt werden kann, abgegolten werden soll.[504]

Von der Rechtsprechung, die den Risikozuschlag befürwortet, werden Risikozuschläge von in der Regel 1 bis 4 Prozentpunkten als angemessen angesehen.[505]

---

499 *Peemöller*, Unternehmensbewertung, S. 325; *Winter*, Der Unternehmenswert von Steuerberaterkanzleien, S. 42 f.

500 BayObLG DB 1995, 2590 (2592).

501 *Piltz/Wissmann*, NJW 1985, 2673 (2679); *Ulmer* in: FS Quack, S. 477 (494 f.); *Kamanabrou* in: Oetker, Handelsgesetzbuch, § 131, Rn. 60.

502 IDW S 1 2008, Rn. 115 ff.; *Korth*, BB 1992, Beil. 19, 1 (11 f.); BayObLG AG 1996, 176 (179); OLG Düsseldorf AG 1995, 85 (87); BGH WM 1982, 17 (18); BGH AG 1978, 196 (199).

503 OLG Celle AG 1979, 230 (232); LG Berlin AG 1983, 135 (136); LG Düsseldorf AG 1989, 138 (138); OLG Celle AG 1999, 128 (130 f.); OLG Stuttgart NZG 2000, 744 (747 f.).

504 So ausdrücklich: LG Dortmund AG 1996, 278 (280). Wie wichtig eine eingehende Beschäftigung mit dem Risikozuschlag sein kann, ergibt sich aus einem Beispiel von Ränsch, AG 1984, 202 (211): Bei einer Ertragserwartung von 1 Mio. p.a. ergibt sich bei einem Kapitalisierungszins von 6 % ein Unternehmenswert von 16,7 Mio. Geht man jedoch von einem 2 % höheren Risikozuschlag aus, ergibt sich lediglich ein Unternehmenswert von 12,5 Mio.

505 BGH DB 1982, 106 (107); OLG Düsseldorf AG 1990, 397 (400); OLG Düsseldorf AG 1992, 200 (204); OLG Düsseldorf AG 1995, 85 (87); LG Hamburg AG 1995, 517 (518).

Als häufigste Methode zur Ermittlung des Risikozuschlags kann heute das Capital Asset Pricing Model (CAPM) angesehen werden.[506] In seiner Entscheidung vom 4.7.2012 bezeichnet das OLG Düsseldorf die Ableitung des Risikozuschlags entsprechend dem CAPM als „mittlerweile praktisch einhellige obergerichtliche Rechtsprechung“ und betont die gegenüber der „freien Schätzung des Risikozuschlags“ höhere methodische Transparenz.[507]

Teilweise wird neben den vorgenannten Risikozuschlägen auch noch ein Fungibilitätszuschlag, auch als Mobilitäts- oder Immobilienzuschlag bezeichnet, befürwortet.[508] Als Begründung hierfür wird angeführt, dass unter Berücksichtigung der Marktgegebenheiten bestimmte Kapitalanlagen jederzeit verfügbar sind, wohingegen eine Unternehmensbeteiligung oder der Verkauf eines Unternehmens weniger flexibel sind. Die langfristige Bindung des Kapitals führe vielmehr zu einer Minderung der Liquidität.[509] In der Praxis spielt ein solcher Fungibilitätszuschlag jedoch kaum eine Rolle.

(3) Geldentwertungsabschlag

Der Basiszinssatz ist ferner um einen Geldentwertungsabschlag zu korrigieren.[510] Der Geldentwertungsabschlag, der den Wert des Unternehmens finanzmathematisch steigen lässt,[511] trägt dem Umstand Rechnung, dass ein Unternehmen der Geldentwertung (zumindest teilweise) durch Preiserhöhung begegnen oder sie zumindest mindern kann,[512] während bei einer Anlage in festverzinsliche Wertpapiere oder

---

506 OLG Stuttgart AG 2008, 510 (515); OLG Stuttgart AG 2008, 783 (788); OLG Düsseldorf AG 2008, 822 (823 f.); OLG Karlsruhe, AG 2009, 47 (51); OLG Karlsruhe AG 2009, 199 (200). Siehe hierzu im Detail die Ausführungen unter § 2 C.IV.3.b) dd).

507 OLG Düsseldorf, NZG 2012, 1260 (1261). Allerdings folgen dem nicht alle Gerichte. Als zunehmend problematisch wird die heute übliche Nachsteuerbewertung angesehen. Das Problem liegt hier in der im Jahr 2009 eingeführten Besteuerung von Unternehmensgewinnen, die eine Vereinfachung der Berechnung des CAPM erforderlich macht. Hierdurch werden Ungenauigkeiten durch erhebliche Ermessensspielräume im Rahmen des CAPM Raum geschaffen. Einige Gerichte folgen daher aus diesem Grund dem CAPM nicht. Danach sei die marktorientierte Ermittlung des Risikozuschlags der Festlegung aufgrund von Erfahrungswerten nicht überlegen. Vgl. OLG München BB 2009, 1748 (1748); OLG Stuttgart NZG 2007, 112 (116 f.); OLG Frankfurt a.M. AG 2010, 798 (800).

508 BGH MDR 2003, 334 (334); *Winter*, Der Unternehmenswert von Steuerberaterkanzleien, S. 44; *Piehler/Schulte* in: MünchHdbGesR, Band 1, § 75, Rn. 36.

509 *Winter*, Der Unternehmenswert von Steuerberaterkanzleien, S. 44.

510 *Matschke*, WPg 1986, 549 (549 ff.); *Dielmann/König*, AG 1984, 57 (60).

511 Der Kapitalisierungszinssatz verringert sich durch den Geldentwertungsabschlag. Ein kleinerer Kapitalisierungszinssatz lässt jedoch den Unternehmenswert im Umkehrschluss ansteigen.

512 IDW S 1 2008, Rn. 96; *Paulsen* in: MüKo, AktG, § 305, Rn. 132.

öffentliche Anleihen keine Inflationsbereinigung erfolgt.[513] Dem ausscheidenden Gesellschafter soll daher ein entsprechender Ausgleich geboten werden. Zur Bemessung des Geldentwertungsabschlags ist eine Schätzung notwendig.[514] Wie sehr ein Unternehmen in der Lage ist, eine Inflation auszugleichen, ist einzelfallabhängig. Maßgeblich hierfür sind die Marktbedingungen des jeweiligen Unternehmens. Manchen Unternehmen ist es möglich, mittels Preiserhöhungen die volle Höhe des Inflationssatzes auf seine Kunden abzuwälzen, während andere Unternehmen wegen eines bereits bestehenden harten Wettbewerbs die Inflation nicht auf ihre Kunden abwälzen können.[515] In der Rechtsprechung ist ein Geldentwertungsabschlag in Höhe von 1 bis 3 Prozentpunkten anerkannt und akzeptiert.[516]

Teilweise wird das Ansetzen eines Geldentwertungsabschlags abgelehnt, da nicht jedes Unternehmen die Inflation auszugleichen vermag.[517] Auch wenn nicht jedes Unternehmen eine Inflation auszugleichen vermag und trotz der mit einer Schätzung verbundenen Unwägbarkeiten bei der Ermittlung des Geldentwertungsabschlags, ist hier m.E. eine differenzierte Betrachtung angebracht. Der Basiszinssatz ist jedenfalls bei denjenigen Unternehmen um einen Geldentwertungsabschlag zu korrigieren, die der Inflation durch Preiserhöhungen begegnen können. Ein pauschales Ablehnen eines Geldentwertungsabschlags ist daher verfehlt. Ansonsten würde bei einem Unternehmen, das Inflationen mit Preiserhöhungen begegnen kann, der Faktor Inflationsausgleich bei der Wertermittlung nicht berücksichtigt werden. Dieser Faktor kann im Ergebnis aber offensichtlich einen erheblichen Wertunterschied zu einem Unternehmen darstellen, das die Inflation nicht auszugleichen vermag. Dieser Wertunterschied muss sich auch in der Unternehmensbewertung wiederspiegeln.

cc) Fazit

Auch wenn teilweise vertreten wird, dass mit der Ertragswertmethode im Ergebnis aufgrund der mit ihr verbundenen Unsicherheitsfaktoren häufig kein allgemeingültiger, den tatsächlichen Wert des Unternehmens widerspiegelnder Unternehmenswert ermittelt werden kann,[518] ist sie m.E. ein Verfahren, dass es durch den Ansatz einer objektivierten Bewertung, die objektive und subjektive Aspekte vereint, schafft, eine dem tatsächlichen Unternehmenswert zumindest sehr nahekommende Bewertung zu erzielen.

---

513 *Piltz*, Die Unternehmensbewertung in der Rechtsprechung, S. 178 ff.; *Piehler/Schulte* in: MünchHdbGesR, Band 1, § 75, Rn. 36.

514 *Großfeld*, Recht der Unternehmensbewertung, Rn. 1054 ff.

515 *Großfeld*, Recht der Unternehmensbewertung, Rn. 1059.

516 BGH DB 1982, 106 (107); OLG Düsseldorf AG 1990, 397 (400); OLG Düsseldorf AG 1990, 490 (494); OLG Düsseldorf AG 1995, 85 (87); OLG Düsseldorf AG 1992, 200 (203 f.); OLG München AG 2008, 28 (31); OLG Stuttgart AG 2008, 510 (515).

517 OLG Zweibrücken AG 1995, 421 (423).

518 *Hennrichs*, ZGR 1999, 837 (851).

Richtig ist zwar, dass auch die Ertragswertmethode nicht völlig unkritisch gesehen werden kann. Sie ist ein sehr komplexes und in der Anwendung kompliziertes Verfahren. Aufgrund dieser Komplexität ist der Ertragswertmethode bereits eine gewisse Intransparenz und Fehleranfälligkeit immanent, weshalb dieses Bewertungsverfahren eine äußerst sorgfältige und präzise Vorgehensweise erforderlich macht. Hinzukommen die Unwägbarkeiten, die generell mit einer Zukunftsprognose verbunden sind und die gewisse Ungenauigkeiten in sich bergen, welche nicht vollständig beseitigt werden können.[519] Dieser Unsicherheitsfaktoren muss man sich bei Anwendung der Ertragswertmethode bewusst sein. Basis der Ertragswertmethode ist eine vergangenheitsorientierte Analyse und eine Zukunftsprognose. Die Zukunft ist grundsätzlich ungewiss und nicht vorhersehbar.[520] Auch noch so präzise ausgerechnete Planzahlen werden immer wieder von der Wirklichkeit widerlegt. Allerdings werden für die Prognostizierung der Zukunftserfolge des Unternehmens auch die Vergangenheitserfolge als Maßstab herangezogen, so dass die im Rahmen der Ertragswertmethode vorzunehmende Zukunftsprognose auf realistischen Basiswerten beruht. Zwar sind auch diese nicht immer repräsentativ für die Zukunft.[521] Es kommt vielmehr darauf an, ob die Umstände, die für die Vergangenheit erfolgsursächlich waren, in der Zukunft weiter fortwirken. Gerade deshalb wird aber im Rahmen der Zukunftsanalyse die Entwicklung der wertbeeinflussenden Faktoren berücksichtigt[522] und geprüft, welche weiteren Faktoren für das Unternehmen zukünftig erfolgsrelevant werden könnten. Ferner werden die mit der Zukunftsprognose verbundenen Unsicherheiten durch den Abzinsungseffekt und damit durch die Geringergewichtung der in der ferneren Zukunft zu erwartenden Erträge zumindest relativiert und auf ein Minimum reduziert.

Auch das weitere wesentliche Element der Ertragswertmethode, der im Rahmen der Ertragswertmethode zu ermittelnde Kapitalisierungszinssatz, ist mit den Kritikern der Ertragswertmethode als ein Schwachpunkt und Unsicherheitsfaktor dieser Methode anzusehen. Er kann den tatsächlichen Wert des Unternehmens erheblich verfälschen, wenn er nicht richtig ermittelt wird. Bereits geringfügige Veränderungen des Kapitalisierungszinssatzes führen zu deutlichen Veränderungen beim Unternehmenswert. Auch wenn in der Praxis die Zu- und Abschläge oft gar nicht oder nur „gefühlsmäßig" begründet werden,[523] muss gerade bei der Ermittlung des Kapitalisierungszinssatzes Wert auf eine möglichst präzise Ermittlung gelegt werden. Hinsichtlich des Basiszinssatzes ist dies eine relativ einfache Aufgabe, die insoweit auch keine großen Unsicherheiten in sich birgt, da der relevante Wert sich in der Zinsstrukturkurve ablesen lässt. Hinsichtlich der Ermittlung des

---

519 *Hennrichs*, ZGR 1999, 837 (850 f.).
520 hierzu *Heller*, Die Beendigung freiberuflicher Sozietätsverhältnisse, S. 69 f.
521 *Piltz*, Die Unternehmensbewertung in der Rechtsprechung, S. 20.
522 *Heller*, Die Beendigung freiberuflicher Sozietätsverhältnisse, S. 69 f.
523 *Aha*, AG 1997, 26 (32 f.).

Risikozuschlags und des Geldentwertungsabschlags lässt sich aber in der Tat nicht von der Hand weisen, dass eine ganz genaue Ermittlung dieser Werte oftmals nur schwierig möglich ist. Mit den zur Ermittlung des Risikozuschlags entwickelten Berechnungsmethoden, wie u.a. dem CAPM-Modell, haben sich aber auch hier bereits Berechnungsmodelle entwickelt, mit denen der Risikozuschlag relativ genau ermittelt und allzu großen Verfälschungen entgegengewirkt werden kann. In der vielschichtigen Vorgehensweise der Ertragswertmethode, sowohl bei der Ermittlung des Kapitalisierungszinssatzes wie auch bei der Ermittlung der Zukunftsprognose, und der Berücksichtigung möglichst vieler objektiver wie subjektiver Faktoren, die dem Unternehmen anhaften, liegt m.E. gerade die Stärke dieser Bewertungsmethode. Hierdurch kommt die Ertragswertmethode im Ergebnis dem tatsächlichen Wert des Unternehmens sehr nahe.

3. *Discounted Cashflow-Verfahren*

a) Überblick

Neben der Ertragswertmethode ist das aus dem angelsächsischen Bewertungsbereich stammende sog. Discounted Cashflow-Verfahren (DCF-Verfahren) die in der Praxis am weitesten verbreitete und neben der Ertragswertmethode vom IDW anerkannte Unternehmensbewertungsmethode. Es wurde in den 1990er Jahren entwickelt und ist mittlerweile auf internationaler Ebene vorherrschend.[524] Auch in Deutschland besteht eine zunehmende Tendenz das DCF-Verfahren als Grundlage der Unternehmensbewertung heranzuziehen.[525]

Auch beim DCF-Verfahren gelten die allgemeinen Grundsätze der Unternehmensbewertung.[526]

Beim DCF-Verfahren wird der Wert des Unternehmens durch die Diskontierung zukünftiger erwarteter Zahlungsströme (den sog. Cashflows) an den Investor mit einem Kapitalisierungszinssatz auf den jeweiligen Bewertungsstichtag bestimmt. Hierbei ergeben sich Zahlungsströme als Saldo der Ein- und Auszahlungen eines Geschäftsjahres.[527] In seiner Systematik ist das DCF-Verfahren mit der zuvor dargestellten Ertragswertmethode vergleichbar, da beide vom Grundsatz her Zukunftserfolgswerte bewerten. Allerdings wird beim DCF-Verfahren statt auf zukünftige Erträge an den freien Cashflow angeknüpft. Je nach Ausprägung des DCF-Verfahrens sind die Cashflows unterschiedlich definiert.[528]

Unter Verwendung derselben Bewertungsannahmen bzw. -vereinfachungen, insbesondere hinsichtlich der Finanzierung, führen Ertragswertmethode und DCF-Verfahren grundsätzlich zum gleichen Ergebnis. Werden in der Praxis dennoch

---

524 IDW S 1 2008, Rn. 124 ff.

525 IDW S 1 2008, Rn. 124 ff.; *Ullrich*, Abfindung und Börsenkurs, S. 49.

526 IDW S 1 2008, Rn. 17 ff. Vergleiche hierzu die Ausführungen unter § 2 C.IV.2.a).

527 IDW S 1 2008, Rn. 124.

528 IDW S 1 2008, Rn. 124; *Ballwieser/Hachmeister*, Unternehmensbewertung, S. 137 ff.

unterschiedliche Unternehmenswerte bei Anwendung der Ertragswertmethode und des DCF-Verfahrens erzielt, beruhen diese regelmäßig auf unterschiedlichen Annahmen hinsichtlich der Zielkapitalstruktur, des Risikozuschlags oder sonstiger Plandaten.[529]

b) Ausprägungen des DCF-Verfahrens

Das DCF-Verfahren kennt drei verschiedene Ausprägungen, die jedoch ungeachtet der Unterschiede in der Rechentechnik bei konsistenten Annahmen zum selben Ergebnis führen:[530] Den Weighted Average Cost of Capital Ansatz (WACC), den Adjusted Present Value Ansatz (APV) und den Equity-Ansatz.

aa) Der Weighted Average Cost of Capital Ansatz (WACC)

Bei der Variante des WACC-Ansatzes wird der Gesamtwert des Unternehmens durch Diskontierung derjenigen Cashflows, die Eigen- und Fremdkapitalgebern insgesamt zufließen, mit einem gewogenen durchschnittlichen Kapitalkostensatz ermittelt.[531] Der gewichtete durchschnittliche Kapitalkostensatz ergibt sich aus der Addition der Renditeerwartung der Eigenkapitalgeber gewichtet mit dem Anteil des Eigenkapitals am Gesamtkapital und der Renditeerwartung der Fremdkapitalgeber gewichtet mit dem Anteil des Fremdkapitals am Gesamtkapital.[532] Dieser Wert kann als Investitionsbetrag interpretiert werden, den ein Investor maximal aufzubringen bereit ist, um die späteren freien Cashflows zu erwerben. Der Marktwert des Eigenkapitals und damit der eigentliche Unternehmenswert ergibt sich schließlich, wenn der Marktwert des Fremdkapitals abgezogen wird.[533]

Vorteil des WACC-Ansatzes ist insbesondere, dass die zu prognostizierenden Cashflows finanzierungsunabhängig sind, wodurch die Planung im Unternehmen erleichtert wird.[534] Ferner kann mit Hilfe des WACC-Ansatzes eine Bewertung erfolgen, die frei ist von den subjektiven Finanzierungserwartungen der Beteiligten.[535]

Ein Nachteil des WACC-Ansatzes liegt in dem gewichteten durchschnittlichen Kapitalkostensatz. Dieser geht davon aus, dass die Kapitalstruktur eines Unternehmens fix ist. Diese Inflexibilität des Verfahrens bezüglich der Kapitalstruktur ist vor allem bei der Ermittlung des Restwertes des Unternehmens problematisch.[536]

---

529 IDW S 1 2008, Rn. 101; *Zitzelsberger* in: Schüppen/Schaub, MAH Aktienrecht, § 20, Rn. 42.

530 IDW S 1 2008, Rn. 124; *Siepe/Dörschell/Schulte*, WPg 2000, 946 (953).

531 IDW S 1 2008, Rn. 125 ff.; *Drukarczyk/Schüler*, Unternehmensbewertung, S. 198.

532 IDW S 1 2008, Rn. 133 ff.

533 *Heurung*, DB 1997, 888 (890).

534 *Zitzelsberger* in: Schüppen/Schaub, MAH Aktienrecht, § 20, Rn. 51.

535 *Zitzelsberger* in: Schüppen/Schaub, MAH Aktienrecht, § 20, Rn. 51.

536 *Keim/Jeromin* in: Hölters, Unternehmenskauf, Teil 2, Rn. 2.104 f., 2.108 ff.

bb) Adjusted Present Value-Ansatz

Der APV-Ansatz ermittelt den Marktwert des Eigenkapitals und damit den Unternehmenswert schrittweise. Der Marktwert des Gesamtkapitals des Unternehmens wird unter der Annahme einer vollständigen Eigenfinanzierung des Unternehmens ermittelt. Auf diese Weise wird der Marktwert eines nicht verschuldeten Unternehmens ermittelt. Bei dieser unterstellten Eigenfinanzierung wird der Wert des Unternehmens dadurch bestimmt, dass die erwarteten Zahlungsüberschüsse nach Steuern mit den risikoäquivalenten Eigenkapitalkosten diskontiert werden. Anschließend wird zu dieser fiktiven Größe der Barwert der fremdfinanzierten Steuervorteile hinzuaddiert. Die sich hieraus bildende Summe ergibt den Gesamtunternehmenswert.[537]

Vorteil dieses Ansatzes gegenüber dem WACC-Ansatz ist vor allem, dass wertbeeinflussende Parameter, die zu einer Änderung der Kapitalstruktur des zu bewertenden Unternehmens führen können, wie eine höhere Fremdfinanzierung, getrennt beurteilt werden und sich daher nicht auf die Höhe des Eigenkapitalansatzes auswirken. Auf diese Weise wird eine Wertgenauigkeit erreicht.[538] Der Marktwert des Unternehmens kann daher für verschiedene Verschuldensgrade unmittelbar errechnet werden, wohingegen ein veränderter Verschuldensgrad beim WACC-Ansatz eine Änderung des gewichteten Kapitalkostensatzes fordert.[539] Den Unternehmenswert als Marktwert des Eigenkapitals erhält man schließlich durch die Kürzung des Gesamtkapitalwerts um den Wert des Fremdkapitals.[540]

cc) Equity-Ansatz

Der Equity-Ansatz ist im Wesentlichen eine Variante des Ertragswertverfahrens.[541] Beim Equity-Ansatz wird der Wert des Eigenkapitals direkt durch Diskontierung der freien Cashflows aus Sicht der Anteilseigner mit den Eigenkapitalkosten (eines verschuldeten Unternehmens) ermittelt.[542] Die im Zusammenhang mit dem Fremdkapital stehenden Zahlungen, d.h. sowohl Zinsen als auch die aus deren steuerlicher Abzugsfähigkeit resultierende Steuerersparnis, werden bei der Bestimmung des Cashflows zum Abzug gebracht.[543]

Kernproblem des Equity-Ansatzes ist, neben den mit den vorzunehmenden unsicheren Prognosen verbundenen Unwägbarkeiten, die genaue Abgrenzung des Eigenkapitals vom Fremdkapital und die dadurch verursachten Kosten.[544]

---

537 IDW S 1 2008, Rn. 136 f.; *Ballwieser/Hachmeister*, Unternehmensbewertung, S. 139; *Zitzelsberger* in: Schüppen/Schaub, MAH Aktienrecht, § 20, Rn. 52 ff.

538 *Keim/Jeromin* in: Hölters, Unternehmenskauf, Teil 2, Rn. 2.104 ff., 2.132 ff.

539 *Zitzelsberger* in: Schüppen/Schaub, MAH Aktienrecht, § 20, Rn. 54.

540 IDW S 1 2008, Rn. 136 f.

541 *Ballwieser/Hachmeister*, Unternehmensbewertung, S. 137 f.

542 IDW S 1 2008, Rn. 138; *Piehler/Schulte* in: MünchHdbGesR, Band 1, § 75, Rn. 38.

543 IDW S 1 2008, Rn. 138.

544 *Deilmann* in: Hölters, Aktiengesetz, § 305, Rn. 51.

dd) Gemeinsamkeiten der DCF-Methoden

Allen vorgenannten Ausprägungen der DCF-Methoden ist gemeinsam, dass bestimmte Größen bekannt sein müssen. Von Bedeutung sind hier vor allem die Eigen- und die Fremdkapitalkosten. Die Eigenkapitalkosten definieren sich als Renditeerwartungen der Investoren, deren Diskontierungssätze zu bestimmen sind, während die Fremdkapitalkosten aus der Rendite längerfristiger Wertpapiere ermittelt werden.[545]

(1) Das Capital Asset Pricing Model (CAPM)

Zur Ermittlung der Eigenkapitalkosten und der Diskontierungssätze wird im Rahmen der DCF-Methoden auf das Capital Asset Pricing Model (CAPM) gesetzt. Das CAPM als Kapitalmarktmodell für optimale Wertpapierportfolios basiert auf der Kapitalkostentheorie. Die Renditeerwartung für jedes einzelne Wertpapier ist abhängig von seinem finanzwirtschaftlichen Risiko. Unter Rendite im Sinne des CAPM werden Kursentwicklungen, Dividenden und Erlöse aus Bezugsrechten verstanden.[546]

Hintergrund des CAPM ist die Überlegung, welche Mehrrendite die Aktie des betreffenden Unternehmens bieten muss, damit ein Anleger in Aktien statt in Anleihen investiert. Dieser Gedanke basiert auf der Annahme, dass bei einem vollkommenen Kapitalmarkt der erwartete Ertrag des risikobehafteten Marktportfolios die Rendite von risikofreien Kapitalanleihen übersteigt.[547]

Die Eigenkapitalkosten setzen sich bei diesem Modell aus der Rendite einer risikofreien Anlage zuzüglich einer allgemeinen und einer unternehmensspezifischen Risikoprämie zusammen.[548] Die erste Komponente bestimmt sich aus der Verzinsung langfristiger öffentlicher Anleihen. Die allgemeine Risikoprämie wird im CAPM als durchschnittliche Rendite des Aktienmarktes abzüglich der Rendite für risikofreie Anlagen ermittelt.[549] Die unternehmensspezifische Risikoprämie folgt einer etwas komplizierteren Berechnung.[550] Der Kapitalisierungszinsfuß ergibt sich

545 *Ullrich*, Abfindung und Börsenkurs, S. 51.
546 *Ullrich*, Abfindung und Börsenkurs, S. 51 f.
547 *Göppl*, WPg 1980, 237 (239); *Ullrich*, Abfindung und Börsenkurs, S. 51.
548 *Zitzelsberger* in: Schüppen/Schaub, MAH Aktienrecht, § 20, Rn. 46.
549 *Zitzelsberger* in: Schüppen/Schaub, MAH Aktienrecht, § 20, Rn. 46. Nach h.M. wird von einer durchschnittlichen Rendite am Aktienmarkt von 4%–5% ausgegangen. Die unternehmensspezifische Risikoprämie drückt die Volatilität, d.h. die Schwankungsbreite der Aktienkurse, des zu bewertenden Unternehmens im Verhältnis zur Volatilität der Kurse des gesamten Aktienmarktes aus. Hier wird von einer Spannbreite von 0,2%–2% ausgegangen.
550 Zunächst muss hier darauf abgestellt werden, ob das in Rede stehende Unternehmen in der Vergangenheit risikobehafteter war als andere Unternehmen. Dies erfolgt anhand eines zu erstellenden Index. Als Index werden grundsätzlich die Marktindizes der Aktienmärkte herangezogen. Die Beziehung zwischen der Renditeentwicklung des jeweiligen Unternehmens und der Renditeentwicklung

schließlich durch die Addition des allgemeinen alternativen Anleihezinssatzes mit dem Produkt aus Mehrrendite und Betafaktor.[551] Zentrale Funktion dieses Modells ist es, unter Vermeidung subjektiver Einschätzungen den Kapitalisierungszinsfuß durch Ermittlung der Eigenkapitalkosten des jeweiligen Unternehmens marktgestützt zu ermitteln.[552]

(2) Kritik am CAPM

Das CAPM stellt eine Art „Hilfskonstrukt" für die Ermittlung der für die DCF-Methode notwendigen Parameter dar. Problematisch an diesem Modell ist insbesondere, dass die Ermittlung der allgemeinen und speziellen Risikozuschläge im Wesentlichen von der Wahl der Referenzperiode sowie von der Wahl der Referenzunternehmen abhängt. Abhängig davon, ob eine renditeschwache oder eine renditestarke Referenzperiode gewählt wird, verschiebt sich auch die Mehrrendite und der Kalkulationszinsfuß.[553]

In der Praxis bereitet es darüber hinaus häufig Schwierigkeiten, den Betafaktor zu bestimmen, da hierzu ein Index der risikobehafteten Titel notwendig ist, der oftmals nicht existiert.[554] Dieses Modell ist daher nur schwierig anzuwenden, wenn es um die Bewertung eines nichtbörsennotierten Unternehmens geht, da es hier keinen Index gibt, der zur Ermittlung der unternehmensspezifischen Risikoprämie herangezogen werden kann. Ferner muss der Zinssatz für die risikolosen Anleihen exakt bestimmt und in die Zukunft prognostiziert werden. Hier ist somit eine Schätzung erforderlich. Diesem Schätzelement haftet jedoch eine gewisse Unsicherheit an.[555]

Ein weiterer Unsicherheitsfaktor ergibt sich daraus, dass der Betafaktor aus einer Gruppe vergleichbarer Unternehmen abgeleitet wird und grundsätzlich vergangenheitsorientiert zu bestimmen ist. Der Kurs des eigenen Unternehmens kann nämlich durch eine bestimmte Marktpositionierung vom Kurs anderer branchenähnlicher Unternehmen erheblich abweichen. Das Risiko eines Unternehmens kann daher leicht falsch eingestuft werden.[556]

Zum anderen ist der Vergangenheitsbezug des Betafaktors wenig aussagekräftig. Entscheidend ist nämlich, wie riskant die Ergebniserwartungen für die Zukunft sind und nicht wie riskant das Unternehmen in der Vergangenheit war. Damit steht die

---

des Index wird als „Betafaktor" des Unternehmens bezeichnet. Ein Betafaktor von „1" bedeutet, dass sich die Renditeerwartung des Unternehmens wie die des Gesamtmarktes verhält.

551 *Ballwieser*, WPg 1995, 119 (123).

552 *Ballwieser*, WPg 1995, 119 (121 ff.).

553 *Ballwieser*, WPg 1995, 119 (124 f.); *Maul*, DB 1992, 1253 (1258 f.); *Ullrich*, Abfindung und Börsenkurs, S. 52.

554 Bekannte Indizes sind der DAX und der NEMAX, vgl. *Ullrich*, Abfindung und Börsenkurs, S. 52.

555 *Ullrich*, Abfindung und Börsenkurs, S. 52.

556 *Ullrich*, Abfindung und Börsenkurs, S. 52.

vergangenheitsorientierte Bestimmung des Betas im Widerspruch zum zukunftsorientierten Prinzip des DCF-Verfahrens.[557]

Die generelle Aussagekraft des CAPM wird aufgrund der nur schwer abschätzbaren zukünftigen Daten zunehmend in Frage gestellt.[558] Insbesondere in der Literatur werden Modelle diskutiert, die neben der unternehmensspezifischen Risikoprämie weitere Faktoren zur Bestimmung des Zinssatzes berücksichtigen. Diese sog. Mehrfaktorenmodelle, wie z.B. das Arbitrage Pricing Model (APT) sind allerdings sehr komplex und werden in der Praxis bislang nur sehr eingeschränkt eingesetzt.[559]

Trotz dieser Unsicherheiten und Kritikpunkte stellt das CAPM ein grundsätzlich plausibles Modell für die Ermittlung des Kapitalisierungszinssatzes im Rahmen der DCF-Methode dar. Insbesondere gegenüber einer subjektiven Einschätzung des Kapitalisierungszinsfußes muss das CAPM – zumindest soweit es um eine Bewertung von börsennotierten Aktiengesellschaften geht – als grundsätzlich überlegene Methode angesehen werden. Im Gegensatz zu einer rein subjektiven Bemessung der Risikozuschläge, wie es vom Grundsatz her bei der Ertragswertmethode teilweise immer noch erfolgt, baut das CAPM zumindest auf beobachtbaren Vergangenheitsrenditen auf und basiert entgegen den rein subjektiven Risikozuschlägen, denen sowohl eine theoretische Fundierung wie auch ein Marktbezug fehlt, zumindest auf Tatsachen.[560] Allerdings muss man sich bewusst sein, dass es auch nicht mehr als eine Wertindikation für den Risikozuschlag sein kann[561] und die vorgenannten Schwächen des CAPM entsprechend berücksichtigen.

c) *Fazit*

Das DCF-Verfahren stellt als ein modernes Verfahren der Unternehmensbewertung die Ermittlung von zukünftigen Erfolgen in den Mittelpunkt und kann als eine Art Weiterentwicklung der Ertragswertmethode angesehen werden.[562] So ist beiden Verfahren gemein, dass sie auf dem Kapitalwertverfahren beruhen und den Unternehmenswert als Barwert zukünftiger Unternehmenserfolge berechnen und von einer unbegrenzten Lebensdauer des Unternehmens ausgehen. Beide Verfahren sind darüber hinaus zukunftsorientiert. Beim Ertragswertverfahren wird der Barwert zukünftiger Erfolge ermittelt und beim DCF-Verfahren werden freie Cashflows zukünftiger Perioden geplant und als Erfolgsgröße verwendet. Das DCF-Verfahren schränkt diesen Grundsatz nur insoweit ein, indem das Beta aus Vergangenheitsdaten im Rahmen der Vergangenheitsanalyse berechnet wird.

---

557 *Laurenz*, Unternehmensbewertungsverfahren für KMU, S. 51.

558 *Hommel/Dehmel*, Unternehmensbewertung, S. 224 ff.; *Großfeld*, Recht der Unternehmensbewertung, Rn. 758 ff.

559 *Zitzelsberger* in: Schüppen/Schaub, MAH Aktienrecht, § 20, Rn. 47.

560 *Hüttemann*, WPg 2007, 812 (820).

561 *Ruthardt/Hachmeister*, NZG 2014, 885 (889).

562 *Ullrich*, Abfindung und Börsenkurs, S. 53.

Der Vorteil des DCF-Verfahrens gegenüber anderen Verfahren, insbesondere auch der Ertragswertmethode, liegt vor allem in seiner großen Flexibilität hinsichtlich der Planung der Unternehmensentwicklung und der Ausrichtung auf die erwirtschafteten Cashflows eines Unternehmens.

Eine Schwäche des DCF-Verfahrens ist, wie bei der Ertragswertmethode, in den jeweils zu treffenden Prognosen bzw. dem sich hier eröffnenden Ermessensspielraum zu sehen. Die Ermittlung der freien Cashflows beim DCF-Verfahren ist in der Praxis sehr komplex. Von ähnlicher Komplexität ist beim Ertragswertverfahren der Diskontierungssatz.[563] Geringe Abweichungen dieser Prognosen können zu erheblichen Unterschieden beim zu berechnenden Unternehmenswert führen. Gerade unter Berücksichtigung der derzeitigen Wirtschaftssituation wird die den Zukunftsprognosen anhaftende Schwäche deutlich. Derzeit liegen risikofreie Zinsen bei nahezu null Prozent. Das Risiko liegt jedoch bei 100 %. In dieser Situation können die erwarteten zukünftigen Überschüsse nur schwierig geschätzt werden. Ähnlich verhält es sich mit dem Diskontierungssatz beim Ertragswertverfahren. Dieser wird erheblich von der aktuellen Finanzsituation beeinflusst. Die Finanzierungsplanungen der Unternehmen erfordern hohe Risikoprämien. Dies führt zu einer deutlichen Erhöhung der Fremdkapitalkosten.

Ferner stellt die Bestimmung der für das DCF-Verfahren notwendigen Parameter mittels des CAPM einen Unsicherheitsfaktor dar. Insoweit ist das DCF-Verfahren nur so gut zur Bestimmung des Unternehmenswertes geeignet, wie diese Information mit Sicherheit bestimmt werden kann.[564]

Mit Blick auf das CAPM und der zur Ermittlung der unternehmensspezifischen Risikoprämie erforderlichen Heranziehung eines entsprechenden Index stößt dieses Modell auf Schwierigkeiten, wenn es um die Bewertung eines nichtbörsennotierten Unternehmens geht, da es hier keinen Index gibt, der zur Ermittlung der unternehmensspezifischen Risikoprämie herangezogen werden kann.

Daneben bereitet die genaue Festlegung der Kapitalstruktur- und der Kapitalkosten theoretische Schwierigkeiten, die im Rahmen des Modells kaum lösbar erscheinen. Allerdings wäre dies zu einer genauen Wertermittlung notwendig, da zukünftige Zahlungsströme bei den DCF-Methoden mit den Kapitalkosten diskontiert werden müssen.[565]

Trotz dieser Schwächen ist davon auszugehen, dass das DCF-Verfahren in Zukunft eine immer größere Rolle bei der Bewertung von Unternehmen spielen wird. Dies vor allem seit es ab dem Jahr 2000 in den IDW-Standard aufgenommen wurde und grundsätzlich als gleichberechtigtes Verfahren neben dem Ertragswertverfahren aufgeführt wird. Im Übrigen ist anzunehmen, dass die zunehmende internationale Kapitalverflechtung und der immer größer werdende Einfluss anglo-amerikanischer Finanzhäuser der weiteren Verbreitung der DCF-Methode zuträglich sein werden.[566]

563 *Laurenz*, Unternehmensbewertungsverfahren für KMU, S. 50 f.
564 *Ullrich*, Abfindung und Börsenkurs, S. 53.
565 *Ullrich*, Abfindung und Börsenkurs, S. 53.
566 Siehe hierzu auch *Naschke*, Der Börsenkurs als Abfindungsgrundlage, S. 59.

4. *Mittelwertmethoden*

a) Überblick

Bis in die 1980er Jahre wurde der Unternehmenswert aus einer Kombination von Substanz- und Ertragswert ermittelt.[567]

Bei dieser Methode werden Substanz- und Ertragswert addiert und die Hälfte der so ermittelten Summe bildet den Unternehmenswert. Teilweise wird dem Ertragswert ein stärkeres Gewicht beigemessen und ein gewichtetes Mittel zugunsten des Ertragswertes im Verhältnis 2:1 gewählt.[568]

Der Substanzwert wird bei diesem sog. Mittelwertverfahren durch eine Abschichtungsbilanz errechnet, in die die einzelnen Gegenstände des Gesellschaftsvermögens zu ihrem „lebenden Geschäftswert" eingestellt werden.[569] Maßgeblich für diesen „lebenden Geschäftswert" ist der Zeitwert, d.h. der Wiederbeschaffungswert unter Abzug der entsprechenden Abschreibungen (Reproduktionswert).[570] In diesem Zusammenhang unbeachtlich ist der Verkehrswert. Die einzelnen Vermögensgegenstände sind in ihrem wirtschaftlichen Zusammenhang zum fortgeführten Unternehmen und nicht davon losgelöst zu betrachten.[571] Dementsprechend können die Aktiva entsprechend ihrer Vor- und Nachteile für den Betrieb höher oder niedriger als ihre Einzelveräußerungspreise sein.[572]

In der Praxis finden sich heute gelegentlich noch Verfahren, die den Substanz- und Ertragswert in unterschiedlichem Umfang kombinieren. Zu diesen sog. Mittelwertmethoden gehören vor allem die „Übergewinnmethode" und als ein Unterfall der Übergewinnmethode das „Stuttgarter Verfahren".[573]

b) Beispiele einzelner Mittelwertmethoden

aa) Übergewinnmethode

Bei der Übergewinnmethode wird der Barwert des über die Normalverzinsung des Substanzwertes liegenden Übergewinns errechnet. Der Übergewinn wird dabei wegen des erhöhten Konkurrenzrisikos auf eine bestimmte Anzahl von meist fünf bis acht Jahren begrenzt.[574]

---

567 BGH WM 1973, 306 (307) (zu § 2311 BGB); BGH NJW 1977, 949 (949) (zu § 1376 BGB); BGH NJW 1978, 1316 (1318 f.) (zu § 255 AktG); *Barz*, DR 1941, 1303 (1304); *Neuhaus*, Unternehmensbewertung und Abfindung, S. 72.

568 *Zitzelsberger* in: Schüppen/Schaub, MAH Aktienrecht, § 20, Rn. 64.

569 RG JW 1902, 590 (590 f.); RGZ 106, 128 (132); RG DR 1941, 1301 (1303), BGH BB 1961, 348 (348); *Neuhaus*, Unternehmensbewertung und Abfindung, S. 72 f.

570 BGH BB 1961, 348 (348); *Neuhaus*, Unternehmensbewertung und Abfindung, S. 72 f.

571 BGH BB 1961, 348 (348); *Neuhaus*, Unternehmensbewertung und Abfindung, S. 72 f.

572 BGH BB 1961, 348 (348); *Neuhaus*, Unternehmensbewertung und Abfindung, S. 72.

573 *Moxter*, Grundsätze ordnungsgemäßer Unternehmensbewertung, S. 56 ff., 64 ff.

574 *Neuhaus*, Unternehmensbewertung und Abfindung, S. 73.

bb) Stuttgarter Verfahren

Das Stuttgarter Verfahren ist wohl das bekannteste Verfahren unter den Mittelwertmethoden. Basis für die Wertermittlung nach dem Stuttgarter Verfahren ist der Substanzwert, der um eine Ertragskomponente ergänzt wird.[575] Im Regelfall wird bei diesem Verfahren der Vermögenswert der Gesellschaft um den über die Normalverzinsung hinausgehenden Ertrag berechnet und auf einen Zeitraum von fünf Jahren korrigiert. Liegen hierbei die Erträge unter der üblichen Verzinsung für Kapitalanlagen vergleichbarer Art, so mindert der Unterschiedsbetrag den Vermögenswert.[576]

Das „Stuttgarter Verfahren“ wurde in Deutschland primär zur Bewertung nicht börsennotierter Anteile an Kapitalgesellschaften im Rahmen der Vermögens- und Erbschaftssteuer entwickelt und gemäß § 12 Abs. 2 ErbStG in Verbindung mit § 11 Abs. 2 Satz 2 BewG angewandt, wenn Anteile einer nicht börsennotierten Kapitalgesellschaft durch Schenkung oder Erbschaft übergehen sollten und sich deren Wert nicht aus Anteilsverkäufen ergeben hat, die weniger als ein Jahr zurücklagen.[577] Daneben war es in Gesellschaftsverträgen und GmbH-Satzungen z.B. im Rahmen der Berechnung der Abfindung von Gesellschaftern bei deren Ausscheiden aus der Gesellschaft zu finden[578] und ist dort teilweise noch verankert.

Wie die übrigen Mittelwertmethoden entspricht es nicht mehr den modernen Standards für die Ermittlung des Unternehmenswerts und findet keine gesetzliche Grundlage mehr.[579] Das Verfahren führt häufig zu Einschränkungen des Abfindungsanspruchs, da der Vermögenswert nicht aus dem tatsächlichen Wert des Betriebsvermögens abgeleitet, sondern auf der Basis von Steuerbilanzwerten ermittelt wird, die in den meisten Fällen unter dem Wert des Betriebsvermögens liegen.[580]

Nach einem Urteil des Bundesverfassungsgerichts vom 22.6.1995 ist die Anwendung des Stuttgarter Verfahrens im Hinblick auf die Erbschaftssteuer nicht mit dem Grundgesetz vereinbar.[581] Daher wurde das Stuttgarter Verfahren durch das Erbschaftsteuerreformgesetz zum 1.1.2009 abgeschafft und durch das Ertragswertverfahren

---

575 *Oppenländer* in: Oppenländer/Trölitzsch, GmbH-Geschäftsführung, § 9, Rn. 44.

576 *Reichert/Ullrich* in: Reichert, GmbH & Co. KG, § 29, Rn. 45.

577 *Oppenländer* in: Oppenländer/Trölitzsch, GmbH-Geschäftsführung, § 9, Rn. 44.

578 *Oppenländer* in: Oppenländer/Trölitzsch, GmbH-Geschäftsführung, § 9, Rn. 44.

579 *Keim/Jeromin* in: Hölters, Unternehmenskauf, Teil 2, Rn. 2.55; *Reichert/Ullrich* in: Reichert, GmbH & Co. KG, § 29, Rn. 45; *Heller*, GmbHR 1999, 594 (594 ff.); *Göllert/Ringling*, DB 1999, 516 (516 ff.); *Moog/Schweizer*, GmbHR 2009, 1198 (1198 ff.); *Strohn* in: MüKo, GmbHG, § 34, Rn. 211; *Oppenländer* in: Oppenländer/Trölitzsch, GmbH-Geschäftsführung, § 9, Rn. 44.

580 *Moxter*, DB 1976, 1585 (1585 ff.); *Großfeld*, Unternehmens- und Anteilsbewertung im Gesellschaftsrecht, S. 149; *Reichert/Ullrich* in: Reichert, GmbH & Co. KG, § 29, Rn. 45; *Keim/Jeromin* in: Hölters, Unternehmenskauf, Teil 2, Rn. 2.55.

581 BVerfG, BStBl. II, S. 671 (674 f.).

in §§ 199 f. BewG ersetzt.[582] Es ist in Gesellschaftsverträgen und Satzungen immer seltener anzutreffen und wird durch andere Verfahren, wie z.B. die Ertragswertmethode, abgelöst.

5. *Orientierungshilfen*

Neben den vorgenannten Bewertungsmethoden gibt es in der Praxis der Unternehmensbewertung weitere vereinfachte Verfahren zur Ermittlung des Unternehmenswertes, die jedoch mehr als Orientierungshilfen angesehen werden müssen. Zu diesen vereinfachten Verfahren gehören die „Multiplikatorenmethode", die „Vergleichswertmethode" und die Ermittlung des Unternehmenswertes anhand des Börsenwerts eines Unternehmens.

a) Multiplikatorenverfahren

aa) Überblick

Bei den Multiplikatorenverfahren wird der zu ermittelnde Wert des Bewertungsobjekts unter Verwendung von Multiplikatoren bestimmt. Der Unternehmenswert wird *„als Produkt aus einer als Performance Indikator identifizierten Bezugsgröße des zu bewertenden Unternehmens und einem Faktor („Multiplikator") ermittelt".*[583] Die Multiplikatorenmethode greift hierbei auf die verfügbaren Marktdaten vergleichbarer Unternehmen, die meistens der gleichen Branche angehören, zurück und leitet hieraus den Unternehmenswert des konkreten Bewertungsobjekts ab. Hierzu werden beobachtbare Preise zu einer bekannten Bezugsgröße in Relation gesetzt.[584] Dieses Verhältnis wird anschließend auf die gleiche Bezugsgröße des zu bewertenden Unternehmens angesetzt. Bezugsgröße können dabei insbesondere Ergebnisgrößen wie Umsatz, das Ergebnis vor Zinsen und Steuern (EBIT) oder das Ergebnis vor Zinsen, Steuern und Abschreibungen (EBITDA) sein.[585] Da bei der Verwendung dieser Multiplikatoren ein Gesamtunternehmenswert ermittelt wird, ist anschließend noch der Marktwert des Fremdkapitals in Abzug zu bringen.[586] Neben diesen sog. „Entity-Verfahren" gibt es sogenannte „Equity-Verfahren", die auf Gewinngrößen basieren, bei denen das Zinsergebnis bereits in Abzug gebracht

582 *Milatz/Kämper*, GmbHR 2009, 470 (470 ff.); *Moog/Schweizer*, GmbHR 2009, 1198 (1198).

583 *Kreutziger* in: Kreutziger, Bewertungsgesetz, § 11, Rn. 65; *Eisele* in: Rössler/Troll, Bewertungsgesetz, § 11, Rn. 38.

584 *Drukarczyk/Schüler*, Unternehmensbewertung, S. 418 ff.; *Eisele* in: Rössler/Troll, Bewertungsgesetz, § 11, Rn. 38; *Kreutziger* in: Kreutziger, Bewertungsgesetz, § 11, Rn. 65; *Zitzelsberger* in: *Schüppen/Schaub*, MAH Aktienrecht, § 20, Rn. 59.

585 *Eisele* in: Rössler/Troll, Bewertungsgesetz, § 11, Rn. 38; *Zitzelsberger* in: *Schüppen/Schaub*, MAH Aktienrecht, § 20, Rn. 59.

586 *Kohl* in: Müller/Rödder, Beck'sches Handbuch der AG, § 24, Rn. 24 ff.

wurde. Hierzu zählt insbesondere das Kurs-Gewinn-Verhältnis.[587] Im Unterschied zu den vorgenannten „Entity-Verfahren" ist hier das Fremdkapital nicht mehr in Abzug zu bringen, da das Zinsergebnis hier sowohl beim Wert des Eigenkapitals (Kurs) als auch bei der Bezugsgröße (bereinigtes Jahresergebnis nach Steuern) eingeflossen ist.[588] Allerdings muss sich beim „Equity-Verfahren" die Vergleichbarkeit auch auf die Kapitalstruktur beziehen, um ein aussagekräftiges Ergebnis zu erzielen, wohingegen sich bei den „Entity-Verfahren" die Vergleichbarkeit nur auf das operative Geschäft beziehen muss.[589] In der Praxis erleichtert das Entity-Verfahren somit die Bestimmung von Vergleichsunternehmen.[590] Um außergewöhnliche Sachverhalte, die die jeweilige Bezugsgröße beeinflussen können, sowohl im Vergleichs- als auch im zu bewertenden Unternehmen zu korrigieren, sind die Bezugsgrößen zu bereinigen. Eine Bereinigung kann auch bei vergleichbaren Sachverhalten erforderlich werden, wenn z.B. unterschiedliche Rechnungslegungsvorschriften bei der Bilanzierung angewendet werden oder sich der Aktivierungsumfang bei Abschreibungen unterscheidet.[591]

bb) Kritik

Die Multiplikatorenmethode ist kein geeignetes Verfahren für die Bewertung eines Unternehmens.[592] Für sie spricht zwar unter praktischen Gesichtspunkten, dass es ein Verfahren ist, mit dem im Vergleich zu anderen Bewertungsmethoden, wie der sehr komplexen Ertragswertmethode, mit wenig Aufwand ein Unternehmenswert ermittelt werden kann. Häufig lassen sich die Multiplikatoren bereits einschlägigen Tabellen entnehmen, die regelmäßig aktualisiert werden. Hierin liegt aber auch bereits ein wesentlicher Grund der gegen die Multiplikatorenmethode als Bewertungsmethode spricht. Die Multiplikatorenmethode basiert auf der Annahme, dass stets vergleichbare Unternehmen mit beobachtbaren Marktpreisen existieren.[593] Dies ist häufig aber nicht der Fall, da viele Unternehmen keinen oder nur einen eingeschränkten Zugriff auf ihre Daten erlauben.[594] Auch die Multiplikatoren, die sich in der einschlägigen Fachliteratur wiederfinden, geben hier nur Mittelwerte vergleichbarer Unternehmen wieder. Jedes Unternehmen, auch wenn es in derselben Branche tätig ist, weist aber Unterschiede auf. Der Multiplikator ist daher oftmals

587 *Kohl* in: Müller/Rödder, Beck'sches Handbuch der AG, § 24, Rn. 25.
588 *Kohl* in: Müller/Rödder, Beck'sches Handbuch der AG, § 24, Rn. 25.
589 *Kohl* in: Müller/Rödder, Beck'sches Handbuch der AG, § 24, Rn. 25.
590 *Krolle/Schmitt/Schwetzler*, Multiplikatorverfahren, S. 77; *Kohl* in: Müller/Rödder, Beck'sches Handbuch der AG, § 24, Rn. 25.
591 *Kohl* in: Müller/Rödder, Beck'sches Handbuch der AG, § 24 Rn. 26 f.
592 Vgl. *Barthel*, DB 1996, 149 (157 ff.); *Zitzelsberger* in: Schüppen/Schaub, MAH Aktienrecht, § 20, Rn. 59.
593 *Kohl* in: Müller/Rödder, Beck'sches Handbuch der AG, § 24, Rn. 23.
594 *Creutzmann*, DB 2008, 2784 (2788); *Eisele* in: Rössler/Troll, Bewertungsgesetz, § 11, Rn. 38.

auf das Zielunternehmen nicht genau angepasst. Beispielhaft sei hier auf den Umsatzmultiplikator hingewiesen.[595] Hier wird vorausgesetzt, dass Bewertungs- und Vergleichsobjekt über eine vergleichbare Kostenstruktur verfügen. Nicht selten divergiert die Kostenstruktur der Unternehmen jedoch. Ähnlich verhält es sich bei der Anwendung eines EBITDA-Faktors oder EBIT-Faktors.[596] Bei Anwendung eines EBITDA-Faktors wird unterstellt, dass es identische Kapazitäten gibt, allerdings bei unterschiedlichen Kostenstrukturen.[597] Allerdings sind auch die Kapazitäten von Unternehmen selten gleich. Bei Anwendung des EBIT werden unterschiedliche Abschreibungsbeträge berücksichtigt. In diesen Fällen ist zu überprüfen, ob die ausgewiesenen Abschreibungen vergleichbar sind.[598] Auch dies wird häufig nicht der Fall sein. Um bei Anwendung der Multiplikatorenmethode überhaupt möglichst genaue Vergleichswerte zu erhalten, müssen daher zumindest mehrere Multiplikatoren angewendet werden.[599] Aber selbst dann können nicht alle Ungenauigkeiten beseitigt und ein präziser Wert ermittelt werden.

Weitere Schwierigkeiten ergeben sich, wenn die Vergleichsunternehmen länderübergreifend ermittelt werden. Hier kann es bereits durch unterschiedliche rechtliche und steuerliche Voraussetzungen in den einzelnen Ländern zu erheblichen Abweichungen der Unternehmensstrukturen kommen, die einen Vergleich der Unternehmen erschweren.[600]

Die Multiplikatorenmethode kann aufgrund ihrer Anlehnung an in den meisten Fällen sehr ungenaue Vergleichswerte und der daraus resultierenden erheblichen Ungenauigkeiten allenfalls dazu dienen, eine schnelle, überschlägige Bewertung und eine erste Einschätzung vorzunehmen. Sie kann z.B. im Rahmen von Unternehmenskäufen für die Berechnung des Kaufpreises und eines möglichen Earn-Outs angewendet werden. Ferner kann der mit ihrer Hilfe ermittelte Wert bei Börsengängen von Unternehmen, bei denen der Preisbildung am Kapitalmarkt eine entscheidende Rolle zukommt, ein wichtiger Indikator für den tatsächlichen Wert des Unternehmens sein.[601] Im Hinblick auf die gesetzlich vorgegebenen Bewertungsanlässe ist sie aber aufgrund der mit ihr verbundenen erheblichen Unsicherheiten als geeignete Bewertungsmethode abzulehnen.

b) Vergleichswertmethode

Bei der Vergleichswertmethode wird der potentielle Marktpreis, also der subjektive Wert eines Unternehmens, durch einen Vergleich der zu veräußernden Sache mit

595 *Kohl* in: Müller/Rödder, Beck'sches Handbuch der AG, § 24, Rn. 30; *Krolle/Schmitt/Schwetzler*, Multiplikatorverfahren, S. 77.
596 *Kohl* in: Müller/Rödder, Beck'sches Handbuch der AG, § 24, Rn. 30.
597 *Kohl* in: Müller/Rödder, Beck'sches Handbuch der AG, § 24, Rn. 30.
598 *Kohl* in: Müller/Rödder, Beck'sches Handbuch der AG, § 24, Rn. 30.
599 *Kohl* in: Müller/Rödder, Beck'sches Handbuch der AG, § 24, Rn. 31.
600 *Kohl* in: Müller/Rödder, Beck'sches Handbuch der AG, § 24, Rn. 29.
601 *Kohl* in: Müller/Rödder, Beck'sches Handbuch der AG, § 24, Rn. 22.

den tatsächlich erzielten Kaufpreisen vergleichbarer Sachen ermittelt.[602] Dieses Verfahren, das häufig bei der Wertermittlung von Immobilienwerten eingesetzt wird, spielt im Rahmen der Unternehmensbewertung nahezu keine Rolle, da Unternehmen aufgrund ihrer Individualität so gut wie nicht vergleichbar sind. Ferner gibt es keinerlei Datenbanken, um einen entsprechenden Vergleich durchführen zu können und damit auch keinen Markt für Unternehmenskäufe.[603] Dieses Verfahren kann aufgrund der ihm innewohnenden Unsicherheit nur für ganz überschlägige Einschätzungen – wenn überhaupt – in Betracht kommen. Es soll daher im Folgenden nicht weiter beleuchtet werden.

c) Börsenwert

Als weitere vergleichswertorientierte Orientierungshilfe für die Ermittlung des Unternehmenswertes eines börsennotierten Unternehmens wird teilweise auch der Börsenwert eines Unternehmens bzw. dessen Börsenkurs herangezogen.[604] Der Börsenwert ergibt sich aus der Zahl der Aktien x Börsenkurs.[605]

Der Börsenkurs ist ein wichtiger Indikator bei der Bewertung eines Unternehmens.[606] Er ersetzt jedoch grundsätzlich keine Unternehmensbewertung.[607] In der jüngeren Rechtsprechung setzt sich zwar zunehmend die Auffassung durch, dass der Börsenkurs bei Einhaltung gewisser Mindeststandards im Rahmen der Festlegung einer angemessenen Barabfindung eine Unternehmensbewertung ersetzen kann.[608] Dies beruht auf der Annahme, dass die Marktteilnehmer auf der Grundlage der ihnen zur Verfügung gestellten Informationen und Informationsmöglichkeiten die Ertragskraft des Unternehmens zutreffend bewerten und sich diese Marktbewertung im Börsenkurs der Aktien niederschlägt.[609] Diese Ansicht berücksichtigt jedoch nicht, dass der Börsenkurs nur den Desinvestitionswert der einzelnen Aktie zum Bewertungsstichtag verkörpert und enorm abhängig ist von Angebot und Nachfrage und den damit verbundenen Schwankungen des Aktienkurses.[610] Dies wird auch daran deutlich, dass der Grenzpreis eines Verkäufers bei einem längerfristigen Anlagehorizont in den meisten Fällen über dem Börsenkurs liegen wird. Sonst würde z.B. ein rationaler Minderheitsaktionär seine Anteile vor einem Squeeze-out veräußern.[611] Eine alleinige Bewertung eines Unternehmens anhand seines Börsenkurses ist zudem äußerst spekulativ und

602 *Halaczinsky* in: Rössler/Troll, Bewertungsgesetz, § 9, Rn. 15.
603 OLG Stuttgart AG 2008, 510 (516).
604 OLG Hamm AG 1963, 218 (219 ff.); *Emmerich* in: Emmerich/Habersack, Aktien- und GmbH-Konzernrecht, § 305 AktG, Rn. 42.
605 *Großfeld*, Recht der Unternehmensbewertung, Rn. 1188.
606 Siehe hierzu auch die Ausführungen unter § 2 A.III.4.b).
607 IDW S 1 2008, Rn. 13; *Baums* in: FS Schindhelm, S. 63 (75 ff.).
608 BGH NZG 2011, 869 (870); BGH NZG 2016, 461 (463 f.); OLG Frankfurt a.M. NZG 2010, 1141 (1142).
609 BGH NZG 2016, 461 (464); BGH NJW 2001, 2080 (2081).
610 *Ruthardt/Hachmeister*, NZG 2014, 41 (42).
611 *Ruthardt/Hachmeister*, NZG 2014, 41 (46).

sagt häufig nur wenig über den tatsächlichen Wert eines Unternehmens aus.[612] Der Börsenkurs ist äußerst anfällig für Manipulationen.[613] So kann der Börsenkurs durch eine gezielte Informationspolitik über die zukünftige Unternehmensentwicklung massiv beeinflusst werden.[614] Deshalb muss er als alleinige Grundlage der Bewertung eines Unternehmens grundsätzlich ausscheiden. Aufgrund der möglichen Vornahme möglicher Manipulationen muss eine Bewertung durchgeführt werden, bei der sämtliche am Bewertungsstichtag verfügbare Informationen berücksichtigt werden.

Der Börsenwert ist jedoch ein wichtiger Indikator für die Wertermittlung, der Anhaltspunkte für den tatsächlichen Wert eines Unternehmens gibt und der Plausibilität der Bewertung dient.[615] Er ist insoweit bei der Bewertung eines börsennotierten Unternehmens zu berücksichtigen und ist für die Bemessung der Abfindung im Rahmen der Abfindung nach § 305 Abs. 1 AktG, der Abfindung nach § 320b Abs. 1 AktG, der Bemessung der Ausgleichszahlung gemäß § 304 Abs. 1 AktG sowie in den Fällen der Abfindung nach dem Umwandlungsgesetz als Untergrenze der Abfindung anzusehen.[616] Insoweit wird auf die Ausführungen unter § 3 B.II.2. verwiesen.

6. Zusätzliche Bewertungsfaktoren

Neben der anzuwendenden Bewertungsmethode nehmen weitere Faktoren auf den Unternehmenswert Einfluss. So ist insbesondere der Bewertungszeitpunkt von Bedeutung, wie auch die Frage, ob Synergieeffekte, die sich aus dem jeweiligen Bewertungsanlass ergeben können, berücksichtigt werden müssen. Da dies keine unwesentlichen Faktoren bei der Unternehmensbewertung sind, soll im Folgenden auf die hierzu vertretenen Ansichten und Besonderheiten kurz eingegangen werden.

a) Stichtagsprinizip

Der Unternehmenswert variiert in Abhängigkeit von den zum Zeitpunkt seiner jeweiligen Ermittlung vorliegenden Informationen. Die Unternehmensbewertung bezieht sich daher immer auf ein bestimmtes Datum, den sog. Bewertungsstichtag, um den der Bewertung zugrunde zu legenden Informationsstand zu fixieren.[617]

Dies ergibt sich bereits aus dem Wortlaut des Gesetzes: So ist beispielsweise im Rahmen von § 738 Abs. 1 BGB die „Zeit seines Ausscheidens" maßgeblich. Beim Squeeze-out sieht § 327b Abs. 1 S. 1 AktG für die Bemessung der Barabfindung vor, dass sie die „Verhältnisse der Gesellschaft im Zeitpunkt der Beschlussfassung ihrer Hauptversammlung" berücksichtigen muss. Ein ähnlicher Wortlaut findet sich in

---

612 *Großfeld*, Unternehmens- und Anteilsbewertung im Gesellschaftsrecht, S. 34.

613 *Großfeld*, Unternehmens- und Anteilsbewertung im Gesellschaftsrecht, S. 34.

614 *Ruthardt/Hachmeister*, NZG 2014, 41 (46).

615 IDW S 1 2008, Rn. 14 f., 142; *Großfeld*, Recht der Unternehmensbewertung, Rn. 259.

616 BVerfGE 100, 289 (305 ff.); *Emmerich* in: Emmerich/Habersack, Aktien- und GmbH-Konzernrecht, § 305 AktG, Rn. 43.

617 IDW S 1 2008, Rn. 22 f.

§§ 305 Abs. 3 S. 2 AktG, 320b Abs. 1 S. 5 AktG. Auch hier wird auf den Zeitpunkt der Beschlussfassung der Hauptversammlung abgestellt. § 30 Abs. 1 S. 1 UmwG sieht für den Inhalt des Anspruchs auf Barabfindung vor, dass die Barabfindung „die Verhältnisse des übertragenden Rechtsträgers im Zeitpunkt der Beschlussfassung über Verschmelzung" berücksichtigen muss. Auch beim Kauf und Verkauf von Unternehmen wird vertraglich jeweils ein bestimmter Bewertungsstichtag festgelegt, zu dem die Unternehmensbewertung vorzunehmen ist.

Unternehmenswerte sind also nach diesem sog. Stichtagsprinzip zeitpunktbezogen auf den jeweiligen Bewertungsstichtag zu ermitteln.[618] Das Stichtagsprinzip geht davon aus, dass die Erwartungen der an der Bewertung interessierten Parteien über die künftigen finanziellen Überschüsse des Bewertungsobjektes wie auch der bestmöglichen Alternativinvestition vom Umfang der im Zeitablauf zufließenden Informationen abhängt. Fallen der Bewertungsstichtag und der Zeitpunkt der Durchführung der Bewertung auseinander, ist nach diesem Prinzip daher nur der Informationsstand zu berücksichtigen, der bei angemessener Sorgfalt zum Bewertungsstichtag hätte erlangt werden können.[619] Danach dürfen also weder nach dem Bewertungsstichtag bekannt werdende Informationen, deren Erkennbarkeit am Stichtag zu einer anderen Prognose geführt hätten, noch spätere tatsächliche Entwicklungen bei der Bewertung berücksichtigt werden.[620]

Dieses strenge Festhalten an einem bestimmten Zeitpunkt wurde von der Rechtsprechung teilweise als problematisch angesehen. Nicht selten haben nämlich Gerichtsverfahren, vor allem Spruchverfahren im Aktienrecht, eine gewisse Dauer in denen auch das Unternehmen eine bestimmte Entwicklung vollzieht. Damit können in Sachverständigengutachten anfänglich gestellte Prognosen zu einem späteren Zeitpunkt auf ihre Richtigkeit überprüft und entsprechend berücksichtigt werden. Die Rechtsprechung, die zwar grundsätzlich an der gesetzlich normierten Stichtagsregelung festhält, hat das Stichtagsprinzip ganz in diesem Sinne etwas gelockert und eine Einbeziehung weiterer Entwicklungen in die Unternehmensbewertung unter strengen Voraussetzungen gestattet. Danach sind weitere Entwicklungen einzubeziehen, wenn ihre Wurzeln vor dem Stichtag der Bewertung begründet wurden (sog. Wurzeltheorie).[621] Wann genau eine Entwicklung dem Grunde nach angelegt ist und damit in die Bewertung einfließen darf, ist häufig unklar.[622] Als maßgeblich wird die Wahrscheinlichkeit künftiger Ergebnisse zum Stichtag angesehen. Hierbei ist der Informationsstand zu berücksichtigen, der bei angemessener Sorgfalt zum

---

618 OLG Düsseldorf WM 2009, 2220 (2224); *Großfeld*, Recht der Unternehmensbewertung, Rn. 309; IDW S 1 2008, Rn. 22 f.

619 IDW S 1 2008, Rn. 22 f.

620 BGHZ 138, 136 (140); OLG München BB 2007, 2395 (2398); *Adolff*, Unternehmensbewertung im Recht der börsennotierten Aktiengesellschaft, S. 199.

621 BGH NJW 1973, 509 (511); BGH WM 1979, 432 (433); OLG Düsseldorf AG 1984, 216 (218); OLG Zweibrücken AG 1995, 421 (422); LG Dortmund AG 1996, 278 (279); OLG Düsseldorf DB 1998, 1454 (1455).

622 *Veil* in: Spindler/Stilz, AktG, § 305, Rn. 78.

Bewertungsstichtag hätte erlangt werden können.[623] Die spätere Entwicklung muss am Stichtag jedoch nicht schon erkennbar gewesen sein. Vielmehr können auch solche Erkenntnisse einfließen, die sich im Rahmen einer Rückschau ergeben, sofern sie die Lage am Stichtag aufhellen und Schlüsse auf den Wert der Gegenstände am Stichtag zulassen (sog. retrospektive Plausibilitätskontrolle).[624] Eine irgendwie geartete Kausalkette soll allerdings nicht ausreichen. Den Gerichten soll vielmehr eine einzelfallgerechte Entscheidung vorbehalten bleiben.[625]

Das OLG Hamm hat das Stichtagsprinzip in seiner Entscheidung vom 11.7.2012 noch weiter aufgeweicht.[626] Es führt zwar ebenfalls aus, dass im Rahmen des Ertragswertverfahrens „grundsätzlich nur die Erkenntnisse und Rahmenbedingungen zugrunde zu legen" seien, „die am Bewertungsstichtag vorlagen oder deren Wurzeln in der Zeit vor dem Stichtag gelegt wurden". Dementsprechend werde es grundsätzlich „für unzulässig angesehen, eine im Einzelfall durchaus mögliche ex post Betrachtung der realen Geschehnisse an die Stelle der Prognose zu setzen".[627] Diesen Grundsatz einschränkend führt es aus, sofern man nicht auf (plausible) Planungsrechnungen abstellen könne oder Planungsrechnungen zweifelhaft seien, müsse der „Sachverständige sachgerechte Prognosen (...) treffen oder Anpassungen vornehmen". Hierbei seien Unsicherheiten möglichst gering zu halten, aber auch „erkennbare Entwicklungen der Zukunft" zu berücksichtigen und auszuwerten. Der Senat betont in dieser Entscheidung, dass der Grundsatz des strengen Stichtagsprinzips nicht uneingeschränkt gelte. Vielmehr sei „anerkannt, dass die tatsächliche Entwicklung ein kritisches Überdenken" erlaube. Eine spätere Entwicklung könne „Anlass sein, die Richtigkeit der auf den Stichtag bezogenen Planungen zu überprüfen".[628]

Dieses Urteil des OLG Hamm geht in eine ähnliche Richtung wie die h.M. in der Literatur, die sich ebenfalls für eine großzügige Handhabung bei der Berücksichtigung späterer Entwicklungen ausspricht.[629] So geht z.B. Emmerich davon aus, dass bei Vorliegen einer normalen Entwicklung, spätere Entwicklungen grundsätzlich als am Stichtag angelegt angesehen werden sollen. Bei einer von den ursprünglichen Planungen abweichenden Entwicklung solle jeweils überprüft werden, ob eine Anpassung notwendig sei. Das Stichtagsprinzip müsse auf „die Ausklammerung ganz außergewöhnlicher" Entwicklungen begrenzt werden.[630] Andere weisen darauf hin,

623 BGH NJW 1978, 1316 (1319); LG Frankfurt a.M. AG 2007, 42 (43).
624 LG Dortmund NZG 2004, 723 (725); BGH WM 1981, 452 (453); BGH NJW 1973, 509 (511).
625 OLG Düsseldorf AG 1984, 216 (218); LG Dortmund AG 1981, 236 (239).
626 OLG Hamm, 8 U 192/08, BeckRS 2012, 16231.
627 OLG Hamm, 8 U 192/08, BeckRS 2012, 16231.
628 OLG Hamm, 8 U 192/08, BeckRS 2012, 16231.
629 *Emmerich* in: Emmerich/Habersack, Aktien- und GmbH-Konzernrecht, § 305 AktG, Rn. 59; *Koch* in: Hüffer, AktG, § 305, Rn. 34.
630 *Emmerich* in: Emmerich/Habersack, Aktien- und GmbH-Konzernrecht, § 305 AktG, Rn. 59.

dass es bei der Bewertung schwierig sei, sich in eine Jahre zurückliegende Sicht zurückzuversetzen und die heutigen Tatsachen sicherer als Prognosen aus vergangener Sicht seien, weshalb spätere Entwicklungen zur Plausibilitätskontrolle verwendet werden könnten.[631] Wieder andere wollen anhand der tatsächlichen Zahlen zumindest eine Plausibilitätskontrolle zulassen.[632]

Eine derart weite Auslegung des Stichtagsprinzips wird von Teilen der Literatur abgelehnt. Es wird darauf hingewiesen, dass damit Aktionäre eine angebotene Abfindung ohne großartiges Kostenrisiko im Spruchstellenverfahren überprüfen lassen könnten, um so auf eine für sie jeweils günstige tatsächliche Entwicklung zu hoffen.[633] Andere führen an, dass das Bewertungsergebnis durch eine weitgehende Berücksichtigung der Nachstichtagsergebnisse wesentlich von der Dauer des Gerichtsverfahrens abhängen würde.[634]

Dieser, eine weite Auslegung des Stichtagsprinzips ablehnenden Ansicht ist zuzustimmen. Das Bewertungsergebnis darf nicht von der Länge eines Gerichtsverfahrens abhängig gemacht werden. Im Ergebnis könnte dies dazu führen, dass derjenige, der am hartnäckigsten seinen Anspruch gerichtlich verfolgt, im Ergebnis von einem höheren Abfindungsanspruch profitiert. Im Übrigen muss ein Rückgriff auf „Wurzeln", auch wenn sie irgendwie in der Vergangenheit angelegt sein müssen, doch als ein sehr ungenaues Kriterium angesehen werden. Alle späteren Entwicklungen haben ihre Wurzeln irgendwo in der Vergangenheit und beziehen sich somit auch irgendwie auf zum Bewertungsstichtag bereits bekannte Tatsachen. Eine genaue Grenzziehung ist schwierig. Die Frage danach, was bei angemessener Sorgfalt am Bewertungsstichtag bereits hätte erkannt werden können bzw. zu wissen gewesen wäre, ersetzt daneben grundsätzlich die ohnehin kaum mögliche Interpretation, ob die Wurzeln bzw. die Verursachung oder die Kausalität bestimmter Ereignisse nach dem Stichtag ihren Ursprung bereits vor dem Bewertungsstichtag gehabt haben.

b) Berücksichtigung von Synergieeffekten

In Literatur und Rechtsprechung sehr umstritten ist die Erfassung von sog. Synergieeffekten, die sich aus dem jeweiligen Bewertungsanlass ergeben können.

Derartige Synergieeffekte sind „Wertsteigerungspotentiale".[635] Diese entstehen, wenn sich die Überschüsse eines Unternehmens durch den jeweiligen Bewertungsanlass steigern. Es werden echte und unechte Synergieeffekte unterschieden.[636]

---

631 *Großfeld*, Recht der Unternehmensbewertung, Rn. 319.

632 *Seetzen*, WM 1999, 565 (570). Seetzen plädiert darüber hinaus für eine Berücksichtigung der Ertragsentwicklung in der ersten Zeit nach dem Bewertungsstichtag, da diese bei normalem Verlauf in den Verhältnissen am Bewertungsstichtag angelegt seien.

633 *Seetzen*, WM 1994, 45 (46).

634 *Piltz*, Die Unternehmensbewertung in der Rechtsprechung, S. 117.

635 *Großfeld*, Recht der Unternehmensbewertung, Rn. 326; *Matschke/Brösel*, Unternehmensbewertung, S. 5.

636 IDW S 1 2008, Rn. 33, 50.

aa) Echte Synergieeffekte

Echte Synergieeffekte sind Synergieeffekte im eigentlichen Sinn. Sie lassen sich ausschließlich durch die Verbindung zwischen bestimmten Unternehmen aufgrund spezifischer Eigenschaften und Gegebenheiten realisieren. Es handelt sich um wertsteigernde Effekte, die sich erst bei Durchführung der dem Bewertungsanlass zugrunde liegenden Maßnahme ergeben.[637] D.h. ohne die Durchführung der entsprechenden Strukturmaßnahme lassen sich echte Synergieeffekte nicht realisieren. Zu solchen echten Synergieeffekten gehören z.B. mögliche Kosteneinsparungen durch verbesserte Einkaufsbedingungen bei Unternehmenszusammenschlüssen, verbesserte Absatzchancen aufgrund verringerten Wettbewerbsdrucks etc. Im Rahmen der gesellschaftsrechtlichen Bewertungsanlässe können solche echten Synergieeffekte vor allem bei Unternehmenskäufen, Verschmelzungen, beim Abschluss von Beherrschungs- und Gewinnabführungsverträgen bei einer Eingliederung oder beim Squeeze-out auftreten.[638] Allein die echten Synergieeffekte können daher bei der Ermittlung des Unternehmenswertes eine Rolle spielen.

In der Praxis der Unternehmensbewertung wird die Berücksichtigung echter Synergieeffekte unter Berufung auf das sog. Stand-alone-Prinzip überwiegend abgelehnt.[639] So hat das BayObLG in einer Entscheidung vom 19.10.1995 entschieden, dass echte Synergieeffekte als sog. „subjektive Bestandteile" der Unternehmensbewertung einzuordnen sind, die bei der Bewertung nicht zu berücksichtigen seien.[640] Das Unternehmen wird danach bewertet wie es steht und liegt. Selbst naheliegende, bislang nicht genutzte Entwicklungspotentiale finden ebenso wenig Berücksichtigung wie sonstige Geschäftschancen, wie z.B. solche, die sich durch eine Verbindung mit einem anderen Unternehmen ergeben.[641] Das OLG Düsseldorf will Synergieeffekte nicht ansetzen, wenn außenstehende Aktionäre gemäß § 305 Abs. 2 Nr. 1 u. 2 AktG Aktien der herrschenden Gesellschaft erhalten.[642] Ähnlich verhält es sich bei einer Verschmelzung, bei der die Gesellschafter eines Unternehmens zu Gesellschaftern der neuen Gesellschaft werden und dann die Vorteile der neuen Gesellschaft genießen.[643] Andere gehen davon aus, dass Synergieeffekte nur in die Unternehmensbewertung einfließen können, wenn zum Zeitpunkt der Unternehmensbewertung bereits Maßnahmen zur Realisierung der Synergieeffekte eingeleitet worden sind (Wurzeltheorie).[644]

---

637 IDW S 1 2008, Rn. 50.

638 *Ruthardt*, Normzweckkonforme Unternehmensbewertung, S. 80.

639 BGHZ 138, 136 (140); BayObLG AG 1996, 127 (128); OLG Stuttgart AG 2000, 428 (429); OLG Düsseldorf AG 2004, 324 (327); OLG Köln AG 1998, 37 (38); OLG Celle AG 1999, 128 (130); *Forster* in: FS Claussen, S. 91 (92); *Mertens*, AG 1992, 321 (330 ff.); *Seetzen*, WM 1994, 45 (49); *Werner* in: FS Steindorff, S. 303 (316 ff.).

640 BayObLG AG 1996, 127 (128).

641 *Hüttemann*, ZHR 162 (1998), 563 (567).

642 OLG Düsseldorf DB 1990, 2312 (2312).

643 *Großfeld*, Recht der Unternehmensbewertung, Rn. 332.

644 Vgl. *IDW*, WP Handbuch 2014, Bd. II, S. 38 f.

Dagegen gibt es aber auch Gerichte, die echte Synergieeffekte zur Hälfte in die Bewertung einbeziehen.[645] Weitere Gerichte, wie das LG Frankfurt a.M., lehnen die Stand-alone-Sicht vollständig ab.[646] Eine in der Literatur an Gewicht gewinnende Ansicht will die Synergieeffekte entsprechend dem Verhältnis der Unternehmenswerte, notfalls hälftig auf die verbundenen Unternehmen aufteilen.[647]

Dieser Auffassung ist meines Erachtens zu folgen. Echte Synergieeffekte sind eindeutig den Wert eines Unternehmens erhöhende Faktoren. So ist der Erwerber eines Unternehmens grundsätzlich dazu bereit, für solche Synergieeffekte zu zahlen. Der Verkäufer eines Unternehmens möchte für sie einen Preis. Dahinter verbirgt sich die einem Unternehmen innewohnende Chance, die sich auch im zu zahlenden Preis wiederspiegeln sollte. Die Schwierigkeit die echten Synergieeffekte zu identifizieren und zu quantifizieren darf nicht zu Lasten des abzufindenden Gesellschafters oder des Veräußerers gehen.[648] Auch aus § 304 Abs. 2 S. 1 AktG lässt sich Entsprechendes ziehen. Danach bemisst sich die Ausgleichszahlung nach den „künftigen Ertragsaussichten".[649] Hierzu gehören meines Erachtens auch die Synergien, die sich aus dem Zusammenschluss mit dem konkreten Partner ergeben.

bb) Unechte Synergieeffekte

Demgegenüber lassen sich unechte Synergieeffekte „ohne Durchführung der dem Bewertungsanlass zugrunde liegenden Maßnahme realisieren",[650] d.h. sie sind ohne den speziellen Bewertungsanlass aus den vorhandenen Potentialen der Gesellschaft realisierbar.[651] Zu solchen unechten Synergieeffekten gehören z.B. Rationalisierungs-, Restrukturierungs- und Reorganisationspotentiale, die jeweils schon vor dem Zusammenschluss der Unternehmen in einem der beteiligten Unternehmen vorhanden sind. Ferner gehören dazu auch Synergien, die vom jeweiligen

---

645 BayObLG DB 1995, 2590 (2591).

646 LG Frankfurt a.M. AG 2007, 42 (46): Das LG Frankfurt a.M. lehnte die Stand-alone-Ansicht bei einem Ausschluss von Minderheitsgesellschaftern aus einer AG mit der Begründung ab, dass bei der Ermittlung des Risikozuschlags bei der Abfindungsbemessung nicht ausgeblendet werden darf, dass der Hauptaktionär durch die vollständige Integration in seinen Konzern die bei der Aktienanlage typischen Risiken, die durch den Risikozuschlag ausgeglichen werden sollen, minimieren kann und wird, da ansonsten der von ihm betriebene Ausschluss der Minderheitsaktionäre kaum nachvollziehbar ist.

647 OLG Stuttgart AG 2006, 420 (426); OLG Stuttgart AG 2007, 705 (707); *Jonas*, WPg 2007, 835 (841); *Emmerich* in: Emmerich/Habersack, Aktien- und GmbH-Konzernrecht, § 305 AktG, Rn. 71; *Hirte/Hasselbach* in: GroßkommAktG, § 305, Rn. 86 ff.; *Krieger* in: MünchHdbGesR, Band 4, § 71, Rn. 135.

648 *Großfeld*, Recht der Unternehmensbewertung, Rn. 338 f.; *Emmerich* in: Emmerich/Habersack, Aktien- und GmbH-Konzernrecht, § 305, Rn. 71.

649 *Großfeld*, Recht der Unternehmensbewertung, Rn. 339.

650 IDW S 1 2008, Rn. 34.

651 *Franke*, Synergien in Rechtsprechung und Rechnungslegung, S. 38.

Unternehmen in einem bereits bestehenden Unternehmensverbund unabhängig vom betreffenden Bewertungsanlass mit anderen Unternehmen realisiert werden können, wie z.B. Rezepturen, eine optimale Ablaufsteuerung oder eine kompatible EDV-Software.[652] Auch die Nutzung steuerlicher Verlustvorträge fällt hierunter. Die unechten Synergieeffekte führen auch dann zu einer Erhöhung des Unternehmenswerts, wenn ein übernehmender Rechtsträger nicht in der Lage ist, sie durch zukünftige eigene Gewinne auszunutzen.[653]

Die Überschüsse aus unechten Synergieeffekten sind im Rahmen der Unternehmensbewertung nur zu berücksichtigen, wenn die Synergie stiftende Maßnahme am Stichtag bereits eingeleitet oder im Unternehmenskonzept dokumentiert wurde.[654]

652 OLG Stuttgart NZG 2000, 744 (745); *Franke*, Synergien in Rechtsprechung und Rechnungslegung, S. 38; *Ruthardt*, Normzweckkonforme Unternehmensbewertung, S. 81.

653 OLG Düsseldorf WM 1988, 1053 (1056); OLG Düsseldorf DB 1988, 1109 (1110); *Zeidler* in: Semler/Stengel, UmwG, § 9, Rn. 47.

654 IDW S 1 2008, Rn. 34.

§ 3 Die Entwicklung der Unternehmensbewertung nach der Rechtsprechung

Die höchstrichterliche Rechtsprechung, die sich mit dem Thema der Unternehmensbewertung aus vielfältigen Anlässen immer wieder zu beschäftigen hat, ist in ständiger Entwicklung.

Nach Ansicht des BGH ist bei der Bewertung von Unternehmen im Gesellschafts-, Familien- und Erbrecht grundsätzlich vom „wirklichen Wert des lebenden Unternehmens als Einheit“ auszugehen.[655] Wie dieser „wirkliche Wert des lebenden Unternehmens“ zu bestimmen ist, ist jedoch im Laufe der Zeit von der Rechtsprechung unterschiedlich gelöst worden und soll im Folgenden näher beleuchtet werden.

A. Status quo

Bis in das Jahr 1978 herrschte in der Rechtsprechung des BGH die Meinung vor, dass als Bewertungsgrundlage zur Bestimmung des Unternehmenswertes eine Mischung sowohl von Substanz- als auch Ertragswert heranzuziehen sei.[656]

Erst seit einer Entscheidung des II. Zivilsenats vom 12.2.1979[657] hält die Ertragswertmethode zunehmend Einzug in die Rechtsprechung des BGH und, sich dem anschließend, in die obergerichtliche Rechtsprechung.[658]

---

655 BGHZ 17, 130 (136); BGH WM, 1984, 1506 (1506); BGHZ 116, 359 (370 f.); BGH NJW 1967, 1464 (1464); BGH MDR 1986, 919 (919); *Hüttemann*, ZHR 162 (1998), 563 (564); *Piehler/Schulte* in: MünchHdbGesR, Band 1, § 75, Rn. 20.

656 Hierzu: *Piltz*, Die Unternehmensbewertung in der Rechtsprechung, S. 131 ff.

657 BGH WM 1979, 432 (432 ff.). Allerdings wies die Bewertung hier die Besonderheit auf, dass sich die Parteien darauf verständigt hatten, der Bewertung des Unternehmens die tatsächliche Entwicklung des Unternehmens vom Zeitpunkt des Ausscheidens des Gesellschafters im Jahr 1952 bis zum Verkauf der wesentlichen Betriebsteile im Jahr 1969 zugrunde zu legen. Der zuständige Gutachter hat daher den „Zukunftserfolgswert“ im Nachhinein aus der Summe der zwischen dem Unternehmen und den Anteilseignern geflossenen Zahlungsströmen hergeleitet, indem sowohl Gewinn- und Kapitalentnahmen als auch Kapitaleinlagen der Anteilseigner auf den Bewertungsstichtag abgezinst und gegeneinander verrechnet wurden. Zu guter Letzt wurde dem Überschuss aus den abgezinsten Einnahmen und Ausgaben der Barwert des Liquidationsnettoerlöses hinzugerechnet (vgl. *Neuhaus*, Unternehmensbewertung und Abfindung, S. 73 f.).

658 BGH WM 1979, 432 (432); BGH WM 1984, 1506 (1506); BGH WM 1993, 1412 (1413); BGH NJW-RR 2005, 153 (154 f.); OLG Stuttgart AG 2014, 208 (209 f.); OLG Düsseldorf NZG 2013, 1393 (1394); OLG Düsseldorf Beschluss vom 17.11.2008 – 26

Einige Instanzgerichte hatten sich schon seit 1977 dem Ertragswertverfahren angeschlossen.[659] So hatte sich z.B. das OLG Celle in einer Entscheidung vom 4.4.1979 für den Ertragswert als allgemeine Grundlage der Bewertung des betriebsnotwendigen Vermögens ausgesprochen und den Substanzwert abgelehnt: „Allgemeine Grundlage der Bewertung des betriebsnotwendigen Vermögens ist der Ertragswert, nicht (...) der Substanzwert des Unternehmens. Ungeachtet aller nicht zu verkennenden Schwierigkeiten, den Zukunftsertrag eines Unternehmens einigermaßen zuverlässig zu bestimmen, besteht heute darüber Einigkeit, dass der Ertragswert bei der Bewertung lebender Betriebe eine mehr oder weniger wichtige, wenn nicht die entscheidende Rolle spielt, weil sich Käufer und Verkäufer mit ihren Preisvorstellungen wesentlich an dem zu erwartenden Nutzen auszurichten pflegen. Die Sachverständigen sind in ihrem Gutachten zutreffend davon ausgegangen, dass ein Interessent keinen Preis zahlen wird, bei dem sich das investierte Kapital nicht genügend verzinst, die Substanz also außer Verhältnis zu dem mit ihr zu erzielenden Nutzen steht, und haben deshalb mit Recht den Substanzwert überhaupt nicht berücksichtigt."[660]

Mit einer Entscheidung vom 24.9.1984, wonach bei der Unternehmensbewertung anlässlich der Abfindung an einen ausscheidenden Personengesellschafter „regelmäßig mit der heute herrschenden Auffassung von dem Ertragswert auszugehen sein wird," hat auch der II. Zivilsenat des BGH den Substanzwert endgültig abgelehnt und sich der Ertragswertmethode zugewandt.[661]

Mittlerweile kann eine Bewertung nach der Ertragswertmethode als die vorherrschende Methode in der Rechtsprechung angesehen werden. Die Gerichte sind einhellig der Auffassung, dass die Ertragswertmethode keinen methodischen Bedenken begegne und verfassungsrechtlich unbedenklich ist.[662] Sie wird von der

---

W 6/08, BeckRS 2009, 05038; OLG Karlsruhe Beschluss vom 12.7.2013 – 12 W 57/10, BeckRS 2013, 13603; OLG München AG 2008, 28 (29); OLG München ZIP 2008, 555 (557); OLG München ZIP 2009, 2339 (2340).

659 OLG Celle DB 1979, 1031 (1031) (zu § 305 AktG); OLG Düsseldorf AG 1984, 216 (216 ff.) (zu §§ 304, 305 AktG); OLG Düsseldorf WM 1988, 1052 (1054 f.) (zu §§ 320, 306 AktG); LG Hannover DB 1977, 1405 (1406 f.) (zu § 305 AktG); LG Hannover AG 1979, 234 (235) (zu §§ 304, 305 AktG); LG Dortmund AG 1981, 236 (238) (zu §§ 304, 305 AktG); LG Dortmund AG 1982, 257 (258) (zu §§ 304, 305 AktG); LG Frankfurt a.M. AG 1983, 136 (137) (zu §§ 304, 305 AktG); LG Frankfurt a.M. AG 1985, 58 (58 f.) (zu § 305 AktG); LG Frankfurt a.M. WM 1987, 559 (560) (zu §§ 304, 305 AktG); LG Düsseldorf AG 1987, 50 (50 f.) (zu §§ 306, 320 AktG); *Neuhaus*, Unternehmensbewertung und Abfindung, S. 73 f.

660 OLG Celle AG 1979, 230 (231).

661 BGH NJW 1985, 192 (193). In dieser Entscheidung hat der BGH im Hinblick auf die Unwirksamkeit der Buchwertklausel angeführt, dass sich der tatsächliche Wert des Unternehmens nach h.M. aus dem Ertragswert errechne. Dem Substanzwert, wie auch den bilanziellen Buchwerten komme danach nur noch eine mittelbare Bedeutung zu.

662 OLG Karlsruhe Beschluss vom 12.7.2013 – 12 W 57/10, BeckRS 2013, 13603; OLG Düsseldorf AG 2009, 667 (667); OLG Düsseldorf AG 2008, 822 (823); OLG Düsseldorf AG 2009, 907 (909).

Rechtsprechung allgemein als eine geeignete Methode der Unternehmensbewertung anerkannt.[663] Dennoch kann hieraus nicht geschlussfolgert werden, dass sich die Rechtsprechung nunmehr grundsätzlich der Ertragswertmethode zugewandt[664] und diese als allgemeingültige Bewertungsmethode anerkannt hat.[665]

Vielmehr gilt, was der BGH bereits in seinem Urteil vom 13.3.1978 für die vom Tatrichter gemäß § 287 Abs. 2 ZPO vorzunehmende Schätzung festgestellt hat: „Eine allgemein anerkannte oder rechtlich vorgeschriebene Methode für die Bewertung von Handelsunternehmen gibt es nicht. Vielmehr unterliegt es dem pflichtgemäßen Urteil der mit der Bewertung befassten Fachleute, unter den in der Betriebswirtschaftslehre und der betriebswirtschaftlichen Praxis vertretenen Verfahren das im Einzelfall geeignet erscheinende auszuwählen. Das von ihnen gefundene Ergebnis hat dann der Tatrichter frei zu würdigen."[666] Der BGH hat diese in der sog. „Kali und Salz"-Entscheidung getroffene Aussage in weiteren Entscheidungen gefestigt und setzt seine Rechtsprechung in diesem Sinne weiter fort.[667]

Diese Rechtsprechung wird auch von den Instanzgerichten vertreten.[668] So betont das OLG München, dass Bewertungen zum Ertragswert „nach ihren zugrunde liegenden Erkenntnismöglichkeiten nicht in der Lage sein können, einen „exakten oder wahren" Unternehmenswert am Stichtag festzustellen. Dem Gericht komme daher die Aufgabe zu, „unter Anwendung anerkannter betriebswirtschaftlicher Methoden" einen Unternehmenswert, der Grundlage für die Abfindung ist, im Wege der Schätzung nach § 287 Abs. 2 ZPO zu bestimmen.[669]

Im Zusammenhang mit der Überprüfung einer Abfindung im Spruchstellenverfahren führt das OLG München weiter aus, dass die Abfindung, welche von dem von der Strukturmaßnahme begünstigten Verfahrensbeteiligten angeboten worden ist, bei der Überprüfung durch das Gericht nicht lediglich einer Billigkeitskontrolle zu unterziehen sei. Das Gericht müsse vielmehr, da es sich bei der Überprüfung

---

663 OLG Stuttgart AG 2014, 208 (209); OLG Düsseldorf NZG 2013, 1393 (1394); OLG Karlsruhe AG 2009, 47 (49); OLG Stuttgart AG 2007, 705 (706); OLG Stuttgart AG 2008, 510 (512); OLG Stuttgart AG 2010, 42 (43); OLG Frankfurt a.M. NZG 2013, 104 (104 f.).

664 So wohl *Schulze-Osterloh*, ZGR 1986, 545 (546).

665 So schien es zwar zunächst nach dem Urteil des BGH vom 24.9.1984 (BGH NJW 1985, 192 (192 f.)), aber bereits mit Urteil vom 16.12.1991 (BGH NJW 1992, 892 (895)) wies der BGH die Entscheidung, ob bei der Ermittlung des Unternehmenswertes die Ertragswert- oder die Substanzwertmethode zugrunde zu legen ist, den Tatsacheninstanzen zu.

666 BGH WM 1978, 401 (405).

667 BGH WM 1979, 432 (434); BGH WM 1991, 283 (284); BGH BB 1992, 448 (450 f.); BGH WM 1993, 1412 (1413 f.); BGH NZG 2006, 425 (426); *Kamanabrou* in: Oetker, Handelsgesetzbuch, § 131, Rn. 59; *Piehler/Schulte* in: MünchHdbGesR, Band 1, § 75, Rn. 23.

668 OLG München BB 1988, 429 (430 f.); LG Frankfurt AG 1987, 315 (316); OLG Düsseldorf AG 1984, 216 (216 f.).

669 OLG München ZIP 2009, 2339 (2340); siehe auch OLG München AG 2008, 28 (29).

der Angemessenheit nicht um eine Tat-, sondern um eine Rechtsfrage handele, die einzelnen Parameter, die für die Angemessenheit der Abfindung einschlägig sind, unter Anwendung des eröffneten Schätzungsermessens rechtlich bewerten und festlegen.[670]

Nach dem OLG Stuttgart können auch betriebswirtschaftliche Methoden angewendet werden, „die in der wissenschaftlichen Diskussion nicht einhellig vertreten" werden.[671]

Das OLG Stuttgart führt weiter aus, dass die Zugrundelegung von Methoden, die zum Zeitpunkt der Unternehmensbewertung gebräuchlich und anerkannt waren, auch der Rechtsprechung des Bundesverfassungsgerichts entsprechen.[672] Sowohl „fundamentalanalytische Wertermittlungsmethoden" wie das Ertragswertverfahren als auch „marktorientierte Methoden wie eine Orientierung an Börsenkursen" könnten Grundlage der Schätzung sein.[673]

Das OLG Frankfurt a.M. kommt ebenfalls zu dem Ergebnis, dass neben der Ertragswerttheorie auch andere Bewertungsmethoden bei der Unternehmensbewertung Anwendung finden können. So führt es in seiner Entscheidung vom 5.12.2013 aus, dass auch eine Bewertung anhand des Börsenwertes eine zumindest in Teilen der Literatur und Rechtsprechung anerkannte Bewertungsmethode ist, derer sich ein Gericht „zur Schätzung des Unternehmenswertes bedienen" könne.[674]

Auch das Bundesverfassungsgericht hat die generelle verfassungsrechtliche Unbedenklichkeit der Ertragswertmethode im Laufe der Zeit in mehreren Entscheidungen bestätigt.[675] Wie sich aus dem Beschluss des Bundesverfassungsgerichts in der Sache „Deutsche Hypothekenbank" vom 16.5.2012 allerdings ergibt, möchte sich auch das Bundesverfassungsgericht keineswegs auf die Ertragswertmethode festlegen.[676] Vielmehr weist es in diesem Zusammenhang ausdrücklich darauf hin, dass es keineswegs „von Verfassungs wegen" geboten sei, den Unternehmenswert „stets durch eine Unternehmensbewertung beispielsweise anhand der Ertragswertmethode festzustellen".[677]

---

670 OLG München AG 2008, 461 (462).
671 OLG Stuttgart NZG 2013, 897 (898).
672 OLG Stuttgart NZG 2013, 897 (898).
673 OLG Stuttgart NZG 2013, 897 (898).
674 OLG Frankfurt a.M. NZG 2014, 464 (464 ff.); a.A. betreffend die Ermittlung des Unternehmenswertes anhand des Börsenkurses OLG Karlsruhe, 12.7.2013 – 12 W 57/10, BeckRS 2013, 13603: Danach ist der Börsenwert nicht geeignet, den wahren Wert einer Aktie zu bestimmen und die Grundlage für die Festsetzung der Abfindung zu bilden. Angemessen ist eine Barabfindung gemäß § 305 AktG danach nur dann, wenn eine volle Entschädigung gewährt wird. Nur wenn der Verkehrswert (Börsenwert) über dem Ertragswert liegt, ist er nach dem OLG Karlsruhe relevant.
675 BVerfG WM 2012, 1683 (1685); BVerfG WM 2012, 1374 (1375).
676 BVerfG WM 2012, 1374 (1375).
677 BVerfG WM 2012, 1374 (1375).

Es lässt sich somit zunächst einmal feststellen, dass es zwar keine allgemein anerkannte oder rechtlich vorgeschriebene Methode für die Bewertung von Handelsunternehmen gibt und, dass der zuständige Tatrichter im Rahmen der Schätzung des Wertes eines Unternehmens gemäß § 287 Abs. 2 ZPO somit grundsätzlich frei entscheiden kann, nach welcher Bewertungsmethode der jeweilige Unternehmenswert ermittelt wird. Allerdings hat die Rechtsprechung eine Präferenz für die Anwendung der Ertragswertmethode. Daneben sind aber andere Bewertungsmethoden zulässig. Zuordnungen in der Weise, dass bei einem bestimmten Bewertungsanlass nur eine bestimmte Bewertungsmethode anwendbar ist, hat die Rechtsprechung bislang nicht vorgenommen, es sei denn, eine bestimmte Methode ist durch Parteivereinbarung vorgegeben.

B. Grenzen der Ertragswertmethode

Die Ertragswertmethode ist jedoch auch nach der Rechtsprechung nicht uneingeschränkt anwendbar. Mittlerweile wird die Ertragswertmethode in manchen Bewertungsfällen von der Rechtsprechung sogar als unzulässige Bewertungsmethode angesehen.

I. Abfindung beim übernahmerechtlichen Squeeze-out (§§ 39a, 39b WpÜG)

Die Anwendung der Ertragswertmethode ist nach Ansicht verschiedener Gerichte beim übernahmerechtlichen Squeeze-out gemäß dem Wortlaut des §§ 39a, 39b WpÜG nicht zulässig. Gemäß § 39a WpÜG sind nach einem Übernahme- und Pflichtangebot dem Bieter, dem Aktien der Zielgesellschaft in Höhe von mindestens 95 % des stimmberechtigten Grundkapitals gehören, auf seinen Antrag die übrigen stimmberechtigten Aktien gegen Gewährung einer angemessenen Abfindung durch Gerichtsbeschluss zu übertragen. Der Gesetzgeber hat für das dem Ausschlussantrag vorangehende öffentliche Übernahmeangebot Vorgaben zur Höhe des Angebots gemacht. Der Preis muss gemäß § 31 Abs. 1, Abs. 7 WpÜG i.V.m. §§ 3 ff. WpÜG-AngebotsVO mindestens dem gewichteten durchschnittlichen inländischen Börsenpreis der letzten drei Monate vor der Veröffentlichung nach § 10 Abs. 1 S. 1 oder § 35 Abs. 1 S. 1 WpÜG entsprechen und darf nicht niedriger sein als ein Preis, den der Bieter während der letzten sechs Monate vor dem öffentlichen Übernahmeangebot für eine Aktie der Zielgesellschaft gezahlt hat. Wenn der Übernahmewillige zu diesem Übernahmepreis 90 % des vom Angebot betroffenen noch nicht ihm gehörenden Grundkapitals binnen eines bestimmten Zeitraums angeboten erhält, vermutet das Gesetz gemäß § 39a Abs. 3 WpÜG, dass der Erfolg am Markt die Angemessenheit des Preises belegt (sog. Markttest). Ein Spruchverfahren zur Überprüfung der Angemessenheit ist, anders als beim aktienrechtlichen oder verschmelzungsrechtlichen Ausschluss (§§ 327a ff. AktG, 62 Abs. 5 UmwG), nicht vorgesehen.

Auf dieser Basis lehnte das OLG Frankfurt a.M. in einer Entscheidung vom 9.12.2008 eine Überprüfung der Angemessenheit der Abfindung beim übernahmerechtlichen

Squeeze-out im Sinne des § 39a Abs. 3 WpÜG ganz ab.[678] Es führt aus, dass der Wortlaut des § 39a Abs. 3 WpÜG, dass die „im Rahmen des Übernahme- und Pflichtangebots gewährte Gegenleistung (...) als angemessene Abfindung anzusehen" ist, „wenn der Bieter auf Grund des Angebots Aktien in Höhe von mindestens 90 Prozent des vom Angebot betroffenen Grundkapitals erworben hat", wohl im Sinne einer „unwiderleglichen Vermutung" auszulegen sei (im Ergebnis ließ das OLG dies aber offen). Es wies das Vorbringen der von der Übertragung betroffenen Minderheitsaktionäre zurück, dass sich bei Anwendung der Ertragswertmethode ein höherer Unternehmenswert ergebe. Anders als bei aktienrechtlichen Spruchverfahren, bei denen der „Börsenwert die Untergrenze der Höhe der Barabfindung" bilde und „ansonsten (...) bei der Unternehmensbewertung die Ertragswertmethode als Verfahren anerkannt" sei, wolle der Gesetzgeber „beim kapitalmarktrechtlichen Squeeze-out ein möglichst rasches und bei Vorliegen sämtlicher Voraussetzungen auch relativ unkompliziertes Verfahren zur Verfügung" stellen. Der vorzunehmende „Markttest" ersetze „also alle betriebswirtschaftlichen Bewertungsmethoden zur Ermittlung der vollen Entschädigung".[679] Es führte in diesem Zusammenhang aus, dass selbst wenn die Vermutung in § 39a WpÜG widerleglich sei, sich diese nur mit einem Vorbringen zur Aussagekraft des „Markttests" widerlegen lasse, z.B. mit dem Argument, der Markt funktioniere nicht richtig. Insbesondere schreibe das Gesetz die Ertragswertmethode als Bewertungsmethode nicht vor. Die „angemessenen Ergebnisse" seien unter Hinzuziehung der anerkannten Methoden der Betriebswirtschaft zu finden, die sich unter dem „Eindruck vielfältiger Einflüsse" weiterentwickeln. Einen richtigen objektiven Unternehmenswert gebe es nicht.[680] Das Verfahrensergebnis verstoße auch nicht gegen Art. 14 Abs. 1 GG, der keine bestimmte Methode der Unternehmensbewertung vorschreibe.[681]

Das Bundesverfassungsgericht bestätigte diese Ansicht des OLG Frankfurt a.M.[682] Danach genüge die nach den Vorgaben der §§ 39a, 39b WpÜG i.V.m. 31 WpÜG, §§ 3–6 WpÜG-AngebotsVO ermittelte Abfindung den verfassungsrechtlichen Anforderungen. Die eine hohe Akzeptanz durch den betroffenen Markt voraussetzende, zusätzlich mindestens den Börsenkurs garantierende und bei Fehlen eines funktionierenden Marktes auf eine Unternehmensbewertung abstellende Regelung in § 39a Abs. 3 S. 2 WpÜG sichere dem Aktionär danach eine angemessene Abfindung, die dem Verkehrswert der Aktie entspreche, zu. Die Vorschriften des §§ 39a, 39b WpÜG genügen daher nach Ansicht des Bundesverfassungsgerichts dem aus Art. 14 Abs. 1 GG folgenden Gebot, dass die grundrechtlich geschützte Aktionärsstellung verfahrensrechtlich abgesichert und eine Abfindungs- und Ausgleichsregelung überprüfbar sein müsse. Insbesondere verweist das Bundesverfassungsgericht auch noch mal auf seine Entscheidung vom

678 OLG Frankfurt a.M. WM 2009, 703 (704 f.).
679 OLG Frankfurt a.M. WM 2009, 703 (706 ff.).
680 OLG Frankfurt a.M. WM 2009, 703 (707).
681 OLG Frankfurt a.M. WM 2009, 703 (708).
682 BVerfG WM 2012, 1374 (1375).

26. April 2011[683], wonach von Verfassungs wegen weder eine vergleichende Betrachtung nach verschiedenen Bewertungsmethoden noch die Anwendung des Meistbegünstigungsprinzips geboten sei. Eine Unternehmensbewertungsmethode, die – wie die Ertragswertmethode – vornehmlich auf die künftig ausschüttbaren Ertragsüberschüsse abstelle und daher mit naturgemäß unsicheren Prognosen arbeiten müsse, führe zu keinen richtigeren Ergebnissen als der „Markttest".[684]

Auch das OLG Stuttgart führte in einem ähnlich gelagerten Fall aus, dass der entsprechenden Angemessenheitsvermutung im Sinne des § 39a WpÜG nicht entgegengehalten werden könne, dass der nach fundamentalanalytischen Methoden ermittelte Unternehmenswert über dem Börsenwert der Zielgesellschaft liege.[685]

Zusammenfassend lässt sich feststellen, dass bei der Ermittlung der angemessenen Abfindung beim übernahmerechtlichen Squeeze-out gemäß §§ 39a, 39b WpÜG nach der Rechtsprechung eine Bewertung nach der Ertragswertmethode nicht in Betracht kommt, sondern der gesetzlich vorgesehene „Markttest" die Verfassungsrechte der Minderheitsaktionäre ausreichend wahrt. So betrachtet, ergibt sich aus den bewertungsrechtlichen Vorgaben der §§ 39a, 39b WpÜG eine weitere „Grenze" für eine Bewertung anhand der Ertragswertmethode.

II. Börsenkurs als Grenze

1. Abfindungs- und Ausgleichsansprüche gemäß §§ 304, 305, 320b AktG

Eine weitere Einschränkung widerfährt der Ertragswertmethode bei der Bemessung aktienrechtlicher Abfindungs- und Ausgleichsansprüche gemäß §§ 304, 305, 320b AktG durch den Börsenkurs.

Erstmals hat das OLG Hamm im Jahr 1963 den Börsenkurs als Untergrenze der Abfindung angesehen.[686] Allerdings konnte dies noch nicht als „Durchbruch" für eine Bewertung nach dem Börsenkurs angesehen werden. Vielmehr stellte der BGH im Jahr 1967 in einem Verfahren betreffend die Abfindungsansprüche gemäß § 12 UmwG a.F. zwangsweise aus einer AG ausgeschiedener Aktionäre über die Frage nach der Maßgeblichkeit des Börsenkurses fest, dass eine angemessene Abfindung sich am „wahren Wert" des lebenden Unternehmens zu orientieren habe.[687] Der Börsenwert sei hierbei nicht zu berücksichtigen, da er von zu vielen unberechenbaren äußeren Einflüssen abhänge: „Der Börsenkurs kann sich mit dem wahren Wert der Aktien decken, er kann aber auch niedriger oder höher sein. Er ergibt sich aus dem im Augenblick der Kursbildung vorhandenen Verhältnis von Angebot und Nachfrage, das von der Größe oder Enge des Marktes, von zufallsbedingten Umsätzen, von spekulativen Einflüssen und sonstigen nicht wertbezogenen Faktoren wie politischen Ereignissen, Gerüchten,

683 BVerfG WM 2011, 1074 (1076).
684 BVerfG WM 2012, 1374 (1376).
685 OLG Stuttgart WM 2009, 1416 (1425 ff.).
686 OLG Hamm AG 1963, 218 (219).
687 BGH NJW 1967, 1464 (1464).

Informationen, psychologischen Momenten oder einer allgemeinen Tendenz abhängt. Außerdem unterliegt der Börsenkurs unberechenbaren Schwankungen und Entwicklungen, wie die Aktienkurse der letzten Jahre besonders deutlich gemacht haben. Das schließt es aus, der Berechnung der angemessenen Abfindung den Börsenkurs zugrunde zu legen".[688]

In der Entscheidung „Kali und Salz" schloss der BGH erneut die Berücksichtigung von Börsenwerten zur Ermittlung der Angemessenheit der Gegenleistung bei einem Bezugsrechtsausschluss im Rahmen einer Kapitalerhöhung durch Sacheinlagen aus. Die Angemessenheit der Gegenleistung ermittle sich „grundsätzlich nicht nach Börsenkursen, sondern nach dem „wirklichen", unter Einschluss stiller Reserven und des inneren Geschäftswerts zu ermittelnden Werts".[689]

Dieser Auffassung hat sich im Folgenden die gesamte Rechtsprechung angeschlossen.[690]

Erst mit der Entscheidung des BayObLG im Jahr 1998[691] erfolgte in der Rechtsprechung langsam die Wende hin zur Berücksichtigung von Börsenkursen bei der Bemessung von Abfindungen. Ausgangspunkt der Entscheidung des BayObLG war die Bestimmung einer Barabfindung nach § 305 AktG im aktienrechtlichen Spruchstellenverfahren. Das BayObLG stellte zwar zunächst auf die von der h.M. befürwortete Ertragswertmethode ab. Da aber ein aussagekräftiges Gutachten nicht beibringbar war, schwenkte es auf den Börsenkurs als Bemessungsgrundlage für die Abfindung um: „Hat die Aktie, deren Wert festgestellt werden soll, einen Börsenkurs, der auch aussagekräftig ist, weil er nicht von einem zu engen Markt oder von Manipulationen beeinflusst wird, so wird er in der Regel den „Verkehrswert" mindestens ebenso zutreffend angeben, wie eine langwierige Berechnung des Unternehmens durch Sachverständige nach der Ertragswertmethode." Das BayObLG stellte zwar in der Entscheidungsbegründung die Abhängigkeit des Börsenkurses von äußeren Faktoren und Zufälligkeiten fest, stellte dann aber darauf ab, dass jeder Aktienerwerber dies bewusst in Kauf nehme.

Im Ergebnis ließ das BayObLG zwar offen, ob der Börsenkurs allgemein zur Bewertung eines Unternehmens einzubeziehen sei, wenn es um die angemessene Barabfindung gehe. Er hielt es aber jedenfalls dann für geboten den Börsenkurs einzubeziehen, wenn andere Möglichkeiten zur Feststellung des Unternehmenswertes ausscheiden.[692]

---

688 BGH NJW 1967, 1464 (1464).

689 BGH WM 1978, 401 (404).

690 OLG Düsseldorf AG 1973, 282 (283); OLG Düsseldorf AG 1977, 168 (169); OLG Düsseldorf WM 1988, 1052 (1054); OLG Celle DB 1998, 2006 (2006); LG Frankfurt AG 1985, 310 (311).

691 BayObLG NZG 1998, 946 (948).

692 BayObLG NZG 1998, 946 (948). Das BayObLG setzte sich in dieser Entscheidung auch mit den Urteilsgründen in der Entscheidung des BGH aus dem Jahr 1967 auseinander. Er verwarf diese jedoch unter Verweis auf die geänderten Rahmenbedingungen.

Der endgültige Paradigmenwechsel hin zur Berücksichtigung des Börsenwertes bei der Bewertung der Angemessenheit einer Abfindungszahlung erfolgte mit Beschluss des Bundesverfassungsgerichts in Sachen DAT/Altana vom 27.4.1999. Das Gericht formulierte in dieser Entscheidung erstmals den fortan häufig wiederholten Grundsatz, dass es mit Art. 14 Abs. 1 GG unvereinbar sei, bei der Bestimmung der Abfindung oder des Ausgleichs für außenstehende oder ausgeschiedene Aktionäre den Börsenkurs der Aktie außer Betracht zu lassen.[693]

Aufgrund der Bedeutsamkeit dieses Urteils sollen nachfolgend die wesentlichen Eckpunkte dargestellt werden.

Das Bundesverfassungsgericht hob in seiner Begründung hervor, dass Entschädigungen, die ein aus der Konzernierungsmaßnahme profitierender Hauptaktionär zu leisten hat, nur eine „volle Entschädigung" sein könne und der Ausscheidende im Anschluss an die Feldmühle-Rechtsprechung des Bundesverfassungsgerichts[694] den „Wert seiner gesellschaftlichen Beteiligung" erhalten müsse.[695] Es stellte fest, dass von einer verfassungsrechtlich (Art. 14 Abs. 1 GG) geforderten „vollen Abfindung" dann keine Rede mehr sein könne, wenn der tatsächliche Börsenkurs der Aktien den Betrag des Ausgleichsangebots um ein Vielfaches übersteige.[696] Es sprach sich in seiner Entscheidung allerdings nicht vollends gegen die Ermittlung des Unternehmenswertes durch die Ertragswertmethode aus, sondern stellte auch hier fest, dass Art. 14 GG für die Wertermittlung von Unternehmensbeteiligungen grundsätzlich keine bestimmte Methode vorschreibe. Daher sei „im Prinzip" auch die Ertragswertmethode zur Wertermittlung verfassungsrechtlich zulässig.[697]

Im DAT/Altana-Beschluss differenzierte das Bundesverfassungsgericht zwischen der Entschädigung im Falle eines Gewinnabführungs- und Beherrschungsvertrags und im Falle einer Eingliederung. Bei einer Eingliederung würden Aktionäre aus der Gesellschaft hinausgedrängt und würden damit ihr Anteilseigentum verlieren. Konsequenterweise sei daher an den hinausgedrängten Aktionär eine volle Entschädigung zu zahlen.[698] Das Bundesverfassungsgericht erstreckte in seinem Beschluss diesen Grundsatz auf die Konstellation der Beherrschungs- und Gewinnabführungsverträge. Zwar verliere hier der Minderheitsaktionär weder seine Stellung als Anteilseigner, noch werde er aus der Gesellschaft gedrängt. Er müsse jedoch solch erhebliche Beeinträchtigungen seiner grundrechtlich geschützten Gesellschaftsbeteiligung hinnehmen, die einem Verlust der Eigentumsstellung zumindest wirtschaftlich gleichstehen würden.[699] Daher sei im Fall einer Eingliederung wie auch

693 BVerfGE 100, 289 (289 ff.).
694 BVerfGE 14, 263 (263 ff.).
695 BVerfGE 100, 289 (301 ff.).
696 BVerfGE 100, 289 (311). Vorliegend wiesen der Markt- und der ermittelte Gutachtenwert eine erhebliche Diskrepanz auf. Die angebotene Barabfindung erreichte nicht einmal die Hälfte des Wertes des Börsenkurses.
697 BVerfGE 100, 289 (307).
698 BVerfGE 100, 289 (301 ff.).
699 BVerfGE 100, 289 (303).

in der Konstellation des Gewinnabführungs- und Beherrschungsvertrages eine „volle Entschädigung" zu leisten. Hinsichtlich der „vollen Entschädigung" führt das Bundesverfassungsgericht aus, dass diese von Art. 14 Abs. 1 GG geforderte „volle" Entschädigung jedenfalls nicht unter dem Verkehrswert liegen dürfe, der bei börsennotierten Unternehmen nicht ohne Rücksicht auf den Börsenkurs festgesetzt werden dürfe.[700] Der Börsenkurs stelle für den Kleinaktionär den Wertgradmesser schlechthin dar, da dieser über das Zusammenspiel von Angebot und Nachfrage zustande komme und der Börsenkurs im Regelfall auch derjenige Wert ist, zu welchem der Kleinaktionär seine Beteiligung realisieren könne.[701]

Einschränkend stellt das BVerfG allerdings fest, dass der „Börsenkurs" nicht „stets allein maßgeblich sein müsse". Eine Überschreitung sei verfassungsrechtlich unbedenklich. Eine Unterschreitung sei – unter Verweis auf die Konstellation der Marktenge – in jenen Fällen denkbar, in denen der Börsenkurs nicht den Verkehrswert der Aktie wiederspiegele.[702]

Des Weiteren forderte das Bundesverfassungsgericht, dass bei der Bestimmung der Verschmelzungswertrelation, welche Grundlage für die Abfindung gemäß § 320b Abs. 1 S. 2 AktG und § 305 Abs. 2 AktG ist, der Börsenkurs ebenfalls die Untergrenze der Bewertung darstellt.[703]

Mit dieser Entscheidung hat das Bundesverfassungsgericht klargestellt, dass die untere Grenze der Bemessung der Abfindung in den Abfindungskonstellationen der §§ 304, 305 und 320b AktG jeweils der Börsenkurs ist. Ein Unterschreiten des Börsenkurses bei einer Ermittlung der Abfindung im Wege der nach wie vor auch in den vorgenannten Abfindungskonstellationen zulässigen Ertragswertmethode ist grundsätzlich nicht zulässig.

2. Börsenkurs als untere Grenze der Unternehmensbewertung auch bei Abfindungsfällen im Umwandlungsrecht?

Nicht geklärt wurde in der DAT/Altana-Entscheidung, in der nur zur Frage von Abfindung und Ausgleich (§§ 291 ff. AktG) im Unternehmensvertrag sowie im Rahmen der Eingliederung (§ 319 ff. AktG) Stellung bezogen wurde, ob und in welchem Umfang die zum Beherrschungs- und Gewinnabführungsvertrag und zur Eingliederung entwickelten Regeln auch auf Verschmelzungen anwendbar sind. Auch in nachfolgenden Beschlüssen begnügte sich das Bundesverfassungsgericht damit, die jeweils in Rede stehenden Entscheidungen der Zivilgerichte nicht zu beanstanden, in denen der Börsenwert als untere Grenze der Abfindung nicht unterlaufen wurde.[704]

700 BVerfGE 100, 289 (305).
701 BVerfGE 100, 289 (308).
702 BVerfGE 100, 289 (309).
703 BVerfGE 100, 289 (310).
704 BVerfG NJW 2007, 3266 (3267); BVerfG WM 2011, 219 (220).

Bei den Zivilgerichten wurde dies unterschiedlich gehandhabt. Während einige Gerichte, wie das OLG Stuttgart, die Ansicht vertraten, dass der Börsenkurs bei der Verschmelzung von Unternehmen nicht zu beachten ist,[705] ging das LG Frankfurt a.M. im Zusammenhang mit der Ermittlung der Verschmelzungswertrelation börsennotierter Unternehmen davon aus, dass eine Bewertung nach der Ertragswertmethode zugunsten einer Bewertung anhand des Börsenwertes ausgeschlossen ist. In seiner Entscheidung vom 13.3.2009 weist es eine „fundamental analytisch gewonnene Bewertung durch Sachverständigengutachten aufgrund betriebswirtschaftlicher Methoden" zugunsten von Börsenkursen als „Ergebnis eines tatsächlich stattfindenden Preisbildungsprozesses am Markt" zurück. Es führt weiter aus, dass auch „bei der Verschmelzung zweier börsennotierter Unternehmen" der „Börsenkurs (...) von Bedeutung" für die Bestimmung der Verschmelzungsrelation sei. Es könne „nicht festgestellt werden, dass (...) betriebswirtschaftliche Unternehmens- und Anteilsbewertungen über den Ertragswert zu besseren oder genaueren Ergebnissen" gelangten.[706]

Das Bundesverfassungsgericht äußerte sich erstmals genauer dazu im Rahmen eines Nichtannahmebeschlusses im April 2011, indem es feststellte, die „Maßgaben, die für die Fallgestaltung eines Beherrschungs- und Gewinnabführungsvertrages sowie einer Eingliederung entwickelt worden sind, lassen sich auf den hier gegebenen Fall einer Verschmelzung durch Aufnahme übertragen".[707] Allerdings lag dieser Entscheidung eine Verschmelzung zwischen Gesellschaften in einer Beherrschungssituation zu Grunde.[708] Offen war daher weiterhin, ob die DAT/Altana-Grundsätze auch bei einem sog. „merger of equals" Anwendung finden.

Klarheit auch für den Fall einer „merger of equals" brachte erst ein Nichtannahmebeschluss des Bundesverfassungsgerichts im Hinblick auf eine Verfassungsbeschwerde, die sich gegen die Ermittlung des Umtauschverhältnisses der Aktien im Fall der Zusammenführung der Chrysler Corporation und der Daimler-Benz AG richtete. Die Beschwerdeführer hielten das Umtauschverhältnis für unangemessen niedrig und stellten einen Antrag auf Gewährung einer baren Zuzahlung.[709] Hier erachtete das Bundesverfassungsgericht die in der DAT/Altana-Entscheidung getroffenen Grundsätze für anwendbar.[710] Einen Verfassungsverstoß konnte das Bundesverfassungsgericht in diesem Fall aber nicht feststellen. Nach Ansicht des Bundesverfassungsgerichts hatte das zuständige Oberlandesgericht zur Ermittlung der Angemessenheit der Barabfindung in nicht zu beanstandender Weise die Ertragswertmethode zur Unternehmensbewertung herangezogen. Das Bundesverfassungsgericht

705 OLG Stuttgart AG 2007, 705 (707).
706 LG Frankfurt a.M. WM 2009, 1607 (1612).
707 BVerfG NZG 2011, 869 (870).
708 Es ging hier um die Abfindungshöhe bei der Verschmelzung der T-Online International AG auf die Deutsche Telekom AG, also der Verschmelzung einer Tochter- auf die Muttergesellschaft.
709 BVerfG WM 2012, 1683 (1683 f.).
710 BVerfG WM 2012, 1683 (1685).

führte hierzu aus, dass das Grundgesetz bei der auch im Rahmen der Bestimmung des Verschmelzungsumtauschverhältnisses erforderlichen Unternehmensbewertung weder eine bestimmte Methode der Unternehmensbewertung noch bestimmte Prognoseverfahren zur Einschätzung künftiger Erträge vorgebe und stellte in diesem Zusammenhang noch einmal ausdrücklich die verfassungsrechtliche Unbedenklichkeit der Ertragswertmethode fest.[711]

Dass man nicht auf den Börsenkurs des übertragenden Rechtsträgers Bezug genommen habe, sei vertretbar gewesen, da dieser zu einer für die Beschwerdeführer noch ungünstigeren Umtauschrelation geführt hätte.[712]

Zusammenfassend lässt sich daher feststellen, dass bei börsennotierten Unternehmen der Börsenkurs die untere Grenze für die Bemessung der Abfindung im Rahmen der Abfindung nach § 305 Abs. 1 AktG, der Abfindung nach § 320b Abs. 1 AktG, der Bemessung der Ausgleichszahlung gemäß § 304 Abs. 1 AktG sowie in den Fällen der Abfindung nach dem Umwandlungsgesetz darstellt.

Der Grund für diese – meines Erachtens in diesem Zusammenhang richtige – Privilegierung des Börsenkurses ist die der Aktie börsennotierter Unternehmen anhaftende besondere Verkehrsfähigkeit, die eine jederzeitige Investition bzw. Deinvestition des Kapitals nach freiem Belieben ermöglicht. Das Aktieneigentum im Sinne von Art. 14 GG schützt genau diese Sphäre individueller Freiheit.[713] Ferner ist der Börsenkurs das mindeste, was eine Aktie ihrem Inhaber wert ist. Die Aktie kann zu diesem Preis grundsätzlich jederzeit veräußert werden.[714]

III. Pflicht zur Meistbegünstigung?

Wenn der Börsenkurs in den vorgenannten Fällen als die untere Grenze der Abfindung angesehen wird, stellt sich im Weiteren die Frage, ob der Unternehmenswert immer nach beiden Methoden berechnet werden muss. Das hätte zur Folge, dass die Gerichte in jedem Fall immer beide Methoden berücksichtigen und durchrechnen müssten.

Der BGH scheint ein solches Vorgehen zu befürworten. So hat er in der Begründung einer Entscheidung zu DAT/Altana festgestellt: „Da nach dem Beschluss des BVerfG im Rahmen der Abfindung dem an der Börse gebildeten Verkehrswert auf Grund der Verkehrsfähigkeit der Aktien und der daran zu messenden Entschädigung des Aktionärs Vorrang gebührt, ist der Minderheitsaktionär unter Berücksichtigung des Verkehrswerts der Aktie abzufinden, wenn dieser Wert höher ist als der Schätzwert. Ist jedoch der Schätzwert höher als der Börsenwert, steht dem Aktionär der höhere Betrag des quotal auf die Aktie bezogenen Schätzwerts zu."[715]

---

711 BVerfG WM 2012, 1683 (1685).

712 BVerfG WM 2012, 1683 (1685).

713 BVerfGE 100, 289 (305); vgl. *Reichert* in: FS Stilz, S. 479 (496).

714 *Emmerich* in: Emmerich/Habersack, Aktien- und GmbH-Konzernrecht, § 305 AktG, Rn. 43.

715 BGH NJW 2001, 2080 (2082).

Auch wenn der BGH im Kontext dieses Satzes Bezug nimmt auf Ausführungen des Bundesverfassungsgerichts in dessen Beschluss vom 27.4.1999 zu DAT/Altana, kann dem Beschluss des Bundesverfassungsgerichts zu DAT/Altana eine solche Bewertung nach dem „Meistbegünstigungsprinzip" nicht entnommen werden. Zwar geht das Bundesverfassungsgericht davon aus, dass die von Art. 14 Abs. 1 GG geforderte volle Entschädigung „jedenfalls nicht unter" dem Verkehrswert liegen dürfe, welcher nicht ohne Rücksicht auf den Börsenkurs festgesetzt werden könne, allerdings kann hieraus keine Pflicht zur Meistbegünstigung gezogen werden, da „Dürfen" etwas anderes ist als „Müssen".[716]

Dies hat das Bundesverfassungsgericht in weiteren Beschlüssen bestätigt, indem es formulierte, dass sich weder seiner Rechtsprechung noch dem Grundgesetz entnehmen lasse, die Fachgerichte hätten zur Bestimmung des Unternehmenswerts sämtliche denkbaren Methoden heranzuziehen und bei der Bestimmung des Umtauschverhältnisses im Zuge einer Verschmelzung durch Aufnahme die den Anteilsinhabern des übertragenden Rechtsträgers günstigste Methode zu Grunde zu legen.[717] In einem weiteren Beschluss stellte es mit Bezugnahme auf das Meistbegünstigungsprinzip sogar ausdrücklich fest, dass sich aus der Verfassung keinerlei Anhaltspunkte für eine vergleichende Betrachtung nach verschiedenen Bewertungsmethoden noch für die Anwendung des Meistbegünstigungsprinzips ergeben.[718]

Dementsprechend gibt es zumindest aus verfassungsrechtlicher Sicht keine „Pflicht zur Meistbegünstigung". Danach reicht aus, wenn die Gerichte in den vorgenannten Abfindungsfällen, den Unternehmenswert jeweils anhand des Börsenwertes ermitteln. Umgekehrt erfordert eine Wertermittlung anhand der Ertragswertmethode stets auch die Ermittlung des Unternehmenswertes anhand des Börsenwertes.[719] Ob der BGH dem Meistbegünstigungsprinzip in diesem Zusammenhang ebenfalls eine Absage erteilen wird, bleibt abzuwarten. Die Argumentation des Bundesverfassungsgerichts, dass Art. 14 GG keine „Pflicht zur Meistbegünstigung" fordere, ist jedenfalls überzeugend.

IV. Gewährleistung eines effektiven Rechtsschutzes

Neben den sich aus Art. 14 GG ergebenden Grenzen für die Ertragswertmethode kann auch aus dem durch Art. 2 Abs. 1 GG i.V.m. mit Art. 20 Abs. 3 GG gewährleisteten Gebot eines effektiven Rechtsschutzes[720] eine weitere verfassungsrechtliche Grenze für die Anwendung der Ertragswertmethode gezogen werden.

Kriterien für die Angemessenheit der Verfahrensdauer im Sinne eines effektiven Rechtsschutzes sind nach Ansicht des Bundesverfassungsgerichts u.a. die Natur des Verfahrens, die Bedeutung der Sache für die Parteien, die Auswirkungen einer

716 Vgl. *Reichert* in: FS Stilz, S. 479 (486 f.).
717 BVerfG NZG 2011, 869 (870).
718 BVerfG WM 2012, 1374 (1375 f.).
719 Vgl. *Reichert* in: FS Stilz, S. 479 (496).
720 BVerfGE 82, 126 (155); BVerfGE 93, 99 (107).

langen Verfahrensdauer für die Beteiligten, die Schwierigkeiten der Sachmaterie, das den Beteiligten zuzurechnende Verhalten und die gerichtlich nicht zu beeinflussende Tätigkeit Dritter (namentlich Sachverständiger).[721] Eine Verankerung des Rechts auf effektiven Rechtsschutz findet sich darüber hinaus auch auf europarechtlicher Ebene in Art. 6 Abs. 1 EMRK. Danach hat jede Person ein Recht darauf, „dass über Streitigkeiten in Bezug auf ihre zivilrechtlichen Ansprüche und Verpflichtungen (...) innerhalb angemessener Frist verhandelt wird".

Das Erstellen von Bewertungsgutachten durch Sachverständige, deren Grundlage die Ertragswertmethode ist, kann unter Umständen mehrere Jahre in Anspruch nehmen.[722]

Das Bundesverfassungsgericht hat daher in einer Entscheidung aus dem Jahr 2012, in der es zwar nicht in erster Linie um einen Verfassungsverstoß wegen überlanger Verfahrensdauer ging, das Thema jedoch eine Rolle spielte, die Notwendigkeit der Anwendung der Ertragswertmethode (in diesem Fall neben der Anwendung des Börsenkurses) mit der Begründung abgelehnt, das Ausschlüsse, bei denen die Abfindung der ausgeschlossenen Aktionäre nach der Ertragswertmethode bemessen werden, wegen der besonders komplexen Bewertungsfragen einer erhöhten Gefahr ausgesetzt seien, „in Verfahrenslaufzeiten zu münden, die dem Gebot effektiven Rechtsschutzes kaum noch zu genügen vermögen."[723]

In einer anderen Entscheidung hieß das Bundesverfassungsgericht den vom Zivilgericht angelegten Prüfungsmaßstab gut, die der Unternehmensbewertung zu Grunde liegenden Prognosen über die künftige Entwicklung der Unternehmen und ihrer Erträge lediglich daraufhin zu überprüfen, ob sie auf einer zutreffenden Tatsachengrundlage beruhen und vertretbar seien. Der Versuch, allen denkbaren Divergenzen nachzugehen, die sich aufgrund der Unmöglichkeit, auf der Grundlage der Ertragswertmethode stichtagsbezogen einen exakten, einzig richtigen Wert eines Unternehmens zu bestimmen, ergeben, sei für sich gesehen kein Gewinn für die rechtsschützende Wirkung richterlicher Nachprüfung.[724] Das gelte auch deshalb, „weil Spruchverfahren gerade wegen der in tatsächlicher und rechtlicher Hinsicht besonders komplexen Bewertungsfragen einer erhöhten Gefahr ausgesetzt seien, nicht in angemessener Zeit abgeschlossen zu werden und dann das Gebot effektiven Rechtsschutzes zu verletzen.[725] Auch in diesem Fall stellte das Bundesverfassungsgericht

721 BVerfGE 46, 17 (29 f.); BVerfG NJW 2001, 214 (215); BVerfG WM 2012, 75 (76); vgl. *Reichert* in: FS Stilz, S. 479 (496).

722 BVerfG WM 2012, 75 (76). In dem Fall über den das Bundesverfassungsgericht hier zu entscheiden hatte, dauerte ein Verfahren, bei dem der Beschwerdeführer einen angemessenen Ausgleich bzw. eine angemessene Abfindung geltend gemacht hat, 20 Jahre. Offen blieb hier allerdings, ob die Wahl der Berechnungsmethode für die verfassungsrechtlich untragbare Verzögerung verantwortlich war.

723 BVerfG WM 2012, 1374 (1376).

724 BVerfG WM 2012, 1683 (1686).

725 BVerfG WM 2012, 1683 (1686). Siehe zum Ganzen auch *Reichert* in: FS Stilz, S. 479 (496 f.).

somit einen Zusammenhang zwischen dem Gebot des effektiven Rechtsschutzes und einer Bewertung nach der Ertragswertmethode her.

Auch wenn das Bundesverfassungsgericht die rechtliche Bewertung von Fällen sowie die Wahl der Beweismittel bislang den Fachgerichten überlassen hat,[726] zeigen diese Entscheidungen, dass das Bundesverfassungsgericht durchaus einen Zusammenhang zwischen der Methodenwahl und dem Gebot des effektiven Rechtsschutzes zu sehen vermag. Es schließt die Möglichkeit nicht aus, dass es bei Anwendung der Ertragswertmethode aufgrund des zeitlich längeren Berechnungsaufwandes zu einem Verstoß gegen das Gebot des effektiven Rechtsschutzes kommen kann.

Dementsprechend muss auch das Gebot des effektiven Rechtsschutzes als eine Grenze für eine Bewertung mittels der Ertragswertmethode angesehen werden. Es bleibt abzuwarten, ob das Bundesverfassungsgericht in weiteren Entscheidungen diesem Weg, dass es zu einem Verstoß gegen das Gebot effektiven Rechtsschutzes bei Anwendung der Ertragswertmethode kommen kann, weiter folgen wird.

V. Liquidationswert als Wertuntergrenze des Unternehmenswertes

Von den Gerichten werden unterschiedliche Ansichten dazu vertreten, ob der Liquidationswert eines Unternehmens immer die Wertuntergrenze des Unternehmenswertes darstellt und hierin somit eine weitere Grenze für die Berechnung des Unternehmenswertes nach der Ertragswertmethode zu sehen ist.

Früher war in Literatur und Rechtsprechung die Auffassung vorherrschend, dass der Liquidationswert stets die Untergrenze des Unternehmenswertes darstellt.[727] Diese Ansicht stellt auf den fiktiven Charakter des Liquidationswerts als eine bloße Rechengröße ab, aus der sich noch keine Verpflichtung ergibt, die Liquidation tatsächlich durchzuführen.[728] Würde man dieser Ansicht folgen, hätte dies für die Praxis der Unternehmensbewertung zur Konsequenz, dass der Liquidationswert allen anderen Werten, wie Fortführungswerten, insbesondere dem Ertragswert, vorgeht, wenn er höher ist. Während große Teile in der Literatur den Liquidationswert weiterhin als Untergrenze der Bewertung bei Bewertungsanlässen im Personengesellschaftsrecht-, GmbH- und Aktienrecht ansehen,[729] hat sich in der Rechtsprechung ein Wandel vollzogen.

---

726 BVerfG NJW 2001, 214 (215 f.).

727 OLG Hamm AG 1963, 218 (220 f.); KG Berlin WM 1971, 764 (770 f.); LG Dortmund AG 1981, 236 (238); LG Frankfurt a.M. AG 1985, 58 (58); LG Frankfurt a.M. AG 1985, 310 (311); BayObLG AG 1995, 509 (510); LG Konstanz NJW-RR 1988, 1184 (1186 f.).

728 BayObLG NJW-RR 1997, 34 (35); *Großfeld*, Recht der Unternehmensbewertung, Rn. 1261 ff.

729 *Altmeppen* in: Roth/Altmeppen, GmbHG, § 14, Rn. 6; *Emmerich* in: Emmerich/Habersack, Aktien- und GmbH-Konzernrecht, § 305 AktG, Rn. 74; *Hopt* in: Baumbach/Hopt, HGB, Einl. vor § 1, Rn. 36 f., § 131, Rn. 49; *Hüttemann*, ZHR 162 (1998),

Der BGH hat den Liquidationswert zwischenzeitlich als grundsätzliche Wertuntergrenze abgelehnt. Bereits in einer Entscheidung vom 17.1.1973 betreffend eine Pflichtteilsberechnung hat er festgestellt: „Ob der Unternehmer den Liquidationswert realisieren will, obliegt seiner unternehmerischen Entscheidung. Führt er den Betrieb fort, obwohl der Gesamtwert unter den Liquidationswert gesunken ist, dann wird die Liquidationsbewertung, da sie nur zur Bestimmung der Wertuntergrenze des Unternehmens herangezogen worden ist, nicht wirksam. Dann ist es aber auch im Rahmen von Rechtsbeziehungen des Unternehmers zu Dritten grundsätzlich nicht gerechtfertigt, den Liquidationswert der Unternehmensbewertung zu Grunde zu legen (…)."[730] Diesen Grundsatz schränkt der BGH in der gleichen Entscheidung jedoch dahingehend ein, dass etwas anderes aber in Betracht kommen könne, wenn ein unrentables, liquidationsreifes Unternehmen aus wirtschaftlich nicht vertretbaren Gründen weitergeführt wird.[731]

Richtigerweise kann die bloße Fortführung eines unrentablen Unternehmens nicht dazu führen, dass eine Bewertung nach dem Liquidationswert stets ausgeschlossen wird. Ansonsten würde ggf. derjenige belohnt werden, der sich bewusst unwirtschaftlich verhält und Ansprüche von Personen, deren Anspruch vom Wert des Unternehmens abhängen, ggf. bewusst beeinträchtigt werden.[732] Der BGH hat daher auch weitere Einschränkungen formuliert.

Nach Ansicht des BGH kann der Liquidationswert nicht als Wertuntergrenze herangezogen werden, wenn der Unternehmer nicht die Absicht hat, das Unternehmen zu liquidieren, keine finanzielle Notwendigkeit besteht, den Betrieb ganz oder teilweise aufzulösen und die Betriebsfortführung wirtschaftlich vertretbar erscheint und nicht rechtsmissbräuchlich ist.[733] Innerhalb dieser Grenzen muss es nach Ansicht des BGH jeweils der unternehmerischen Entscheidung des Unternehmers obliegen, ob er sein Unternehmen fortführt oder nicht.[734]

---

563 (585); *Marsch-Barner* in: Kallmeyer, UmwG, § 8, Rn. 14; *Meinert*, DB 2011, 2455 (2457); *Neuhaus*, Unternehmensbewertung und Abfindung, S. 92; *Paulsen* in: MüKo, AktG, § 305, Rn. 140; *Schulze-Osterloh*, ZGR 1986, 545 (554); *Piehler/Schulte* in: MünchHdbGesR, Band 1, § 75, Rn. 26; *Wiedemann*, WM 1992, Sonderbeilage 7, S. 39.

730 BGH WM 1973, 306 (307).

731 BGH WM 1973, 306 (307).

732 Vgl. *Piltz*, Die Unternehmensbewertung in der Rechtsprechung, S. 190 f.

733 BGH MDR 1986, 919 (919 f.); BGH NJW 1982, 2497 (2498), wobei der BGH hier im Ergebnis auf den Liquidationswert abgestellt hat, weil das Unternehmen „keinerlei Ertragswert" hatte und tatsächlich drei Jahre nach dem Bewertungsstichtag liquidiert wurde. Vgl. auch *Emmerich* in: Emmerich/Habersack, Aktien- und GmbH-Konzernrecht, § 305 AktG, Rn. 74a.

734 BGH NJW 1973, 509 (510); BGH NJW 1982, 2441 (2441); BGH MDR 1986, 919 (919 f.); BGH NJW 1982, 2497 (2498).

Diese Meinung des BGH kann mittlerweile als vorherrschend in der Judikatur angesehen werden.[735] Die neuere Rechtsprechung differenziert nicht nur danach, ob die Absicht besteht, das Unternehmen zu liquidieren, sondern unterscheidet auch nach den Gründen und Umständen der Fortführung ggf. unrentabler Unternehmen. Besteht die Absicht ein Unternehmen zu liquidieren, dann ist der Liquidationswert anzusetzen.[736] Allerdings muss die Liquidation auch rechtlich zulässig sein.[737] Befindet sich ein Unternehmen in der Abwicklung und betreibt es auch kein operatives Geschäft mehr, so kann als der für die Barabfindung maßgebliche Unternehmenswert der Liquidationswert angesetzt werden.[738] Soll das Unternehmen fortgesetzt werden, dann soll der Liquidationswert in der Regel die Untergrenze bilden, wenn die Ertragsaussichten auf Dauer negativ sind. Die Fortführung eines solchen Unternehmens entspricht regelmäßig nicht unternehmerischem Handeln.[739] Der Liquidationswert wird auch dann als maßgeblich angesehen, wenn der Barwert der finanziellen Überschüsse, die sich bei einer Liquidation des gesamten Unternehmens ergeben, den Ertragswert bei Annahme der Fortführung des Unternehmens übersteigt.[740]

Dieser differenzierteren Betrachtung hat sich zwischenzeitlich auch ein Großteil der Literatur angeschlossen oder weist zumindest Tendenzen in diese Richtung auf.[741]

Der differenzierten Auffassung der Rechtsprechung ist zuzustimmen. Für die Ansicht der Rechtsprechung spricht, dass grundsätzlich keine Pflicht des Unternehmers besteht, sein Unternehmen bei Unrentabilität zu veräußern. Ein Unternehmen kann grundsätzlich auch defizitär weitergeführt werden. Will der Unternehmer sein Unternehmen trotz Unrentabilität weiterführen, ist diese Entscheidung Ausdruck seiner unternehmerischen Freiheit und als solche zu akzeptieren, sofern sie sich noch in den Grenzen unternehmerischen Handelns bewegt und diese Entscheidung auf Gründen beruht, die nicht rechtsmissbräuchlich sind und z.B. nicht alleine deshalb getroffen wird, um den Abfindungsanspruch des ausscheidenden Gesellschafters zu beeinträchtigen. Ein ausscheidender Gesellschafter soll grundsätzlich nicht mehr erhalten, als den Wert, den sein Anteil in der konkreten Situation tatsächlich hat. Entscheiden sich die übrigen Gesellschafter für die Fortführung eines defizitären Unternehmens und ist dies innerhalb der aufgezeigten Grenzen zulässig, so ist der

735 OLG Düsseldorf AG 1988, 275 (276); OLG Düsseldorf AG 1990, 397 (399); OLG Düsseldorf AG 2004, 324 (327 f.); LG Dortmund Der Konzern 2008, 241 (242 f.).

736 OLG Düsseldorf AG 2004, 324 (327 f.).

737 LG Dortmund Der Konzern 2008, 241 (242 f.).

738 OLG Düsseldorf AG 2007, 325 (326).

739 OLG Düsseldorf DB 1998, 1454 (1454 f.).

740 OLG Düsseldorf DB 1998, 1454 (1454 f.); OLG Düsseldorf AG 2008, 498 (500).

741 *Grunewald*, Der Ausschluss aus Gesellschaft und Verein, S. 90 f.; *Sosnitza* in: Michalski, GmbHG, § 34, Rn. 48; *Strohn* in: MüKo, GmbHG, § 34, Rn. 214; *Westermann* in: Scholz, GmbHG, § 34, Rn. 25; *Deilmann* in: Hölters, Aktiengesetz, § 305, Rn. 67; *Paschos* in: Henssler/Strohn, Gesellschaftsrecht, § 305 AktG, Rn. 22; *Veil* in: Spindler/Stilz, AktG, § 305, Rn. 76; *Fleischer/Schneider*, DStR 2013, 1736 (1742 f.).

Wert des Anteils des ausscheidenden Gesellschafters eben geringer als der Wert bei einer fiktiven Liquidation. Würde man dem ausscheidenden Gesellschafter in dem Fall der Fortführung eines unrentablen Unternehmens, ohne dass der ausscheidende Gesellschafter an der Fortführung etwas ändern kann, eine Abfindung in Höhe des Liquidationswertes zahlen, würde er im Ergebnis besser stehen, als wenn er in der Gesellschaft verbleiben würde. Das widerspricht aber eindeutig dem Grundgedanken der Abfindung, dass der ausscheidende Gesellschafter einen adäquaten Ausgleich für den Verlust seiner Mitgliedschaftsrechte erhalten soll. Ihm steht nicht weniger, aber auch nicht mehr zu.[742] Dem Grundgedanken der Zahlung eines adäquaten Ausgleichs wird daher allein durch die vorgenannte differenzierte Betrachtung Rechnung getragen.

C. Anwendung sonstiger Bewertungsmethoden

Nachdem festgestellt wurde, dass die zivilgerichtliche Rechtsprechung zwar eine Präferenz für die Anwendung der Ertragswertmethode innerhalb der zuvor aufgezeigten Grenzen hat, anderen Bewertungsmethoden jedoch nicht grundsätzlich eine Absage erteilt wird, stellt sich die Frage, welche Rolle diese sonstigen Bewertungsmethoden nach der Rechtsprechung überhaupt noch spielen. Im Folgenden soll daher kurz auf die Relevanz der sonstigen Bewertungsmethoden in der Praxis der Gerichte eingegangen werden.

I. DCF-Verfahren

Soweit ersichtlich, war das DCF-Verfahren bisher noch nicht Gegenstand der höchstrichterlichen Rechtsprechung. Es ist allerdings zu erwarten, dass sich die Gerichte aufgrund der zunehmenden Bedeutsamkeit des DCF-Verfahrens für die Unternehmensbewertungspraxis zukünftig auch noch häufiger mit dem DCF-Verfahren auseinandersetzen werden. Durch die „Gleichstellung“ des DCF-Verfahrens mit der Ertragswertmethode im IDW S 1 2008 sowie die zunehmende internationale Kapitalverflechtung und den wachsenden Einfluss anglo-amerikanischer Finanzhäuser ist von einer zunehmenden Bedeutung dieses Verfahrens für die Praxis der Unternehmensbewertung auszugehen.[743]

II. Substanzwertmethode

Die Substanzwertmethode wird zwar weiterhin als grundsätzlich zulässige Bewertungsmethode angesehen, entspricht aber sowohl nach der Praxis wie auch nach der Rechtsprechung nicht mehr dem „heutigen“ Standard.[744] Einige Gerichte haben

742 *Strohn* in: MüKo, GmbHG, § 34, Rn. 214; siehe hierzu auch die Ausführungen unter § 2 A.I.2. u. § 2 A.II.3.a).

743 Siehe hierzu die Ausführungen unter § 2 C.IV.3.c).

744 BayObLG AG 1996, 176 (177); LG Dortmund AG 1996, 427 (428).

der Substanzwertmethode sogar eine ausdrückliche Absage erteilt.[745] So hat der BGH in einer Entscheidung vom 17.1.1973 geurteilt, dass der Substanzwert keinen Endwert darstelle, sondern einen Bewertungsfaktor.[746]

III. Mittelwertverfahren

Die Rechtsprechung hat bis in die 1980er Jahre, die Zivilsenate IV und IVa des BGH sogar bis 1982[747], das reine Mittelwertverfahren als zulässiges Verfahren zur Unternehmensbewertung anerkannt. Es wurde sogar als vorherrschende Methode angesehen.[748] Das Mittelwertverfahren wird nach einhelliger Rechtsprechung heute jedoch als nicht mehr zulässig angesehen. Zuerst haben die Gerichte dem Mittelwertverfahren im Rahmen der aktienrechtlichen Abfindungsverfahren eine Absage erteilt.[749] So hat z.B. das LG Dortmund die Mittelwertmethode als „nicht aussagekräftig" zurückgewiesen.[750]

1. Verfahren der Übergewinnkapitalisierung

Das Verfahren der Übergewinnkapitalisierung wird als ein Unterfall der Mittelwertmethode von den Gerichten wohl grundsätzlich als Bewertungsverfahren akzeptiert[751] und war auch sehr lange als Bewertungsmethode verbreitet. Allerdings hat es heutzutage kaum noch praktische Relevanz, weshalb sich hierzu auch keine aktuelle Rechtsprechung mehr findet. Zuletzt hat das OLG Schleswig in einem Urteil zur Bewertung eines KG-Anteils beim Zugewinn das Übergewinnverfahren als zulässige Bewertungsmethode anerkannt.[752]

2. Stuttgarter Verfahren

Das Stuttgarter Verfahren wird zwar von der Rechtsprechung grundsätzlich als Verfahren zur Ermittlung des Unternehmenswertes anerkannt.[753] Es wurde von den Finanzbehörden gerade für die Bewertung von Geschäftsanteilen entwickelt.[754] Nach

745 OLG Celle AG 1979, 230 (231); OLG Hamburg AG 1980, 163 (164); OLG Düsseldorf AG 1990, 397 (399); BGH NJW 1980, 229 (230).

746 BGH WM 1973, 306 (307).

747 BGH WM 1982, 17 (18) (zu § 2311 BGB); BGH NJW 1982, 2441 (2441) (zu § 1376 BGB).

748 BGH WM 1973, 306 (307) (zu § 2311 BGB); BGH NJW 1977, 949 (949) (zu § 1376 BGB); BGH NJW 1978, 1316 (1319) (zu § 255 AktG).

749 LG Hannover AG 1977, 346 (348); OLG Celle AG 1979, 230 (231); LG Dortmund AG 1982, 257 (258); LG Frankfurt AG 1983, 136 (138).

750 LG Dortmund AG 1982, 257 (258).

751 BGH BB 1982, 70 (71); OLG Düsseldorf AG 1963, 159 (160 ff.); OLG Düsseldorf AG 1964, 246 (247).

752 OLG Schleswig 1986, 1208 (1209 f.).

753 BGH GmbHR 1986, 425 (426); OLG Karlsruhe NJOZ 2006, 3001 (3003).

754 Oppenländer in: Oppenländer/Trölitzsch, GmbH-Geschäftsführung, § 9, Rn. 44.

dem Urteil des Bundesverfassungsgerichts vom 22.6.1995 und der anschließenden Abschaffung des Stuttgarter Verfahrens durch das Erbschaftssteuergesetz zum 1.1.2009 spielt es allerdings so gut wie keine praktische Rolle mehr,[755] so dass sich hierzu auch keine aktuelle Rechtsprechung mehr findet. Es kann aber nach wie vor durch vertragliche Vereinbarung zur Grundlage der Unternehmenswertermittlung gemacht werden.

IV. Ergebnis

Im Ergebnis lässt sich somit feststellen, dass weder das Substanzwertverfahren noch das Mittelwertverfahren noch das Verfahren der Übergewinnkapitalisierung nach der Judikatur noch eine praktische Relevanz aufweisen. In der Praxis der Gerichte ist heute nur die Ertragswertmethode innerhalb der aufgezeigten Grenzen und – mit Blick auf die zunehmende Internationalisierung der Wirtschaft – das DCF-Verfahren von Relevanz. Das Stuttgarter Verfahren ist zwar grundsätzlich von der Rechtsprechung als Verfahren zur Ermittlung des Unternehmenswertes anerkannt. Es ist für die Praxis aber mehr oder weniger irrelevant.

D. Die Rolle des IDW S 1

Bei der Schätzung durch die Gerichte spielen die berufsständischen Verlautbarungen wie der IDW S 1 eine immer größere Rolle.

So geht das OLG Stuttgart davon aus, dass als „anerkannt und gebräuchlich derzeit nicht nur, aber jedenfalls auch" das anzusehen sei, „was vom Institut der Wirtschaftsprüfer (IDW) (...) sowie in sonstigen Verlautbarungen des Fachausschusses für Unternehmensbewertung und Betriebswirtschaft (FAUB) vertreten wird". Es handle sich hierbei um „Erfahrungssätze, die aufgrund fachlicher Erfahrungen gebildet" würden. Diese unterlägen „einem dynamischen Prozess". Zudem leisteten sie „einen erheblichen Beitrag dazu, die Gleichmäßigkeit und Kontinuität der Unternehmensbewertung zu gewährleisten. Dies würde gleichzeitig zu einer Kontinuität der Rechtsprechung führen.[756]

Sowohl das OLG Karlsruhe wie auch das OLG Stuttgart betonen in diesem Zusammenhang, dass die in einem IDW-Standard genannten Bewertungskriterien keine Rechtssätze seien und ihnen jeglicher normative Charakter fehle. Es handle sich nicht um Rechtsnormen, sondern lediglich um allgemeine Erfahrungssätze, die einem dynamischen Prozess unterliegen. Gerichte seien hieran nicht gebunden.[757] Auch der BGH hat sich in seinem Urteil vom 29.9.2015 dieser Auffassung angeschlossen. Er spricht insoweit von fachlichen „Bewertungsweisen", denen die

---

755 *Milatz/Kämper*, GmbHR 2009, 470 (470 ff.); *Moog/Schweizer*, GmbHR 2009, 1198 (1198); siehe hierzu auch die Ausführungen unter § 2 C.IV.4.b) bb).

756 OLG Stuttgart NZG 2013, 897 (898).

757 OLG Stuttgart NZG 2013, 897 (898); OLG Stuttgart AG 2014, 208 (209); OLG Karlsruhe, 12.07.2013 – 12 W 57/10, BeckRS 2013, 13603.

Normqualität auch dann fehle, wenn sie als „Bewertungsstandards" in fachlichen Regelwerken schriftlich festgehalten seien.[758] Für diese Auffassung spricht bereits, dass der IDW ein privatrechtlicher Verein ist, der als solcher über keinerlei Rechtssetzungsbefugnis verfügt.[759] Sofern allerdings bei der Ermittlung des Unternehmenswertes auf die in einem IDW-Standard genannten Bewertungskriterien zurückgegriffen wird, geht die Rechtsprechung davon aus, dass der IDW-Standard grundsätzlich in seiner aktuellen Fassung zum Bewertungsstichttag zu berücksichtigen ist. Begründet wird dies damit, dass die entsprechende Aktualisierung der Expertenauffassung regelmäßig auf die Umsetzung von Erkenntnisfortschritten zurückzuführen sei. Schon aus diesem Grund sei die aktuellere Expertenauffassung in der Regel auch die geeignetere.[760]

Nunmehr geklärt ist auch die Frage, ob berufsständische Verlautbarungen wie der IDW rückwirkend angewendet werden können. Der BGH hat sich mit dieser sowohl in der Rechtsprechung als auch Literatur konträr diskutierten Frage[761] einer rückwirkenden Anwendung von Bewertungsmethoden in seiner Entscheidung vom 29.9.2015 auseinandergesetzt, in der der BGH als Beschwerdeinstanz in einem Spruchverfahren zur Angemessenheit einer Barabfindung bei einem Squeeze-out zu entscheiden hatte.[762] Der BGH stellt in seiner Entscheidung fest, dass grundsätzlich auch fachliche Berechnungsweisen zugrunde gelegt werden können, die erst nach der Strukturmaßnahme, die den Anlass für die Bewertung gibt, und dem dafür bestimmten Bewertungsstichtag entwickelt wurden, sofern die neue Berechnungsweise im Sinne einer größeren Annäherung an den wahren Unternehmenswert besser geeignet sei und solange die neue Berechnungsweise nicht eine Reaktion auf nach dem Stichtag eingetretene und zuvor nicht angelegte wirtschaftliche oder rechtliche Veränderungen sei.[763] Der BGH geht insbesondere davon aus, dass durch das Heranziehen einer neuen Berechnungsweise – im vorliegenden Fall dem IDW S 1 2005 statt des IDW S 1 2000 – weder der Gedanke der Rechtssicherheit noch der Vertrauensschutz entgegenstehe.[764] Dies resultiert nach Ansicht des BGH bereits daraus, dass es Aufgabe der Bewertung sei, den „wahren" Wert des Unternehmens zu ermitteln. Dieses Bewertungsziel vertrage sich nicht mit einer Bindung an eine bestimmte Bewertungsmethode, auch wenn z.B. ein Abfindungsangebot bereits auf Basis einer bestimmten Bewertungsmethode ermittelt worden sei.[765] Auch das Stichtagsprinzip werde von der Schätzung auf Grund einer neuen Berechnungsweise nicht verletzt, solange die neue Berechnungsweise nicht eine Reaktion auf nach dem Stichtag eingetretene und zuvor nicht angelegte wirtschaftliche oder rechtliche

758 BGH NZG 2016, 139 (144).
759 Siehe hierzu *Fleischer*, AG 2016, 185 (188).
760 OLG Karlsruhe, 12.07.2013 – 12 W 57/10, BeckRS 2013, 13603.
761 Siehe zum Meinungsstand: *Fleischer*, AG 2016, 185 (186 ff.).
762 BGH NZG 2016, 139 (139 ff.).
763 BGH NZG 2016, 139 (142); siehe auch *Wüstemann/Brauchle*, BB 2016, 1644 (1644).
764 BGH NZG 2016, 139 (142).
765 BGH NZG 2016, 139 (142 f.).

Veränderungen, insbesondere in steuerlicher Hinsicht sei. Das Bewertungsziel einer dem „wahren" Wert möglichst nahekommende Schätzung zu erzielen, spreche für die Anwendung einer neuen Berechnungsmethode, wenn diese besser geeignet sei oder eine größere Annäherung an den „wahren" Unternehmenswert verspreche, oder sie Fehler oder Unzulänglichkeiten einer alten Berechnungsweise behebe.[766] Der BGH sah dies in dem ihm vorgelegten Fall als gegeben an und ging vom IDW S 1 2005 als geeigneterer Berechnungsweise gegenüber dem IDW S 1 2000 aus.

Die vorstehende Entscheidung des BGH hat, obwohl sie für eine lange diskutierte Frage nunmehr Rechtssicherheit gebracht hat, nicht nur Zustimmung gefunden. Hauptkritikpunkte sind vor allem die Themen Vertrauensschutz und Rechtssicherheit sowie ein Verstoß gegen das Stichtagsprinzip.

Diese Kritikpunkte sind m.E. jedoch unberechtigt. Der Entscheidung des BGH ist meines Erachtens im Kern zuzustimmen. Insbesondere können sich abfindungsberechtigte Aktionäre nicht auf Vertrauensschutz oder Rechtssicherheit berufen. Es gibt keinen Vertrauensschutz in bestehende Bewertungsmethoden. So hat der BGH bereits in seiner Entscheidung zu DAT/Altana deutlich gemacht, dass eine sog. unechte Rückwirkung infolge einer Änderung höchstrichterlicher Rechtsprechung im Privatrecht nur ganz ausnahmsweise unzulässig sei, nämlich dann, wenn sie für den Betroffenen existenzbedrohende Auswirkungen habe.[767] Dies ist in Fällen der Bemessung der Barabfindung aber nicht der Fall. Die abzufindenden Aktionäre sind bereits dadurch geschützt, dass eine einmal festgelegte Kompensation im Spruchverfahren nicht herabgesetzt, sondern nur erhöht werden kann.[768]

Ferner wird auch die Rechtssicherheit der abzufindenden Aktionäre – wie von einigen Gegenstimmen vorgebracht wird[769] – durch die rückwirkende Anwendung eines neuen Bewertungsstandards nicht tangiert. Der Gesetzgeber hat mit der Verwendung eines unbestimmten Rechtsbegriffs, nämlich der „angemessenen" Barabfindung, die Konkretisierung dieses Rechtsbegriffs bewusst den Gerichten überlassen. Eine Festlegung auf eine bestimmte Bewertungsmethode ist bewusst nicht erfolgt. Insofern muss der abzufindende Aktionär auch damit rechnen, dass mit Zeitablauf andere Parameter durch die Gerichte angesetzt werden können.[770]

Schlussendlich spricht auch das Stichtagsprinzip – wie es von einigen OLGs vertreten wird – nicht gegen eine nachträgliche Anwendung neuer Bewertungsstandards.[771] Das Stichtagsprinzip bezieht sich nur auf die Lage des Unternehmens einschließlich seines tatsächlichen und rechtlichen Umfeldes. Es wird daher, wie der BGH richtigerweise ausführt, von der Schätzung aufgrund einer neuen Berechnungsweise nicht verletzt, solange die neue Berechnungsweise nicht eine Reaktion

---

766 BGH NZG 2016, 139 (142 ff.).

767 BGH ZIP 2001, 734 (739).

768 *Fleischer*, AG 2016, 185 (193).

769 OLG München AG 2007, 411 (412); *Schwichtenberg/Krenek*, BB 2012, 2127 (2134).

770 Vgl. hierzu auch *Fleischer*, AG 2016, 185 (194).

771 Siehe hierzu: OLG Frankfurt AG 2014, 822 (824); OLG Düsseldorf AG 2014, 817 (818 f).

auf nach dem Stichtag eingetretene und zuvor nicht angelegte wirtschaftliche oder rechtliche Veränderungen, insbesondere steuerliche Veränderungen ist.[772]

Da der IDW S 1 2008 als wesentliche Bewertungsverfahren für die Unternehmensbewertung ebenfalls die Ertragswertmethode und das DCF-Verfahren aufführt, führt auch dies im Ergebnis wohl zu einer weiteren „Stärkung" beider Methoden in der Praxis der Gerichte.

E. Ergebnis

Die Rechtsprechung zur Unternehmensbewertung orientiert sich bei der Ermittlung des konkreten Unternehmenswertes einheitlich an den in der Wirtschaftswissenschaft anerkannten Methoden und deren Gebräuchlichkeit in der Praxis.

Bei den Wirtschaftsprüfern etabliert sich zunehmend die Praxis, eine Bewertung anhand der im IDW S 1 2008 niedergelegten Unternehmensbewertungsverfahren, dem Ertragswertverfahren sowie dem DCF-Verfahren, durchzuführen. Diese Verfahren, insbesondere das Ertragswertverfahren, sind trotz der hier erforderlich werdenden Zukunftsprognosen und den damit verbundenen Unwägbarkeiten die nach der Judikatur anerkanntesten Verfahren. Die Ertragswertmethode wird – innerhalb der zuvor aufgezeigten Grenzen – von allen Gerichten allgemein als eine zulässige Methode zur Unternehmensbewertung anerkannt. Dies entspricht im Übrigen auch der herrschenden Auffassung in der Literatur. Auch hier ist die Ertragswertmethode mittlerweile als eine mögliche Bewertungsmethode anerkannt.[773] Allerdings hat sich das rechtswissenschaftliche Schrifttum länger als die Rechtsprechung und die Betriebswirtschaftslehre[774] bis in die 1980er Jahre überwiegend noch zur Substanzwertmethode bekannt.[775]

Auch wenn es zum DCF-Verfahren bislang keine Entscheidungen gibt, ist mit Blick auf die zunehmende Globalisierung wahrscheinlich, dass dieses Verfahren neben dem Ertragswertverfahren eine immer größere Rolle spielen wird. Nach den oben aufgeführten Entscheidungen kann derzeit allerdings nicht davon ausgegangen werden, dass sich die Rechtsprechung grundsätzlich der Ertragswertmethode bzw. dem DCF-Verfahren als alleingültige Methoden der Unternehmensbewertung zuwenden wird.[776] Vielmehr geht die Rechtsprechung einheitlich davon aus, dass es

---

772 Siehe auch *Fleischer*, AG 2016, 185 (194 f.).

773 *Schulze-Osterloh*, ZGR 1986, 545 (550 ff.); *Neuhaus*, Unternehmensbewertung und Abfindung, S. 72 ff.; *Piltz*, Die Unternehmensbewertung in der Rechtsprechung, S. 16; *Hüttemann*, ZHR 162 (1998), 563 (563 ff.).

774 Diese hat sich bereits früh der Ertragswertmethode hingewendet. Vgl. z.B. *Moxter*, Grundsätze ordnungsgemäßer Unternehmensbewertung, S. 75 ff.; *Schulze-Osterloh*, ZGR 1986, 545 (550).

775 *Schulze-Osterloh*, ZGR 1986, 545 (550).

776 *Heller*, Die Beendigung freiberuflicher Sozietätsverhältnisse, S. 70 f.; *Großfeld*, Unternehmens- und Anteilsbewertung im Gesellschaftsrecht, S. 27; *Schulze-Osterloh*, ZGR 1986, 545 (546).

keine rechtlich vorgeschriebene Bewertungsmethode gibt.[777] Nach wie vor betonen sowohl der BGH, die oberinstanzlichen Gerichte wie auch das Bundesverfassungsgericht, dass der Tatrichter im Rahmen der von ihm vorzunehmenden Schätzung und der freien Beweiswürdigung des Gerichts bei der Ermittlung des „wirklichen Wertes des lebenden Unternehmens" nicht an eine bestimmte Bewertungsmethode gebunden ist.[778] Die Gerichte haben somit noch keine einheitlichen Grundsätze für eine Bewertung von Unternehmen im Rechtssinne gefunden.[779]

Nicht beschäftigt hat sich die Rechtsprechung bislang mit der Frage, ob es im Rahmen der diversen Bewertungsanlässe wie der Abfindung von Gesellschaftern beim Ausscheiden aus einer Gesellschaft, bei Umwandlungen, der Einbringung eines Unternehmens als Sacheinlage bei der Gründung oder im Rahmen einer Kapitalerhöhung jeweils eine Bewertungsmethode gibt, die dem jeweiligen Bewertungszweck am ehesten gerecht wird und daher grundsätzlich Anwendung finden sollte. Mit Blick auf die bisherige Rechtsprechung lässt sich aber die Vermutung aufstellen, dass es nach der Rechtsprechung wohl keine Bewertungsmethode gibt, die aus rechtlichen Gründen mit Blick auf einen bestimmten Bewertungsanlass vorzugswürdig ist und der jeweilige Tatrichter auch hier nicht an eine bestimmte Bewertungsmethode gebunden sein soll bzw. seitens der Gerichte eine Präferenz hin zur Ertragswertmethode besteht. Dies würde zumindest auf einer Linie mit der bisherigen Rechtsprechung zur Unternehmensbewertung liegen.

Auch die Literatur hat sich mit dieser Frage bis dato nicht vertiefend auseinandergesetzt.

Diese Frage soll daher im folgenden Abschnitt anhand von zwei ausgewählten Bewertungsanlässen aus dem Kapitalgesellschaftsrecht näher beleuchtet werden.

---

777 BGH DB 1978, 974 (976); BGH WM 1991, 283 (284); BGHZ 116, 359 (371); *Kamanabrou* in: Oetker, Handelsgesetzbuch, § 131, Rn. 59; *Heller*, Die Beendigung freiberuflicher Sozietätsverhältnisse, S. 70 f.; *K. Schmidt* in: MüKo, HGB, § 131, Rn. 139.

778 BGH WM 1979, 432 (433); BGH WM 1991, 283 (284); BGH NZG 2006, 425 (426); BGH WM 1977, 781 (782); *Kamanabrou* in: Oetker, Handelsgesetzbuch, § 131, Rn. 59; *Heller*, Die Beendigung freiberuflicher Sozietätsverhältnisse, S. 70 f.; *Piehler/ Schulte* in: MünchHdbGesR, Band 1, § 75, Rn. 23.

779 Vgl. *Hüttemann*, ZHR 162 (1998), 563 (568).

§ 4 Anwendbarkeit einer einheitlichen Bewertungsmethode bei verschiedenen Bewertungsanlässen

Die herrschende funktionale Bewertungslehre geht von der Zweckbezogenheit der Unternehmensbewertung aus. Nur eine Bewertungsmethode, die dem Zweck des jeweiligen Bewertungsanlasses und dem jeweiligen Bewertungsziel – Ermittlung eines objektiven oder eines subjektiven Werts – gerecht wird, kann als eine geeignete Bewertungsmethode angesehen werden. Das Recht, auch wenn eine ausdrückliche Regelung fehlen mag, nimmt somit direkt oder indirekt Einfluss auf die anzuwendende Bewertungsmethode.[780] Der Zweck des Bewertungsanlasses ist somit entscheidend für die Ermittlung des Bewertungsziels und hieran anknüpfend für die Auswahl der „richtigen" Bewertungsmethode. Ist Ziel der Unternehmensbewertung eine objektive Bewertung, kommen nur Bewertungsmethoden in Betracht, die möglichst frei von subjektiven Elementen sind. Ist Ziel hingegen eine subjektive Bewertung, scheiden für die Bewertung die objektiv geprägten Bewertungsmethoden aus. Vor dem Hintergrund des Bewertungszwecks und des Bewertungsziels kann somit zwischen richtigen und falschen Bewertungsmethoden unterschieden werden.[781]

Dementsprechend soll im Folgenden anhand zweier Beispiele aus dem Bereich des Kapitalgesellschaftsrechts herausgearbeitet werden, was jeweils Schutzzweck des jeweiligen Bewertungsanlasses ist bzw. wessen Schutz der jeweilige Bewertungsanlass jeweils dient. Basierend hierauf soll zunächst ermittelt werden, welche Auswirkungen der ermittelte Schutzzweck auf den der Unternehmensbewertung zugrunde zu legenden Wertbegriff hat. Findet im Rahmen der verschiedenen Bewertungsanlässe jeweils der gleiche Wertbegriff Anwendung oder gibt es Unterschiede?

Anschließend soll anhand dieser Fallbeispiele überprüft werden, ob es eine einheitliche Bewertungsmethode, die gleichermaßen bei verschiedenen Bewertungsanlässen unter Berücksichtigung des jeweiligen Schutzzwecks und des ermittelten Wertbegriffs Anwendung finden kann, gibt, oder ob sich im Hinblick auf den mit einem Bewertungsanlass verfolgten Bewertungszweck jeweils eine als vorzugswürdig anzusehende, da dem jeweiligen Bewertungszweck am ehesten gerecht werdende Bewertungsmethode feststellen lässt und hieraus ggf. allgemeine Grundsätze für eine Unternehmensbewertung im Rechtssinne abgeleitet werden können, die im Rahmen aller Bewertungsanlässe Anwendung finden können.

---

780 *Piltz*, Die Unternehmensbewertung in der Rechtsprechung, S. 98.

781 *K. Schmidt*, Gesellschaftsrecht, § 50 IV. 1. d), S. 1477.

A. Abfindung eines ausscheidenden GmbH-Gesellschafters im Fall der Einziehung

I. Schutzzweck des Bewertungsanlasses

Im Fall der (freiwilligen oder unfreiwilligen) Einziehung von Geschäftsanteilen gemäß § 34 GmbHG ist analog § 738 Abs. 1 S. 2 BGB eine Abfindung an den ausscheidenden Gesellschafter zu zahlen.[782] Diese im Fall der (freiwilligen oder unfreiwilligen) Einziehung an den ausscheidenden Gesellschafter zu zahlende Abfindung dient dem Schutz des ausscheidenden Gesellschafters. Die Einziehung führt zur Vernichtung des Geschäftsanteils und zum Untergang der Mitgliedschaftsrechte und -pflichten.[783] Sinn und Zweck der Abfindung ist es, diesen Verlust der Mitgliedschaft des Gesellschafters in wirtschaftlicher Hinsicht adäquat zu kompensieren.[784] Der ausscheidende Gesellschafter soll einen adäquaten Ausgleich für den eingezogenen Geschäftsanteil und damit den Verlust seiner Mitgliedschaftsrechte erhalten.[785] Die Einziehung seiner Geschäftsanteile darf zu keiner wirtschaftlichen Schädigung des ausscheidenden Gesellschafters führen.

Der Schutz des ausscheidenden Gesellschafters wird dadurch gewährleistet, dass sowohl die zwangsweise Einziehung wie auch die freiwillige Einziehung von Geschäftsanteilen gemäß § 34 GmbHG nur zugelassen werden, wenn eine entsprechende Festsetzung im Gesellschaftsvertrag erfolgt.[786] Weiter bedarf es grundsätzlich eines Gesellschafterbeschlusses und einer Mitteilung dieses Beschlusses an den betroffenen Gesellschafter.[787] Damit hat der Gesetzgeber zwar die Möglichkeit einer Einziehung von Geschäftsanteilen geschaffen, um dem Bedürfnis der Gesellschaft Rechnung zu tragen, in bestimmten Situationen einen Geschäftsanteil vernichten zu können, insbesondere um den Ausschluss eines Gesellschafters bei Vorliegen vorab bestimmter Voraussetzungen vornehmen zu können,[788] allerdings nur, wenn der Gesellschafter hierfür auch eine dem vollen Wert des Geschäftsanteils entsprechende Abfindung erhält und er zuvor durch den Gesellschaftsvertrag über die potentiellen Möglichkeiten einer Einziehung informiert wird.[789]

---

782 Siehe die Ausführungen unter § 2 A.II.3.a).

783 *Wicke* in: Wicke, GmbHG, § 34, Rn. 2.

784 *Grunewald*, Der Ausschluss aus Gesellschaft und Verein, S. 86; *Kraft/Kreutz*, Gesellschaftsrecht, S. 162.

785 Siehe die Ausführungen unter Ziffer § 2 A.I.2. u. § 2 A.II.3.a).

786 *Strohn* in: MüKo, GmbHG, § 34, Rn. 7.

787 *Strohn* in: MüKo, GmbHG, § 34, Rn. 7.

788 Vgl. *Fleischer* in: Henssler/Strohn, Gesellschaftsrecht, § 34 GmbHG, Rn. 1. Die Zwangseinziehung ist der weitaus häufigere Fall der Einziehung.

789 *Strohn* in: MüKo, GmbHG, § 34, Rn. 7 u. 205.

Diesem Schutzzweck der Norm muss auch bei der Unternehmensbewertung Rechnung getragen werden. Die Unternehmens- oder Anteilsbewertung zur Bestimmung der Höhe der Abfindung muss normzweckadäquat erfolgen.[790]

Ob der Sinn und Zweck der Norm im Rahmen der Abfindung von Gesellschaftern bei der Einziehung tatsächlich berücksichtigt wird und wie sich dieser Schutz des ausscheidenden Gesellschafters auf die Unternehmensbewertung auswirkt, soll im Folgenden näher betrachtet werden.

II. Objektiver Wert im Sinne des Verkehrswerts

Legt man die zuvor angestellten Überlegungen zugrunde, ist zunächst zu klären, welcher Wertbegriff bei der Abfindung des ausscheidenden GmbH-Gesellschafters Anwendung findet. Hierzu sollen die rechtlichen Bewertungsvorgaben für die Abfindungszahlung im Rahmen der Einziehung gemäß § 34 GmbHG näher betrachtet werden. Anschließend ist zu überprüfen, welche Bewertungsmethode dem ermittelten Wertbegriff Rechnung trägt und damit dem Normzweck der gesetzlichen Regelung entspricht.

Nach herrschender Meinung in der Rechtsprechung ist zur Bemessung der Abfindungshöhe auf den „wirklichen Wert des lebenden Unternehmens als Einheit“ abzustellen bzw. vom „vollen“ Wert des Unternehmens auszugehen.[791] Der BGH hat in einem Urteil vom 16.12.1991 entschieden, dass der ausscheidende Gesellschafter von der Gesellschaft entsprechend dem in § 738 Abs. 1 S. 2 BGB zum Ausdruck kommenden Grundsatz den vollen wirtschaftlichen Wert seiner Beteiligung als Abfindung verlangen könne, soweit der Gesellschaftsvertrag keine davon abweichende, seine Höhe beschränkende Abfindungsklausel enthalte.[792] Dies ist heute allgemein anerkannt.[793] Es gilt das Gebot vollwertiger Abfindung. Es ist somit auf den objektiven Wert abzustellen. Dieser „volle“ bzw. „wirkliche Wert des lebenden Unternehmens als Einheit“ entspricht nach der Rechtsprechung des BGH dem Preis, der bei einem Verkauf des Unternehmens als Einheit erzielt würde.[794] Das ist mithin

790 *Piltz*, Die Unternehmensbewertung in der Rechtsprechung, S. 98; *Großfeld*, Recht der Unternehmensbewertung, Rn. 181 f.; *Ränsch*, AG 1984, 202 (204); *Paulsen* in: MüKo, AktG, § 305, Rn. 75 f.; *Rabel* in: FS Mandl, S. 509 (512); *Hüttemann* in: FS Hoffmann-Becking, S. 603 (603 ff.); *Adolff*, Unternehmensbewertung im Recht der börsennotierten Aktiengesellschaft, S. 4 f.

791 BGHZ 17, 130 (136); BGH WM 1984, 1506 (1506); BGHZ 116, 359 (379).

792 BGHZ 116, 359 (365 ff.).

793 BGHZ 116, 359 (365); *Ulmer* in: Großkommentar GmbHG, § 34, Rn. 72; *Westermann* in: Scholz, GmbHG, § 34, Rn. 25; *Lutter/Kleindiek* in: Lutter/Hommelhoff, GmbHG, § 34 Rn. 78; *Spitze*, Der Ausschluß eines GmbH-Gesellschafters, S. 99; *Fastrich* in: Baumbach/Hueck, GmbHG, § 34, Rn. 22.

794 BGH NJW 1985, 192 (193).

der Verkehrswert, also der „gemeine Wert“.[795] Dies entspricht dem Sinn und Zweck der Abfindung, den Verlust der Mitgliedschaft des Gesellschafters in wirtschaftlicher Hinsicht adäquat zu kompensieren.

Auf die Abfindung bei der Einziehung eines GmbH-Geschäftsanteils übertragen, ist das der Preis, der gezahlt würde, wenn der in Rede stehende GmbH-Anteil an einen Dritten veräußert würde.[796] Hüttemann formuliert sogar allgemein, dass eine „Unternehmensbewertung im Rechtssinne von der Vorstellung des gemeinen Wertes im Sinne des Verkehrswertes ausgehen muss. Das Unternehmen ist danach grundsätzlich (...) auf der Grundlage einer fiktiven Veräußerung zu bewerten.“[797]

III. Der Verkehrswert – eine geeignete Bewertungskategorie?

Es ist aber fraglich, ob der Verkehrswert tatsächlich eine geeignete Wertkategorie darstellt.

Gegen den Verkehrswert als eine geeignete Wertkategorie sprechen mehrere Argumente. Zum einen lässt sich der Verkehrswert nur für vertretbare Sachen, für die es einen Marktpreis gibt, ohne allzu große Probleme ermitteln. Unternehmen sind dagegen höchst individuelle Güter; einen ähnlich einem Börsenkurs – leicht feststellbaren, quasi jederzeit und überall zu erzielenden Marktpreis für ein Unternehmen bzw. GmbH-Anteile gibt es nicht.[798] Denkbar wäre im Sinne von Hüttemann allenfalls eine Ermittlung des Veräußerungspreises anhand eines fiktiven Marktpreises, also des Preises, der sich bei einem fiktiven Verkauf des Unternehmens (an einen Dritten) und einer anschließenden quotalen Umlegung dieses Preises auf die einzelnen Anteile (indirekte Methode) ergeben würde.[799] Andere stellen darauf ab, was ein normadäquat typisierter Dritter für das Gesellschaftsvermögen in seiner Gesamtheit bezahlt hätte.[800] Allerdings stellt sich sowohl beim Abstellen auf einen fiktiven Dritten als auch beim Abstellen auf einen normadäquat typisierten Dritten die Schwierigkeit, wie ein solcher fiktiver Preis ermittelt werden soll,[801] insbesondere wie ein typischer Unternehmenskäufer zu definieren ist.[802] Hier ergibt sich ein sehr weitgehender Spielraum, abhängig von den Anforderungen, die an den Ablauf der fiktiven Veräußerungssituation wie auch an den potenziellen Unternehmenskäufer

---

795 BGHZ 75, 195 (199); BGHZ 116, 359 (370 f.); *Westermann* in: Scholz, GmbHG, § 34, Rn. 25.

796 *Fastrich* in: Baumbach/Hueck, GmbHG, § 34, Rn. 22; *Lutter/Kleindiek* in: Lutter/Hommelhoff, GmbHG, § 34, Rn. 78.

797 *Hüttemann*, ZHR 162 (1998), 563 (582).

798 *Schildbach*, WPg 1983, 493 (495); *Ruthardt/Hachmeister*, NZG 2014, 885 (886); *Ullrich*, Abfindung und Börsenkurs, S. 31.

799 *Hüttemann*, ZHR 162 (1998), 563 (582).

800 *Adolff*, Unternehmensbewertung im Recht der börsennotierten Aktiengesellschaft, S. 367.

801 *Ullrich*, Abfindung und Börsenkurs, S. 31.

802 *Ruthardt/Hachmeister*, NZG 2014, 885 (887).

gestellt werden. Diese Anforderungen haben auch Einfluss auf die Parameter der jeweiligen Bewertungsmethode und damit auf das Ergebnis der jeweiligen Bewertung.

Zum anderen stellt sich gerade auch unter dem Gesichtspunkt des Schutzzwecks der Norm die Frage, ob der Verkehrswert tatsächlich eine geeignete Bewertungskategorie für die Bestimmung des Unternehmenswertes im Rahmen der Abfindung sein kann. Der Verkehrswert fragt nämlich, unabhängig davon, ob auf eine fiktive Veräußerungssituation abgestellt wird oder nicht, gerade nicht nach dem jeweiligen Bewertungsanlass. Mit dem Verkehrswert wird ein Wert ermittelt, der sich allein an den Interessen fremder Dritter orientiert und nicht an den Interessen der jeweils beteiligten Rechtssubjekte.[803] Wie zuvor bereits dargestellt, hängt aber nach der auch in der juristischen Literatur und Rechtsprechung anerkannten Funktionenlehre der Wert eines Unternehmens immer vom jeweiligen Zweck der Bewertung ab. Dies ist aus juristischer Sicht mit Blick auf die Lehre vom Schutzzweck der Norm nachvollziehbar. Die Wertermittlung im Ganzen muss dem Sinn der gesetzlichen Regelung entsprechen.[804]

Bei der Einziehung handelt es sich grundsätzlich um eine dominierende Konfliktsituation, bei der der ausscheidende Gesellschafter zu schützen ist, da die Änderung der Eigentumsverhältnisse aufgrund der rechtlichen oder faktischen Verhältnisse grundsätzlich ohne den ausscheidenden Gesellschafter durch die Gesellschafterversammlung beschlossen werden kann. Diese dominierende Konfliktsituation hat ihren Ursprung im Verhältnis zwischen den verbleibenden Gesellschaftern und dem ausscheidenden Gesellschafter. Die Bewertung ist Teil dieser Rechtsbeziehung zwischen den Gesellschaftern, hier also zwischen dem ausscheidenden und den verbleibenden Gesellschaftern. Der Grenzpreis eines fiktiven bzw. typischen (dritten) Unternehmenskäufers hat jedoch keinerlei Bezug zum jeweiligen Bewertungsanlass. Damit würden die subjektiven Interessen des durch die Zahlung der Abfindung grundsätzlich zu schützenden ausscheidenden Gesellschafters aber völlig außen vor bleiben. Aber müssen nicht gerade diese berücksichtigt werden, um dem Sinn und Zweck der jeweiligen Abfindungsvorschrift auch tatsächlich gerecht zu werden? Muss den individuellen Interessen des ausscheidenden Gesellschafters nicht ein stärkeres Gewicht bei der Bestimmung des Wertes beigemessen werden, um dem Zweck der Norm gerecht zu werden, als es bei einer Bemessung der Abfindung auf Grundlage des Verkehrswertes der Fall ist?

Damit gelangt man zu der Grundfrage nach der rechtlich relevanten Bewertungsperspektive. Klar ist, dass jeder Unternehmenswert „eignerbezogen" ist.[805] Ein Unternehmen ist eine vom jeweiligen Unternehmensträger bestimmte „Zusammenfassung von Sachen, Rechten und Personen". Dieser bestimmt auch die Unternehmensziele

---

803 *Hüttemann*, ZHR 162 (1998), 564 (574 f.).

804 *Piltz*, Die Unternehmensbewertung in der Rechtsprechung, S. 98; *Großfeld*, Recht der Unternehmensbewertung, Rn. 181 f.; *Ränsch*, AG 1984, 202 (204); *Paulsen* in: MüKo, AktG, § 305, Rn. 76; *Rabel* in: FS Mandl, S. 509 (512); *Hüttemann* in: FS Hoffmann-Becking, S. 603 (603 ff.); *Adolff*, Unternehmensbewertung im Recht der börsennotierten Aktiengesellschaft, S. 4 f.

805 *Moxter*, Grundsätze ordnungsgemäßer Unternehmensbewertung, S. 23 ff.

und die Unternehmenspolitik. Dementsprechend gibt es keinen allgemeinen Unternehmenswert, keinen Wert des Unternehmens an sich. Der Wert des Unternehmens kann immer nur auf der Grundlage bestimmter Annahmen ermittelt werden, die auf die Person des Unternehmensträgers bezogen sind.[806]

Sind daher mit den Vertretern der subjektiven Bewertungslehre[807] auch die subjektiven Interessen der beteiligten Rechtssubjekte zu berücksichtigen? D.h. ist auf die Perspektive des ausscheidenden Gesellschafters oder der verbleibenden Gesellschafter abzustellen? Oder ist auf die Perspektive eines fiktiven bzw. normadäquat typisierten Dritten als Erwerber abzustellen, wie es bei einem Abstellen auf den Verkehrswert als Wertmaßstab der Fall wäre? Des Weiteren könnte auch auf einen Einigungswert, der sich jeweils aus den subjektiven Grenzpreisen beider Parteien ableiten lässt, abzustellen sein.[808] Die Vertreter des Einigungswertes berufen sich gerade auf den Sinn und Zweck der Abfindungsvorschriften. Erst durch den anhand der subjektiven Interessen der beteiligten Rechtssubjekte ermittelten Einigungswert werde dem Sinn und Zweck der Norm gebührend Rechnung getragen.[809] Neuhaus stellt daher im Hinblick auf § 738 Abs. 1 S. 2 BGB nicht auf den fiktiven Fall des Verkaufs des Unternehmens an einen Dritten im Rahmen einer fiktiven Auseinandersetzung ab, „sondern auf den tatsächlichen Vorgang des Übergangs des Unternehmens auf die verbleibenden Gesellschafter".[810]

Im Folgenden soll daher näher beleuchtet werden, welchem Bewertungskonzept zu folgen ist. Hierzu bedarf es einer genaueren Betrachtung der Vorgaben der Rechtsordnung.

IV. Normzweckadäquate Abfindungsbemessung anhand des Verkehrswertes

1. Vorgaben der Rechtsordnung

a) Vorgaben des BGB

Die Rechtsordnung stellt bei der Bewertung von Vermögensgegenständen grundsätzlich auf den „gemeinen Wert" und damit den Verkehrswert ab.[811] Dieses Verständnis entspricht auch der Vorstellungen des Gesetzgebers des BGB, der davon

806 *Moxter*, Grundsätze ordnungsgemäßer Unternehmensbewertung, S. 26 ff.
807 *Großfeld*, JZ 1981, 641 (641 ff.); *Großfeld*, Anteils- und Unternehmensbewertung im Gesellschaftsrecht, S. 14; *Meilicke*, Die Barabfindung für den ausgeschlossenen oder ausscheidungsberechtigten Minderheits-Kapitalgesellschafter, S. 53 ff.
808 *Hüttemann*, ZHR 162 (1998), 563 (570 ff.).
809 *Neuhaus*, Unternehmensbewertung und Abfindung, S. 60 f.
810 *Neuhaus*, Unternehmensbewertung und Abfindung, S. 60 f.
811 *Ennecerus/Nipperdey*, BGB AT, S. 853: „Objektiver Wert ist der Wert, den der Gegenstand mit Rücksicht auf Zeit und Ort für jedermann hat (pretium commune, gemeiner Wert). Um ihn handelt es sich, wenn das BGB von Wert spricht."; *Hüttemann*, ZHR 162 (1998), 563 (575).

ausging, dass der Begriff des Wertes an sich für das Privatrecht gegeben sei und im Allgemeinen auch nicht zweifelhaft sei. Eine allgemeine Vorschrift über den Wert im BGB sei daher entbehrlich. Nur in den Fällen, in denen die Ersatzpflicht auf einen höheren als den gemeinen Wert erstreckt werde, bedürfe es einer gesetzlichen Definition des gemeinen Wertes.[812]

Der Gesetzgeber ist somit eindeutig, was den „gemeinen Wert“ und damit den Verkehrswert als Bewertungskategorie angeht. Es muss auf die Perspektive eines fiktiven Dritten als Erwerber abgestellt werden. Die subjektiven Interessen der beteiligten Rechtssubjekte und damit deren jeweilige Bewertungsperspektive spielen keine Rolle. Ein Abweichen vom Verkehrswert als Bewertungskategorie ist lediglich dann zulässig, wenn sich aus dem Sinn und Zweck der im jeweiligen Bewertungsfall anzuwendenden Bewertungsvorschriften etwas anderes ergibt.[813]

b) Vorgaben von § 738 Abs. 1 S. 2 BGB analog

Daher stellt sich die Frage, ob sich vorliegend aus dem Sinn und Zweck der Vorschrift des § 738 Abs. 1 S. 2 BGB, die im Fall der Abfindung von GmbH-Gesellschaftern analog anzuwenden ist, etwas Anderes ergibt.

Gemäß § 738 Abs. 1 S. 2 BGB ist dem ausscheidenden Gesellschafter „dasjenige zu zahlen, was er bei der Auseinandersetzung erhalten würde, wenn die Gesellschaft im Zeitpunkt seines Ausscheidens aufgelöst worden wäre“. Wie unter § 2 A.I.3.b) ausgeführt, ist nach dem Wortlaut des § 738 Abs. 1 S. 2 BGB somit zwar auf den Liquidationswert abzustellen, nach heute herrschender Meinung ist jedoch auf den Fortführungswert abzustellen.

Das Gesetz stellt auf die fiktive Situation des Erwerbs durch einen potentiellen Dritten im Fall der Liquidation ab, sofern das Unternehmen nicht liquidiert wird. Damit sind nach dem Gesetz die Vorstellungen eines fiktiven Dritten von der Fortführung des Unternehmens von alleiniger Relevanz. Allein dessen Fortführungskonzept von der Gesellschaft ist entscheidend. Aus diesem Grund ist aber auch der Kaufpreis relevant, den der fiktive Dritte für das Unternehmen bereit ist zu zahlen. Auf die subjektiven Vorstellungen des ausscheidenden Gesellschafters stellt das Gesetz nicht ab. Vielmehr spielen dessen Vorstellung von der Fortsetzung des Unternehmens bei Auflösung der Gesellschaft keine Rolle mehr. Der ausscheidende Gesellschafter soll gerade nicht so stehen, wie er im Fall seines weiteren Verbleibens in der Gesellschaft stehen würde. Denn mit der Liquidation endet seine Mitgliedschaft in der Gesellschaft. Die gesetzliche Abfindung nach § 738 BGB ist also keine Entschädigung für den Verlust der Mitgliedschaft im Sinne von „Schadenersatz“.[814]

---

812 *Mugdan*, Materialien zum BGB, Bd. 3, S. 14 (17).

813 *Hüttemann*, ZHR 162 (1998), 563 (575).

814 *Grunewald*, Der Ausschluss aus Gesellschaft und Verein, S. 90 f.; *Hüttemann*, ZHR 162 (1998), 563 (577).

Problematisch ist mit Blick auf die subjektiven Grenzwerte der Gesellschafter auch, wie genau diese ermittelt werden sollen.[815] Das den Grenzpreisen anhaftende subjektive Element kann jeweils aus der Privatsphäre einer Partei stammen oder ihren Ursprung in der Gesellschafterstellung haben. Eine derart subjektive Grenzpreisermittlung ist kaum möglich. Zum einen ist nur schwer vorstellbar, dass eine Partei alle ihre subjektiven Beweggründe, die in den Grenzpreis einfließen und die teilweise sehr privat sein können, einem Gutachter mitteilen wird.[816] Zum anderen können die Parteien auch falsche Aussagen über ihre subjektiven Grenzpreise machen, um den jeweiligen Schiedspreis zu ihren Gunsten zu manipulieren.[817] Derartige Manipulationen sind kaum feststellbar.[818]

Auch das Konzept vom Einigungswert scheitert bereits an den vorgenannten Überlegungen. Dem Konzept des Einigungswertes liegt die Überlegung zugrunde, dass die Parteien sich in einer Kaufsituation befinden, in dem für das Unternehmen anhand der subjektiven Grenzwerte der Parteien ein fairer, angemessener Kaufpreis gesucht wird.[819] Während sich auch hier wieder die Frage nach der Ermittlung der subjektiven Grenzwerte stellt, ergibt sich ferner aus der Norm des § 738 Abs. 1 S. 2 BGB, dass man sich nicht in einer Kaufsituation, sondern in einer Auseinandersetzungssituation befindet.[820] Dementsprechend widerspricht ein Abstellen auf den Einigungswert sogar dem Sinn und Zweck der Norm.

Neuhaus schlägt sogar vor, den Unternehmenswert anhand der Fortführungskonzeption der verbleibenden Gesellschafter zu ermitteln[821] und sieht diesen Wert zugleich als Wertobergrenze an.[822] Deshalb seien auch höhere Kaufangebote Dritter bei der Berechnung der Abfindung nicht zu berücksichtigen.[823]

Während dieser Überlegung bereits entgegensteht, dass sich für ein Abstellen auf die Fortführungskonzepte der verbleibenden Gesellschafter keine Anhaltspunkte im Gesetz finden, würde bei dieser Art der Wertermittlung im Übrigen der Schutzzweck der Norm völlig unterlaufen. Würde man auf die Fortführungskonzeption der verbleibenden Gesellschafter und ihre Prognosen, Handlungsalternativen und ihre Risikoneigung abstellen, so würde die Höhe der Abfindung vom Gutdünken und der Unternehmensführungskompetenz der verbleibenden Gesellschafter abhängen.

---

815 *Schildbach* in: FS Sieben, S. 301 (305 f.).

816 Vgl. *Ruthardt*, Normzweckkonforme Unternehmensbewertung, S. 37.

817 *Ballwieser/Leuthier*, DStR 1986, 545 (550); *Schildbach* in: FS Sieben, S. 301 (305 f.); *Rabel* in: FS Mandl, S. 509 (513).

818 *Rabel* in: FS Mandl, S. 509 (513); *Ruthardt*, Normzweckkonforme Unternehmensbewertung, S. 37 f.

819 *Grunewald*, Der Ausschluss aus Gesellschaft und Verein, S. 87 f.; *Hüttemann*, ZHR 162 (1998), 563 (577).

820 *Grunewald*, Der Ausschluss aus Gesellschaft und Verein, S. 87 f.; *Hüttemann*, ZHR 162 (1998), 563 (577).

821 *Neuhaus*, Unternehmensbewertung und Abfindung, S. 96.

822 *Neuhaus*, Unternehmensbewertung und Abfindung, S. 112.

823 *Neuhaus*, Unternehmensbewertung und Abfindung, S. 96 f.

Würden diese die Ressourcen der Gesellschaft nur suboptimal nutzen, so würde dies den Unternehmenswert entsprechend reduzieren und damit zu Lasten des ausscheidenden Gesellschafters gehen. Dies ist von § 738 BGB jedoch nicht gewollt. Vielmehr verweist § 738 BGB ausdrücklich auf eine fiktive Liquidation. Aber auch bei einer Liquidation hat jeder Gesellschafter das Recht, auf die vorteilhafteste Verwertung des Gesellschaftsvermögens zu drängen.[824] Es ist nicht einzusehen und würde darüber hinaus auch dem Sinn und Zweck der Norm widersprechen, warum der ausscheidende Gesellschafter nicht an der Möglichkeit partizipieren soll, das Unternehmen an einen Dritten zu einem höheren Preis als dem Grenzpreis der verbleibenden Gesellschafter zu veräußern.[825] Hierfür spricht auch, dass im Rahmen der Auseinandersetzung die Gesellschafter, die das Unternehmen fortführen wollen, nur dann ein Recht auf den Erwerb des Unternehmens im Ganzen aus der Liquidationsmasse hätten, wenn sie mindestens den Preis zu zahlen bereit wären, den auch ein Dritter geboten hätte.[826]

Auch das Reichsgericht hatte bereits Anfang des letzten Jahrhunderts den Rechtsgedanken zu § 738 BGB statuiert, dass ein ausscheidender Gesellschafter den anteiligen Preis erhalten müsse, der bei einer Veräußerung des Unternehmens zu erzielen gewesen wäre.[827] Es ist anerkannt, dass dieser Rechtsgedanke über die BGB-Gesellschaft hinaus auch im Hinblick auf das Ausscheiden aus einer GmbH oder AG Geltung erlangt.[828] Auch nach Ansicht des BGH ist der Unternehmenswert zu ermitteln, der bei einer möglichst vorteilhaften Verwertung des Unternehmens am Bewertungsstichtag erzielbar gewesen wäre.[829] Der Verkehrswert des Unternehmens würde in diesem Fall dem voraussichtlichen Grenzpreis eines typischen Unternehmenserwerbers entsprechen.[830] Maßgeblich wäre „die Bewertung der Zielgesellschaft aus Sicht eines Dritten, der im Rahmen einer fiktiven Auktion für das ganze Unternehmen going-concern den höchsten Preis zu zahlen bereit wäre".[831]

Den Interessen des abzufindenden Gesellschafters und damit dem Schutzzweck der Norm wird insoweit Rechnung getragen, als das auf den höchst erzielbaren Verkaufswert abgestellt wird. Hiergegen ließe sich zwar argumentieren, der ausscheidende

---

824 RG v. 13.11.1908 Warn. 1909 Nr. 138, S. 127 f.; *Hüttemann*, ZHR 162 (1998), 563 (577).

825 *Hüttemann*, ZHR 162 (1998), 563 (577).

826 RG v. 13.11.1908 Warn. 1909 Nr. 138, S. 127 f.; *Hüttemann*, ZHR 162 (1998), 563 (577).

827 RGZ 106, 128 (132).

828 BGH NJW 1967, 1464 (1464); *Kropff*, DB 1962, 155 (156); *Adolff*, Unternehmensbewertung im Recht der börsennotierten Aktiengesellschaft, S. 357 ff.

829 RGZ 106, 128 (132); BGH NJW 1967, 1464 (1464); OLG Düsseldorf WM 1984, 732 (733). Siehe auch *Hüttemann*, ZHR 162 (1998), 563 (588) sowie *Meilicke*, Die Barabfindung für den ausgeschlossenen oder ausscheidungsberechtigten Minderheits-Kapitalgesellschafter, S. 74 ff. die beide von „bestmöglicher" Verwertung sprechen.

830 *Ruthardt/Hachmeister*, NZG 2014, 885 (887).

831 *Meilicke*, ZIP 2014, 605 (611).

und abzufindende Gesellschafter werde bevorzugt, da ihm bei einem Verbleib im Unternehmen unter Umständen der Verkauf des lebenden Unternehmens als Einheit gegen den Willen seiner Mitgesellschafter gegebenenfalls nicht möglich gewesen wäre.[832] Diese Ansicht lässt allerdings unberücksichtigt, dass der oder die verbleibenden Gesellschafter eine juristische Sekunde nach dem Ausscheiden des abzufindenden Gesellschafters das ganze Unternehmen verkaufen und somit den oben genannten Wert realisieren könnten.[833] Durch eine Abfindung nach dem wirklichen Wert des lebenden Unternehmens als Einheit wird im Ergebnis eine Bereicherung der verbleibenden Gesellschafter vermieden.[834]

2. *Ergebnis*

Im Ergebnis kann damit weder auf die Perspektive der verbleibenden Gesellschafter noch auf die Perspektive des ausscheidenden Gesellschafters abgestellt werden noch ist ein Einigungswert aus beiden Grenzpreisen relevant. Das Gesetz stellt eindeutig auf den Grenzpreis ab, den ein fiktiver Dritter im Fall der Auflösung der Gesellschaft maximal bereit wäre zu zahlen und damit auf den „gemeinen Wert" bzw. den „Verkehrswert". Das Unternehmen ist damit grundsätzlich unabhängig vom Standpunkt der Parteien zu bewerten. Mit dem Abstellen auf den Verkehrswert wird dem Sinn und Zweck der Norm entsprochen und den Interessen des ausscheidenden Gesellschafters ein normzweckadäquater Schutz geboten. Allein so wird sichergestellt, dass der abzufindende Gesellschafter einen normzweckadäquaten Gegenwert für den Verlust seiner Mitgliedschaftsrechte im Sinne eines „vollen" Werts erhält. Im Übrigen sprechen mit Blick auf die mit der Ermittlung subjektiver Grenzpreise verbundenen Probleme auch Praktikabilitätserwägungen für den Verkehrswert als Bewertungsmaßstab.

V. Typisierung des fiktiven Unternehmenserwerbers

Mit der Identifizierung des Verkehrswertes als Bewertungsmaßstab für die Höhe der Abfindung bei der Einziehung ist aber das zu Beginn aufgeworfene Problem, welche Anforderungen an den fiktiven Dritten als Unternehmenserwerber zu stellen sind, noch nicht gelöst. Abhängig von den Annahmen die im Hinblick auf den idealisierten, potenziellen Unternehmenskäufer getroffen werden, ergeben sich unterschiedlich hohe Verkehrswerte. Geht man z.B. von der Bewertung eines Unternehmens nach der Ertragsprognose aus, sind bestimmte Anforderungen an den fiktiven Unternehmenserwerber zu stellen. Ist von einem fiktiven Unternehmer auszugehen, der alle Entwicklungsmöglichkeiten des Unternehmens ausschöpft und

832 *Meilicke*, ZIP 2014, 605 (611).
833 *Meilicke*, ZIP 2014, 605 (611).
834 *Kober* in: Staudinger, BGB, § 738, II.2.b).

sich bietende Verbundvorteile nutzt oder ist von einem Unternehmer auszugehen, der das „vorhandene Unternehmenskonzept" einfach auf Dauer fortführt?[835]

Um diesen sich bietenden Spielraum auszufüllen, ist der fiktive Dritte zu typisieren.[836] Die Gerichte müssen bestimmte Annahmen über den „markttypischen" Unternehmenserwerber treffen, um einen „Unternehmenswert im Rechtssinne" zu ermitteln. Dieser Wert entspricht dann dem fiktiven Preis, der bei einem Verkauf des Unternehmens als Einheit an einen Dritten erzielt würde.[837] Die Typisierung kann aus rechtlicher Sicht – so wie es teilweise vorgeschlagen[838] und wohl auch praktiziert wird – nicht dem bewertenden Gutachter überlassen werden. Der Tatrichter muss sich eine eigene Meinung darüber bilden, dass die vom Sachverständigen getroffenen Feststellungen eine ausreichende tatsächliche Schätzungsgrundlage für den gemeinen Wert im Sinne eines fiktiven Kaufpreises darstellen.[839]

Durch die Typisierungen wird die von der Betriebswirtschaft geforderte prinzipielle Eignerbezogenheit der Bewertungssubjekte[840] weiter berücksichtigt.[841] Bei den Typisierungen ist das Unternehmen vom Standpunkt eines gedachten Erwerbers, über dessen Ziele und Unternehmenspolitik typische „realitätsgerechte" Annahmen zu treffen sind, zu bewerten.[842] Es erfolgt eine Orientierung an einer geeigneten Referenzgruppe.[843] Was als „typisch" in diesem Sinne anzusehen ist, muss unter Berücksichtigung normativer Wertungen und anhand von Erfahrungssätzen festgelegt werden.[844] Das Recht steuert gewissermaßen die Auswahl der typbildenden Faktoren.[845] Ein an den Interessen irgendwelcher anderer Gruppen orientierter Wert, ein objektiver Wert bzw. eine Bewertung des Unternehmens vom Standpunkt des Betriebes selbst, die einer Eignerbezogenheit des Bewertungssubjektes gegebenenfalls entgegenstehen würden, soll gerade nicht erfolgen.[846] Typisierungen greifen auf bekannte (wertrelevante) Informationen zurück, bei denen man davon

---

835 *Hüttemann*, ZHR 162 (1998), 563 (582 f.).

836 *Hüttemann*, ZHR 162 (1998), 563 (583). Insoweit besteht eine Parallele zu den Anhängern der subjektiven Bewertungslehre bzw. der Funktionenlehre, die ebenfalls die aus subjektiver Sicht ermittelten Grenzwerte „typisieren" um zu einem „angemessenen" Einigungswert zu gelangen. Vgl. *Großfeld*, JZ 1981, 641 (646); *Ruthardt*, Normzweckkonforme Unternehmensbewertung, S. 38 ff.

837 BGHZ 116, 359 (370 f.); *Hüttemann*, ZHR 162 (1998), 563 (583).

838 *Mertens*, AG 1992, 321 (323 f.); *Braunhofer*, Unternehmens- und Anteilsbewertung, S. 26 f.

839 *Foerste* in: Musielak/Voit, ZPO, § 287, Rn. 8; *Greger* in: Zöller, ZPO, § 287, Rn. 4; *Hüttemann*, ZHR 162 (1998), 563 (583).

840 *Moxter*, Grundsätze ordnungsgemäßer Unternehmensbewertung, S. 25.

841 *Moxter*, Grundsätze ordnungsgemäßer Unternehmensbewertung, S. 25.

842 *Hüttemann*, ZHR 162 (1998), 563 (583).

843 *Mandl/Rabel* in: FS Rückle, S. 45 (49 f.).

844 *Großfeld*, JZ 1981, 641 (646); *Hüttemann*, ZHR 162 (1998), 563 (584).

845 *Großfeld*, JZ 1981, 641 (646).

846 Vgl. *Moxter*, Grundsätze ordnungsgemäßer Unternehmensbewertung, S. 25; *Ruthardt*, Normzweckkonforme Unternehmensbewertung, S. 38 f.

ausgehen kann, dass sie eine möglichst gute Approximation der gesuchten Information darstellen.[847] Insoweit unterscheiden sie sich auch von Objektivierungen, die z.B. bei der Bewertung nach IDW S 1 Anwendung finden.[848] Diese gehen deutlich weiter. Zur Objektivierung dürfen nämlich nur ermessensfreie bzw. zumindest ermessensbeschränkte (wertrelevante) Informationen verwendet werden.[849] Objektivierungen führen regelmäßig zu einer weiteren Vereinfachung des Verfahrens der Unternehmensbewertung im Vergleich zu den vorgenannten Typisierungen.[850] Bei den Objektivierungen ist die Eignerbezogenheit deutlich reduziert.[851]

Von der Rechtsfrage, dass eine Bewertung des Unternehmens unter Berücksichtigung aller in Betracht kommenden Umstände vom Standpunkt eines „markttypischen" Unternehmenskäufers vorzunehmen ist, muss die Tatfrage getrennt werden, woraus der Richter im Ergebnis die „typischen", realitätsgerechten Annahmen, die Grundlage seiner Schätzung in tatsächlicher Hinsicht sind, ableiten kann.[852] Die Entscheidung über das Bewertungsziel, z.B. der Verkehrswert als Ausgangswert für die Unternehmensbewertung, ist eine Rechtsfrage, die eigentliche Bestimmung des Verkehrswerts mittels Typisierungen ist hingegen Tatfrage.[853] Die im Rahmen der Typisierung zugrunde gelegten Annahmen sind revisionsrechtlich nur dahingehend überprüfbar, ob sie in sich widersprüchlich sind, den Denkgesetzen oder allgemeinen Erfahrungssätzen widersprechen oder Teile des Bewertungsergebnisses ungewürdigt lassen.[854] Die Typisierungen müssen daher in jedem Fall nachvollziehbar und nachprüfbar sein. Aus diesem Grund scheiden jegliche Typisierungen subjektiver Art aus. Die Herausbildung der Typisierungen selbst ist in erster Linie eine Aufgabe der betriebswirtschaftlichen Theorie und Praxis.[855]

VI. Beachtung der Grundprinzipien des Gesellschaftsrechts

Neben den vorzunehmenden Typisierungen sind im Rahmen der Ermittlung der Abfindungshöhe nach dem Verkehrswert ferner die Grundprinzipien des Gesellschaftsrechts zu beachten. Neben der gesellschaftsrechtlichen Treuepflicht spielt hier vor allem der Gleichheitsgrundsatz eine wesentliche Rolle. Er ist ein Grundprinzip jeder Gesellschaft.[856] Dieser besagt im Wesentlichen: Es ist verboten, gleiche Sachverhalte ungleich und ungleiche Sachverhalte gleich zu behandeln,

---

847 *Ruthardt*, Normzweckkonforme Unternehmensbewertung, S. 39 f.

848 Vgl. IDS S 1 2008, Rn. 29 ff.

849 *Mandl/Rabel* in: FS Rückle, S. 45 (49 f.); *Moxter*, Grundsätze ordnungsgemäßer Unternehmensbewertung, S. 26.

850 *Moxter*, Grundsätze ordnungsgemäßer Unternehmensbewertung, S. 26.

851 *Ruthardt*, Normzweckkonforme Unternehmensbewertung, S. 39 f.

852 *Hüttemann*, ZHR 162 (1998), 563 (584).

853 BGH WM 1978, 401 (405); *Hüttemann*, ZHR 162 (1998), 563 (584).

854 *Mertens*, AG 1992, 321 (322 f.); *Hüttemann*, ZHR 162 (1998), 563 (584).

855 BGH WM 1978, 401 (405); *Hüttemann*, ZHR 162 (1998), 563 (584).

856 RGZ 151, 321 (326); LG Köln BB 1980, 1288 (1289); *Großfeld*, JZ 1981, 641 (646).

soweit nicht Gesetz, Vertrag oder Satzung eine Ungleichbehandlung zulassen. Das gilt auch für die Ermittlung des jeweiligen Anteilswerts.[857] Anteile mit der gleichen rechtlichen Ausstattung müssen daher im Verhältnis der Gesellschafter zueinander den gleichen Wert haben. Anteile mit unterschiedlicher Ausstattung müssen entsprechend unterschiedlich bewertet werden. Der Gleichheitssatz stellt gewissermaßen eine verfassungsrechtliche Korrektur des gefundenen Unternehmenswertes dar. Großfeld geht davon aus, dass dies auch unabhängig von den subjektiven Voraussetzungen bei den jeweils einzelnen Gesellschaftern gelte.[858] Nach seiner Auffassung können nur solche individuellen Faktoren berücksichtigt werden, die alle Gesellschafter typischerweise gemeinsam haben und die nach außen hin erkennbar und überprüfbar sind.[859] Etwas anderes gelte nur, wenn die individuellen Voraussetzungen nach Vertrag, Gesetz oder Satzung berücksichtigt werden sollen.[860] M.E. kann dies aber nicht richtig sein, da nach dem Gleichheitsgrundsatz ja gerade auch Ungleiches nicht gleichbehandelt werden darf. Dementsprechend müssen gerade unterschiedliche subjektive Voraussetzungen auch entsprechend unterschiedlich berücksichtigt werden.[861] Das kann – wenn mehrere Gesellschafter abzufinden sind – im Ergebnis zu unterschiedlich hohen Abfindungsbeträgen führen.

VII. Auswirkungen auf die Wahl der Bewertungsmethode

Nachdem nun festgestellt wurde, dass im Rahmen der Ermittlung der Abfindung beim Ausscheiden eines GmbH-Gesellschafters wegen Einziehung seines Geschäftsanteils auf den Verkehrswert im Sinne des Grenzpreises abzustellen ist, den ein fiktiver Dritter im Fall der Auflösung der Gesellschaft maximal zu zahlen bereit wäre, soll im Weiteren der Frage nachgegangen werden, ob und wie sich die vorgenannten Überlegungen auf die Wahl der Bewertungsmethode auswirken und ob sie gleichermaßen geeignet sind, eine Bewertung nach dem oben aufgeführten Normzweck durchzuführen. Die juristische Literatur und Praxis hat sich auf keine Bewertungsmethode festgelegt und lässt dem Tatrichter, wie bereits dargelegt, grundsätzlich einen entsprechenden Beurteilungsspielraum.[862] Der Verkehrswert ist ein objektiver Wert[863], so dass grundsätzlich auch nur Bewertungsmethoden in Betracht kommen, die möglichst frei von subjektiven Elementen sind, wie das Substanzwertverfahren, die Ertragswertmethode und das DCF-Verfahren, aber auch die Mittelwertmethoden kämen in Betracht.

857 *Großfeld*, JZ 1981, 641 (647).
858 *Großfeld*, JZ 1981, 641 (647).
859 *Großfeld*, JZ 1981, 641 (647).
860 *Großfeld*, JZ 1981, 641 (647).
861 Siehe hierzu auch *Meilicke*, ZIP 2014, 605 (610) m.w.N.
862 BGH WM 1977, 781 (782); BGHZ 116, 359 (371); BGH NJW 1991, 1547 (1548); *Strohn* in: MüKo, GmbHG, § 34, Rn. 209.
863 Vgl. § 4 A.II.

Im Hinblick auf die Bedeutung der diversen Unternehmensbewertungsmethoden für die Praxis soll der Fokus im Folgenden allerdings nur auf die drei bedeutsamsten Bewertungsmethoden gelegt werden, nämlich das Substanzwertverfahren, die Ertragswertmethode und das DCF-Verfahren.

1. *Substanzwertverfahren*

Wie unter § 2 C.IV.1.a) dargelegt, handelt es sich beim Substanzwertverfahren grundsätzlich um ein objektives Verfahren. Es ist jeweils der objektive Marktwert der einzelnen Vermögensbestandteile zu ermitteln und aufzuaddieren. Damit erscheint es im Vergleich zur Ertragswertmethode, bei der mit Blick auf die Ermittlung des Zukunftsertrags mit Prognosen und Schätzungen zu agieren ist, als ein deutlich objektiveres und weniger beeinflussbares Verfahren.

Hinsichtlich der Bewertung von Unternehmen problematisch erscheint allerdings, dass sich gerade in Unternehmen häufig Vermögensgegenstände und Vermögenswerte befinden, für die es keinen eigenen Markt gibt. Ein nachvollziehbarer Marktwert kann jedoch nur für solche Güter bestimmt werden, für die es tatsächlich einen eigenen Markt und damit eine eigene Preisbildung gibt. Hier sei z.B. auf den auch als „Goodwill" bezeichneten originären Firmenwert oder auch auf den Wert von Kundenbeziehungen hingewiesen, die der Natur der Sache nach bei jedem Unternehmen individuell zu bestimmen sind und meistens wohl auch nicht getrennt vom Unternehmen veräußert werden können.[864] Sowohl der originäre Firmenwert wie auch die originären Kundenbeziehungen sind nach deutschem Recht nicht bilanzierungsfähig. Aus der Bilanz ergeben sich daher keinerlei Anhaltspunkte für ihren tatsächlichen Wert. Das lebende Unternehmen verkörpert damit gerade durch die nicht oder nur eingeschränkt bilanzierungsfähigen Bestandteile einen weit höheren Wert als die Summe der ohne weiteres ersetzbaren, marktgängigen Einzelteile. Welchen Wert diese einzelnen nicht marktgängigen Vermögensgegenstände besitzen, lässt sich, sofern es sich nicht um erworbene Firmenwerte oder Kundenbeziehungen handelt, nur schätzen. Dadurch verliert das Substanzwertverfahren aber an der Objektivität, die es von der Ertragswertmethode positiv abheben sollte.[865]

Gegen eine Ermittlung des Verkehrswertes zur Bemessung der Abfindungshöhe mittels des Substanzwertverfahrens spricht ferner auch der erhebliche Einzelbewertungsaufwand, der sich bei Anwendung dieser Methode für die Bewertung eines Unternehmens ergibt. Jeder Vermögensgegenstand wäre bei Anwendung dieser Methode einzeln zu bewerten. Hierdurch würde ein enormer Bewertungsaufwand

---

864 *Piltz*, Die Unternehmensbewertung in der Rechtsprechung, S. 203. Neben dem „Goodwill" und den Kundenbeziehungen fallen hierunter alle immateriellen Güter des Unternehmens wie Patente und Marken. Letztere sind in der Bilanz zwar mit ihren Anschaffungskosten anzusetzen, dies entspricht jedoch nicht ihrem richtigen Wert.

865 *Naschke*, Der Börsenkurs als Abfindungsgrundlage, S. 58.

entstehen. Man stelle sich z.B. den Fuhrpark eines Unternehmens vor. Hier wäre jedes Fahrzeug gesondert zu bewerten. Bereits aus Praktikabilitätsgründen ist das Substanzwertverfahren für die Bewertung eines Unternehmens daher abzulehnen.

Das Substanzwertverfahren hat daher auch in der Bewertungspraxis[866] und in der Rechtsprechung[867] keinerlei Verbreitung gefunden.[868] Selbst als Untergrenze der Abfindung ist der Substanzwert irrelevant, solange eine Liquidation nicht absehbar bzw. die Fortführung nicht wirtschaftlich unvertretbar ist.[869]

Aber noch ein weiterer Aspekt spricht im Rahmen der Abfindung bei Ausscheiden eines GmbH-Gesellschafters aus der GmbH gegen eine Wertermittlung anhand der Substanzwertmethode. Gemäß § 738 Abs. 1 S. 2 BGB analog ist zur Ermittlung des Verkehrswertes im Rahmen der Abfindung auf den Fortführungswert des Unternehmens abzustellen, nämlich den Wert, den ein fiktiver Dritter im Fall der Auflösung der Gesellschaft für das ganze Unternehmen going-concern maximal bereit wäre zu zahlen.[870] Zur Ermittlung dieses Wertes sind somit die finanziellen Zukunftserträge des Unternehmens zu berücksichtigen.[871] Mit einer Bewertung anhand des Substanzwertverfahrens wird aber gerade nicht auf einen Fortführungswert abgestellt, sondern auf den Wiederbeschaffungs- oder auch Rekonstruktionswert. Dieser kann jedoch vom Fortführungswert abweichen, da beim Wiederbeschaffungswert der finanzielle Zukunftsertrag des Unternehmens grundsätzlich nicht zu berücksichtigen ist, wie es beim Fortführungswert jedoch der Fall ist.

Aus diesem Grund müssen auch die Mittelwertmethoden, wie die Übergewinnmethode oder das Stuttgarter Verfahren, die sich aus einem irgendwie gearteten Mittelwert aus Ertrags- und Substanzwert zusammensetzen, als ungeeignete Bewertungsmethoden zur Ermittlung des Verkehrswertes bei der Abfindung von GmbH-Gesellschaftern angesehen werden.

---

866 IDW S 1 2008, Rn. 170 ff. Danach sind Substanzwerte vom Wirtschaftsprüfer nur dann zu ermitteln, wenn dies im Auftrag für das Bewertungsgutachten ausdrücklich festgelegt ist.

867 BGH AG 1980, 158 (159); OLG Hamburg AG 1980, 163 (164); OLG Düsseldorf AG 1990, 397 (399); BayObLG AG 1996, 176 (177); LG Dortmund, AG 1996, 427 (428).

868 *Großfeld*, Recht der Unternehmensbewertung, Rn. 1286; *Naschke*, Der Börsenkurs als Abfindungsgrundlage, S. 58; *Strohn* in: MüKo, GmbHG, § 34, Rn. 212.

869 BGH WM 1973, 306 (307); *Naschke*, Der Börsenkurs als Abfindungsgrundlage, S. 58. A.A.: *Moxter*, Grundsätze ordnungsgemäßer Unternehmensbewertung, S. 41 f. Dieser spricht sich für das Substanzwertverfahren aus, wenn Objektivierungs- und Vereinfachungsgesichtspunkte im Vergleich zum Ertragswert dominieren. Allerdings dürfen weder Schätzungen noch die separate Bewertung von jedem Unternehmensbestandteil als Vereinfachung bezeichnet werden können. Siehe auch *Piltz*, Die Unternehmensbewertung in der Rechtsprechung, S. 203 ff., der ebenfalls einen differenzierten Ansatz vertritt.

870 Vergleiche die Ausführungen unter § 2 A.I.2.b).

871 *Hüttemann*, ZHR 162 (1998), 563 (584).

Im Ergebnis ist daher festzuhalten, dass das Substanzwertverfahren zur Ermittlung des Verkehrswertes bei der Abfindung von GmbH-Gesellschaftern kein geeignetes Bewertungsverfahren darstellt.

2. *Ertragswertmethode*

Die herrschende Meinung in der Rechtsprechung geht zur Ermittlung des Verkehrswertes bei der Abfindung von GmbH-Gesellschaftern vom Ertragswertverfahren aus.[872] Vom theoretischen Ausgangspunkt handelt es sich beim Ertragswertverfahren um ein – wenn auch nicht in allen Facetten – „individualistisch" geprägtes Bewertungsmodell.[873] Ein individualistisches Bewertungsmodell rekonstruiert die Bewertungsüberlegungen des einzelnen, ggf. auch fiktiven Bewertungssubjekts. Kern solcher individualistisch geprägter Bewertungsmodelle ist, dass sich der Ansatz für den Unternehmenswert aus einer klar definierten Subjekt-Objekt-Beziehung ergibt.[874]

Im Zentrum der Ermittlung des Verkehrswertes steht eine irgendwie geartete Subjekt-Objekt-Beziehung. Es wird ein fiktiver Prozess simuliert, dessen Ziel es ist, den Grenzpreis eines bestimmten Subjekts, nämlich des fiktiven markttypischen Unternehmenserwerbers zu ermitteln. Aus den Überlegungen, die der fiktive markttypische Unternehmenserwerber anstellt, um über den Erwerb des Unternehmens zu entscheiden, ergibt sich schließlich der Unternehmenswert, der dann pro rata auf die einzelnen Geschäftsanteile umgelegt wird.[875] Vom theoretischen Ausgangspunkt her ist die Ertragswertmethode somit zunächst einmal als geeignetes Verfahren zur Ermittlung des Verkehrswertes bei der Abfindung von GmbH-Gesellschaftern anzusehen.

Aber auch vom praktischen Ausgangspunkt muss das Ertragswertverfahren als zur Ermittlung des Verkehrswertes geeignetes Verfahren angesehen werden. Zur Ermittlung des Verkehrswerts des Unternehmens ist auf den finanziellen Zukunftsertrag des Unternehmens abzustellen.[876] Dies ist zugleich einer der wichtigsten Erfahrungssätze bei der Bewertung von Unternehmen.[877] Nichtfinanzielle Zielsetzungen, wie Macht, Prestige etc. spielen keine Rolle, da sich nichtfinanzielle Zielsetzungen jeglicher objektiver

872 BGH NJW 1985, 192 (193); BGHZ 138, 371 (383); OLG Düsseldorf ZIP 1984, 586 (588).

873 *Adolff*, Unternehmensbewertung im Recht der börsennotierten Aktiengesellschaft, S. 260 f. Im Gegensatz hierzu stehen die primär marktorientierten Verfahren.

874 *Adolff*, Unternehmensbewertung im Recht der börsennotierten Aktiengesellschaft, S. 367 f. Zu den individualistischen Bewertungsmodellen gehört vor allem natürlich alle subjektiv geprägten Bewertungsmodelle sowie die Modelle der Kölner Funktionenlehre.

875 *Adolff*, Unternehmensbewertung im Recht der börsennotierten Aktiengesellschaft, S. 367 f.

876 Vgl. die Ausführungen unter § 4 A.IV.1.

877 *Hüttemann*, ZHR 162 (1998), 563 (584 f.).

Nachprüfbarkeit entziehen.[878] Aus dieser Beschränkung auf den finanziellen Zukunftsertrag als Beurteilungsmaßstab folgt gleichzeitig, dass die Ertragswertmethode von ihrem praktischen Bewertungsansatz her als geeignetes Verfahren für die Ermittlung des Verkehrswertes angesehen werden kann. Kernelement der Ertragswertmethode ist nämlich gerade, dass der Unternehmenswert durch den zukünftig zu erwartenden Ertrag des Unternehmens, also den finanziellen Zukunftsertrag, zuzüglich des Wertes des nicht betriebsnotwendigen, also für den Unternehmensertrag nicht oder nicht wesentlichen Betriebsvermögens, bestimmt wird. Hierzu werden die erzielbaren künftigen Erträge des Unternehmens prognostiziert und auf den Bewertungsstichtag abgezinst, mithin der Barwert der Erfolge zukünftiger Perioden ermittelt.[879]

Geht man also davon aus, dass die Ertragswertmethode grundsätzlich als geeignetes Verfahren zur Ermittlung des Verkehrswerts im Rahmen der Abfindung angesehen werden kann, so ist damit aber noch nicht geklärt, wie die einzelnen Parameter der Ertragswertmethode aufzufüllen sind. Der grundsätzliche Modellrahmen Ertragswertmethode muss noch mit Leben gefüllt werden. Im Weiteren soll dargestellt werden, welche Annahmen bezüglich der einzelnen Parameter des Ertragswertverfahrens unter Berücksichtigung der vorzunehmenden Typisierungen im Hinblick auf den fiktiven Unternehmenserwerber getroffen werden können bzw. welche Handlungsalternativen, Prognosen und Präferenzen den einzelnen Elementen der Ertragswertmethode zuzuweisen sind.

a) Ertragswertermittlung und vorhandenes Unternehmenskonzept

Im Zentrum der Ertragswertmethode steht die Schätzung der voraussichtlich erzielbaren Erträge des Unternehmens zum Zeitpunkt des Bewertungsstichtags.

aa) Informationsstand

Zunächst stellt sich also die Frage, welche Unternehmensinformationen und Unternehmensdaten dieser Schätzung zugrunde gelegt werden dürfen. Dem „strengen“ Stichtagsprinzip entsprechend, dürfen nur solche Informationen verwendet werden, die am Stichtag vorhersehbar waren.[880] Dabei ist der Informationsstand zu unterstellen, der unter Annahme einer kooperierenden Geschäftsführung im Rahmen einer Due Diligence erzielbar gewesen wäre.[881] Das entspricht dem Informationsstand der bei angemessener Sorgfalt am Bewertungsstichtag erfahrbar oder erkennbar gewesen wäre.[882] Später

878 *Hüttemann*, ZHR 162 (1998), 563 (584 f.).

879 Siehe die generellen Ausführungen zur Ertragswertmethode unter § 2 C.IV.2.

880 *Adolff*, Unternehmensbewertung im Recht der börsennotierten Aktiengesellschaft, S. 369; Hüttemann, WPg 2007, 812 (815 f.). Siehe hierzu auch die Ausführungen unter § 2 C.IV.6.a).

881 *Adolff*, Unternehmensbewertung im Recht der börsennotierten Aktiengesellschaft, S. 371 f.

882 *Adolff*, Unternehmensbewertung im Recht der börsennotierten Aktiengesellschaft, S. 223; IDW S 1 2008, Rn. 23.

bekannt werdende Informationen dürfen nur im Sinne einer Wertaufhellung berücksichtigt werden, wenn sie vom Sachverständigen zum Bewertungsstichtag schon hätten erkannt werden können.[883] Bewertungsstichtag für die Berechnung der Abfindung bei der Einziehung ist grundsätzlich der Zeitpunkt des Wirksamwerdens der Einziehung. Die Einziehung wird mit dem Zugang der Mitteilung über den Einziehungsbeschluss an den betroffenen Gesellschafter – vorbehaltlich der Einreichung einer neuen Gesellschafterliste gemäß § 16 Abs. 1 GmbHG – wirksam.[884] Dementsprechend sind der richterlichen Schätzung gemäß § 287 Abs. 2 ZPO, 738 Abs. 2 BGB alle unternehmensinternen Daten, insbesondere auch die Unternehmensplanung zu Grunde zu legen, die am Tag des Zugangs der Mitteilung über den Einziehungsbeschluss beim betroffenen Gesellschafter erfahrbar oder erkennbar waren.

bb) Entwicklungskonzept

Hinsichtlich des der Ertragsprognose zugrunde zu legenden Entwicklungskonzepts ist mit Blick darauf, dass bei der Verwertung des Unternehmens der höchstmöglich zu erzielende Kaufpreis erlangt werden soll, auch von einem möglichst optimalen Unternehmenskonzept auszugehen. Es sind alle am Bewertungsstichtag erkennbaren Entwicklungsmöglichkeiten und alternativen Unternehmenskonzeptionen einzubeziehen, die ein gedachter Unternehmenserwerber realisieren kann.[885] Maßgebend ist allein der Standpunkt eines markttypischen Unternehmenserwerbers, der ausschließlich finanzielle Ziele verfolgt. Ein solcher wird das vorhandene Unternehmenskonzept aber nur übernehmen, wenn es hinreichend optimiert ist.[886] Dementsprechend sind neben dem bereits vorhandenen Unternehmenskonzept auch alternative Unternehmenskonzepte zu berücksichtigen. Allerdings müssen diese ausreichend objektivierbar und plausibel sein, da der Tatrichter im Rahmen der von ihm vorzunehmenden Schätzung gemäß § 287 Abs. 2 ZPO, 738 Abs. 2 BGB nur Änderungen der Unternehmensplanung berücksichtigen darf, die nach den Informationen am Bewertungsstichtag „ausreichend objektivierbar und bewertbar" und nachprüfbar sind.[887] Mit Adolff ist davon auszugehen, dass „möglichst günstig"

---

883 *Moxter*, Grundsätze ordnungsgemäßer Unternehmensbewertung, S. 169.

884 *Strohn* in: MüKo, GmbHG, § 34, Rn. 215. Nach a.A. wird auf den Zeitpunkt der Fassung des Einziehungsbeschlusses abgestellt. Nach dieser Ansicht steht die Einziehung allerdings auch unter der aufschiebenden Bedingung der Abfindungszahlung. Vgl. *Westermann* in: Scholz, GmbHG, § 34, Rn. 25.

885 *Hüttemann*, ZHR 162 (1998), 563 (588).

886 *Hüttemann*, ZHR 162 (1998), 563 (588).

887 *Hüttemann*, WPg 2007, 812 (815 ff.); *Hüttemann*, ZHR 162 (1998), 563 (589). Eine solche „ausreichende Objektivierbarkeit und Bewertbarkeit" ist insbesondere bei kurzfristigen Maßnahmen zur Unternehmenswertsteigerung möglich, wohingegen sie bei grundlegenden Änderungen des Unternehmenskonzepts häufig wohl nicht gegeben sein wird, da sie mangels hinreichender Informationen am Stichtag nicht im erforderlichen Maß „objektivierbar" sind, vgl. OLG Düsseldorf AG 1984, 216 (217 f.); LG Frankfurt AG 1985, 58 (59).

nur an einen Unternehmenserwerber verkauft werden kann, der die Ressourcen des Unternehmens auch „möglichst günstig" nutzt.[888] Hieraus ergibt sich, dass für den fiktiven markttypischen Unternehmenserwerber auch von einer möglichst optimalen Investitions- und Finanzierungspolitik auszugehen ist.[889] Es ist daher ein optimales Unternehmenskonzept vorauszusetzen, bei dem alle vorhandenen Ressourcen des Unternehmens möglichst optimal genutzt werden.[890] Das aktuelle Unternehmenskonzept kann implizit als eine Art „Untergrenze" für das mit dem Unternehmen Erreichbare festgelegt werden.[891]

cc) Liquidationswert als Untergrenze

Legt man ein möglichst optimales Unternehmenskonzept bzw. eine möglichst optimale Investitions- und Finanzierungspolitik zu Grunde, so bedeutet dies in der logischen Konsequenz, dass gleichzeitig der Liquidationswert die Wertuntergrenze bilden muss. In der Realität werden zwar auch teilweise Unternehmen fortgeführt, bei denen der Liquidationswert über dem Fortführungswert liegt, allerdings muss hier berücksichtigt werden, dass solche Entscheidungen in erster Linie auf nicht finanziellen Zielsetzungen beruhen, die für einen gedachten Erwerber ohne Relevanz sind.[892]

dd) Berücksichtigung von Synergieeffekten

Das Abstellen auf eine möglichst optimale Investitions- und Finanzierungspolitik impliziert meines Erachtens nicht, dass auch mögliche Verbundvorteile im Rahmen der Ertragsprognose berücksichtigt werden müssen. Eine Berücksichtigung von Verbundvorteilen setzt die Möglichkeit voraus, dass ein fiktiver Erwerber das zu bewertende Unternehmen in sein Unternehmen oder seinen Unternehmensverbund integriert.[893] Ein „typischer" Unternehmenserwerber wird durch den Erwerb des Unternehmens aber keine Verbundvorteile realisieren können. Dies würde nämlich bedeuten, dass der „typische" Unternehmenserwerber bereits ein Unternehmen besitzt und des Weiteren beabsichtigt, das neue Unternehmen in seinen Unternehmensverbund einzugliedern, um Verbundvorteile zu realisieren. Auch unter dem Konzept einer möglichst optimalen Investitions- und Finanzierungspolitik ist nicht davon auszugehen, dass ein „typischer" Unternehmenserwerber bereits unternehmerisch aktiv und im Idealfall sogar in der gleichen Branche unternehmerisch

---

888 *Adolff*, Unternehmensbewertung im Recht der börsennotierten Aktiengesellschaft, S. 372.

889 *Adolff*, Unternehmensbewertung im Recht der börsennotierten Aktiengesellschaft, S. 372.

890 *Adolff*, Unternehmensbewertung im Recht der börsennotierten Aktiengesellschaft, S. 372; *Hüttemann*, ZHR 162 (1998), 563 (587 f.).

891 *Ruthardt/Hachmeister*, NZG 2014, 885 (888).

892 *Hüttemann*, ZHR 162 (1998), 563 (585); *Ruthardt/Hachmeister*, NZG 2014, 885 (888).

893 *Hüttemann*, ZHR 162 (1998), 563 (589).

aktiv ist. Das würde nämlich bedeuten, dass der „typische“ Unternehmenserwerber immer ein „strategischer Erwerber“ ist. Eine Übernahme kann zwar strategisch motiviert sein (z.B. der Erwerb eines Wettbewerbers oder eines Zulieferers) und ist dies auch häufig. Allerdings sind Unternehmenskäufe oft auch Investment getrieben. So wurden im ersten Halbjahr des Jahres 2016 viele Unternehmenskäufe durch Finanzinvestoren getätigt.[894] Ein strategischer Erwerber kann daher auch nicht als typischer Unternehmenserwerber angesehen werden. Aus diesem Grund können Verbundvorteile im Rahmen der Ertragsprognose keine Berücksichtigung finden. Die Modellierung eines „typischen“ Unternehmenserwerbers, die spezifische Synergiepotenziale impliziert, ist weder rechtlich geboten noch erforderlich.[895] Das widerspricht auch nicht dem Konzept einer möglichst optimalen Investitions- und Finanzierungspolitik. Dieses ist vielmehr dahingehend auszulegen, dass die bereits vorhandenen Ressourcen möglichst optimal genutzt werden, ohne dass hierzu neue Unternehmensverbindungen eingegangen werden müssen.[896]

ee) Kapitalisierungszins

Der Kapitalisierungszins mit dem der ermittelte Zukunftsertragswert abzuzinsen ist, ist anhand der Methode zu bestimmen, die im Rahmen von Unternehmenskäufen üblicherweise herangezogen wird. Es ist die Alternativrendite eines gedachten „typischen“ Unternehmenserwerbers zu identifizieren.[897] Da jede Änderung des Kapitalisierungszinssatzes den Ertragswert wesentlich beeinflusst, ist die Bestimmung des Kapitalisierungszinssatzes von erheblicher Bedeutung. Aus den rechtlichen Vorgaben ergeben sich jedoch keine Anhaltspunkte für ein bestimmtes Verfahren. Aus diesen kann lediglich gefolgert werden, dass auf diejenigen Überlegungen abgestellt

894 Vgl. *CMS Hasche Sigle und Finance,* Finance M&A Panel – Umfrage Juni 2016, https://cms.law/de/DEU/Publication/FINANCE-M-A-Panel-Umfrage-Juni-2016; *Angermann M&A International AG,* Marktstudie zu M&A-Transaktionen mit deutscher Beteiligung 1. Halbjahr 2016, http://www.angermann-ma.de/fileadmin/redaktion/downloads/publikationen_und_broschueren/MA_Monitor_2016_1.pdf.

895 *Adolff,* Unternehmensbewertung im Recht der börsennotierten Aktiengesellschaft, S. 373.

896 *Adolff,* Unternehmensbewertung im Recht der börsennotierten Aktiengesellschaft, S. 373; a.A. *Hüttemann,* ZHR 162 (1998), 563 (590) der darauf abstellt, ob zum typischen Erwerberkreis auch solche Interessenten gehören, die über ein eigenes Unternehmen verfügen und durch eine Verbindung der Unternehmen Verbundvorteile realisieren können. Auch bei einem fiktiven Verkauf des Unternehmens im Rahmen einer fiktiven Liquidation würde man das Unternehmen zunächst einmal und vorrangig solchen Interessenten anbieten, die mit ihm am meisten anfangen können. Das sind nach Ansicht von Hüttemann wohl grundsätzlich strategische Erwerber. Das ist m.E. jedoch spekulativ und daher abzulehnen.

897 *Hüttemann,* WPg 2007, 812 (819 f.); *Ruthardt/Hachmeister,* NZG 2014, 885 (889).

werden muss, die ein Erwerber des gesamten Unternehmens anstellen würde.[898] Es kommt somit auf die Bewertungsüberlegungen an, die ein fiktiver Unternehmenserwerber anstellt. Insoweit ist die Risikoneigung eines „typischen" Erwerbers des gesamten Unternehmens zu unterstellen.[899] Daher muss zumindest das Ergebnis des gewählten Verfahrens zur Ermittlung des Kapitalisierungszinssatzes Ausdruck der Risikoneigung des „typischen" Unternehmenserwerbers sein.[900]

Welches Verfahren hierzu herangezogen wird und ob insoweit z.B. auch ein Modell wie das CAPM zur Ermittlung des Risikozuschlags bei der Berechnung des Verkehrswertes herangezogen werden kann, ist somit Tatfrage und hängt davon ab, warum es sich nach Ansicht des Gutachters um eine geeignete Approximation zur Ermittlung des Risikos und der Risikoneigung für einen typischen Erwerber des gesamten Unternehmens handelt.[901]

ff) Nicht betriebsnotwendiges Vermögen

Auch für die Frage, ob Vermögensgegenstände zum betriebsnotwendigen oder nicht betriebsnotwendigen Vermögen gehören, kann nicht auf die tatsächliche Unternehmenspolitik abgestellt werden. Stattdessen ist diese Frage konsequenterweise auch hier unter Heranziehung einer möglichst optimalen Investitions- und Finanzpolitik zu beantworten.[902] Es ist unter dem Gesichtspunkt der „bestmöglichen Verwertung" des Gesellschaftsvermögens vom Standpunkt eines fiktiven „markttypischen" Unternehmenserwerbers zu prüfen, ob die tatsächliche Unternehmensplanung als „hinreichend optimiert" angesehen werden kann.[903] Entscheidend ist die konkrete finanzielle Vorteilhaftigkeit der getrennten Verwertung von Gesellschaftsvermögen gegenüber ihrem Einsatz in der Gesellschaft.[904] Es ist darauf abzustellen, ob bei einer „möglichst vorteilhaften" Verwertung des Gesellschaftsvermögens eine gesonderte Veräußerung des für die Ertragskraft entbehrlichen Vermögensgegenstandes zu einem dessen Beitrag zur Ertragskraft eindeutig übersteigenden Preis erfolgt wäre.[905]

---

898 *Adolff*, Unternehmensbewertung im Recht der börsennotierten Aktiengesellschaft, S. 376.

899 *Adolff*, Unternehmensbewertung im Recht der börsennotierten Aktiengesellschaft, S. 376; *Ruthardt/Hachmeister*, NZG 2014, 885 (889).

900 *Adolff*, Unternehmensbewertung im Recht der börsennotierten Aktiengesellschaft, S. 376.

901 *Adolff*, Unternehmensbewertung im Recht der börsennotierten Aktiengesellschaft, S. 376 f.; *Ruthardt/Hachmeister*, NZG 2014, 885 (889).

902 *Hüttemann*, ZHR 162 (1998), 563 (592); *Adolff*, Unternehmensbewertung im Recht der börsennotierten Aktiengesellschaft, S. 373 m.w.N.; *Piltz*, Die Unternehmensbewertung in der Rechtsprechung, S. 186; OLG Düsseldorf WM 1984, 732 (733); OLG Düsseldorf AG 2000, 323 (323 f.); BayObLG AG 1996, 127 (128).

903 *Hüttemann*, ZHR 162 (1998), 563 (592).

904 *Hüttemann*, ZHR 162 (1998), 563 (592).

905 *Adolff*, Unternehmensbewertung im Recht der börsennotierten Aktiengesellschaft, S. 373 f.; BayObLG AG 1996, 127 (128). Das BayObLG hat jedoch für die

Ist dies der Fall, so ist der Gegenstand als nicht betriebsnotwendiges Vermögen gesondert zu bewerten.[906] Das führt regelmäßig zu einem höheren Verkehrswert und damit zu einer höheren Abfindung.

Auch hier ist die Grenze, innerhalb derer eine derartige fiktive Veräußerung von Gesellschaftsvermögen im Rahmen der richterlichen Schätzung zu berücksichtigen ist, die ausreichende Objektivierbarkeit und plausible Bewertbarkeit durch den zuständigen Tatrichter.[907]

b) Ergebnis

Im Ergebnis lässt sich somit festhalten, dass mit der herrschenden Meinung in der Rechtsprechung die Ertragswertmethode als ein geeignetes Verfahren zur Ermittlung des Verkehrswertes i.S.v. § 738 Abs. 1 S. 2 BGB angesehen werden kann. Mit der Ertragswertmethode wird der Verkehrswert dem Sinn und Zweck des § 738 Abs. 1 S. 2 BGB entsprechend ermittelt und den Interessen des ausscheidenden Gesellschafters ein normzweckadäquater Schutz geboten.

Hinsichtlich der einzelnen Parameter, die bei Anwendung der Ertragswertmethode für die Ermittlung des Verkehrswertes i.S.v. § 738 Abs. 1 S. 2 BGB zu Grunde zu legen sind, lässt sich zusammenfassend festhalten:

- Es ist auf das (alternative) Entwicklungskonzept eines fiktiven markttypischen Unternehmenserwerbers unter Annahme einer möglichst optimalen Investitions- und Finanzierungspolitik abzustellen, sofern dieses für einen typischen Erwerber realisierbar ist.
- Zu berücksichtigender Informationsstand ist derjenige, der am Tag des Zugangs der Mitteilung über den Einziehungsbeschluss beim betroffenen Gesellschafter erkennbar war.
- Der Liquidationswert bildet grundsätzlich die Wertuntergrenze.
- Mögliche Verbundvorteile sind auch unter Annahme einer möglichst optimalen Investitions- und Finanzierungspolitik nicht zu berücksichtigen.
- Der Kapitalisierungszinssatz ist unter Berücksichtigung der Risikoneigung eines markttypischen Erwerbers zu ermitteln.

Frage, ob es sich um betriebsnotwendiges Vermögen handelt, in diesem Fall, ob der mit Pächtergaststätten bebaute Brauereigrund als betriebsnotwendiges Vermögen angesehen werden kann, einen Branchenvergleich angestellt und hat auf die Praxis anderer Brauereien abgestellt. Ein solcher Vergleich kann zwar einen ersten Aufschluss darüber geben, ob die konkrete Unternehmenspolitik im Verhältnis zu Wettbewerbern als hinreichend optimiert angesehen werden kann. Im Ergebnis kann allerdings nicht das Kriterium der Branchenüblichkeit entscheidend sein, sondern vielmehr ist auf die konkrete finanzielle Vorteilhaftigkeit einer getrennten Verwertung des Vermögensgegenstandes abzustellen.

906 *Adolff*, Unternehmensbewertung im Recht der börsennotierten Aktiengesellschaft, S. 373 f.

907 *Hüttemann*, ZHR 162 (1998), 563 (592 f.).

- Die Abgrenzung des nicht betriebsnotwendigen Vermögens vom betriebsnotwendigen Vermögen hat unter der Voraussetzung einer möglichst vorteilhaften Verwertung des Gesellschaftsvermögens durch einen fiktiven markttypischen Unternehmenserwerber gegenüber seines Verbleibs in der Gesellschaft zu erfolgen.

3. *DCF-Verfahren*

Ist zur Ermittlung des Verkehrswerts des Unternehmens auf den finanziellen Zukunftsertrag des Unternehmens abzustellen, so könnte auch das DCF-Verfahren ein grundsätzlich geeignetes Verfahren zur Ermittlung des Verkehrswertes im Rahmen der Abfindung beim Ausscheiden von GmbH-Gesellschaftern aus der GmbH darstellen. Wie das Ertragswertverfahren stellt auch das DCF-Verfahren auf den finanziellen Zukunftsertrag des Unternehmens ab, lediglich mit dem Unterschied, dass das Ertragswertverfahren auf den Barwert zukünftiger Erfolge abstellt, wohingegen beim DCF-Verfahren freie Cashflows zukünftiger Perioden geplant und als Erfolgsgröße verwendet werden.[908] Beide Verfahren beruhen aber im Wesentlichen auf den gleichen investitionstheoretischen Grundlagen und führen unter Verwendung derselben Bewertungsannahmen bzw. -vereinfachungen grundsätzlich auch zum gleichen Ergebnis.[909] Insoweit könnte daher auf den ersten Blick auch das DCF-Verfahren ein geeignetes Verfahren zur Ermittlung des Verkehrswertes im Rahmen der Abfindung beim Ausscheiden von GmbH-Gesellschaftern aus der GmbH darstellen.

Allerdings würde dies unberücksichtigt lassen, dass die für das DCF-Verfahren notwendigen Parameter – Eigen- und Fremdkapitalkosten – grundsätzlich mittels des CAPM ermittelt werden. Dessen Anwendung ist, wie oben bereits erläutert, allerdings problematisch bzw. versagt unter Umständen vollständig, wenn es um die Bewertung eines nichtbörsennotierten Unternehmens, wie einer GmbH geht, da es hier keinen Index gibt, der zur Ermittlung der unternehmensspezifischen Risikoprämie, also zur Bestimmung des Beta herangezogen werden kann. Bereits aus praktischen Gründen scheidet das DCF-Verfahren somit zur Ermittlung des Verkehrswertes des Unternehmens zwecks Bestimmung der Abfindungshöhe beim Ausscheiden von GmbH-Gesellschaftern aus.

Darüber hinaus ist aber auch noch einem anderen Aspekt Beachtung zu schenken: Bei der DCF-Methode handelt es sich um ein grundsätzlich marktorientiertes Bewertungsverfahren,[910] das vom theoretischen Ausgangspunkt nicht für die Ermittlung eines individualistisch zu ermittelnden Unternehmenswertes wie dem vorliegenden Verkehrswert passt. Marktorientierte Bewertungsverfahren haben ihre theoretische Basis grundsätzlich in der Vorstellung von einem allokationseffizienten Kapitalmarkt, d.h. sie vollziehen im Grundsatz schon nicht die Bewertungsüberlegungen nach, die

---

908 IDW S 1 2008, Rn. 124 ff.; *Sieben* in: FS Havermann, S. 713 (713 ff.).
909 Siehe hierzu die Ausführungen unter § 2 C.IV.3.a).
910 *Adolff*, Unternehmensbewertung im Recht der börsennotierten Aktiengesellschaft, S. 262.

ein typisiertes Bewertungssubjekt anstellt, wenn es nach einem Grenzpreis für ein Unternehmen sucht.[911] Bei einem solchen Modell steht vielmehr im Vordergrund wie sich die Preise für die Fremd- und Eigenkapitaltitel, die zur Finanzierung des Unternehmens ausgegeben wurden, auf dem Markt bilden würden.[912] Die Summe dieser Preise wird schließlich als Anhaltspunkt für den Marktwert des Unternehmens angesehen, der sich im Weiteren in einen Marktwert für das Eigenkapital und einen Marktwert für das Fremdkapital aufspalten lässt.[913]

Eine solche marktorientierte Bewertungsmethode widerspricht aber im Kern der Perspektive, die einzunehmen ist, wenn es um die Ermittlung des Verkehrswertes beim Ausscheiden eines GmbH-Gesellschafters aus der GmbH geht.[914] Im Zentrum der Ermittlung des Verkehrswertes steht hier eine irgendwie geartete Subjekt-Objekt-Beziehung. Es wird ein fiktiver Prozess simuliert, dessen Ziel es ist, den Grenzpreis eines bestimmten Subjekts, nämlich des fiktiven markttypischen Unternehmenserwerbers zu ermitteln. Aus den Überlegungen, die der fiktive markttypische Unternehmenserwerber anstellt, um über den Erwerb des Unternehmens zu entscheiden, ergibt sich schließlich der Unternehmenswert, der dann pro rata auf die einzelnen Geschäftsanteile umgelegt wird.[915]

Nimmt man dies als Ausgangspunkt, so sollte auch die jeweilige Bewertungsmethode zumindest im Ausgangspunkt eher individualistisch und weniger marktorientiert geprägt sein. Bei einem marktorientierten Verfahren wie dem DCF-Verfahren – in allen seinen Varianten – fehlt es aber an diesem für die Ermittlung des Verkehrswertes wesentlichen Subjekt-Objekt-Bezug. Bei der Anwendung von markorientierten Bewertungsmethoden stellt sich in erster Linie die Frage, welche Marktkapitalisierung die von der Gesellschaft ausgegebenen Finanzierungstitel auf einem idealisierten Markt erreichen würden. Diese Frage ist für die Überlegungen, auf deren Grundlage ein typisierter fiktiver, aber doch individueller Dritter über den Kauf der Gesellschaft entscheidet, allerdings nicht unmittelbar relevant.[916] Bei Anwendung eines marktorientierten Bewertungsmodells, müsste nachgewiesen werden, dass gerade die Preisbildung am Markt eine wesentliche Rolle dabei spielt, welche Entscheidung ein seinen finanziellen Nutzen maximierendes, individuelles

---

911 *Adolff*, Unternehmensbewertung im Recht der börsennotierten Aktiengesellschaft, S. 262.

912 *Adolff*, Unternehmensbewertung im Recht der börsennotierten Aktiengesellschaft, S. 262.

913 *Adolff*, Unternehmensbewertung im Recht der börsennotierten Aktiengesellschaft, S. 262.

914 *Adolff*, Unternehmensbewertung im Recht der börsennotierten Aktiengesellschaft, S. 367 f.

915 *Adolff*, Unternehmensbewertung im Recht der börsennotierten Aktiengesellschaft, S. 367 f.

916 *Adolff*, Unternehmensbewertung im Recht der börsennotierten Aktiengesellschaft, S. 367 f.

Wirtschaftssubjekt über den Erwerb der Gesellschaft trifft.[917] Dieser Nachweis wird allerdings schwer fallen, wenn das Bewertungsobjekt eine GmbH ist.

Das DCF-Verfahren, auch wenn es durchaus individualistische Elemente enthalten kann, muss daher im Ergebnis auch im strukturellen Ausgangspunkt im Vergleich zu einem individualistischeren Verfahren wie es die Ertragswertmethode darstellt[918] als deutlich weniger bzw. gar nicht geeignet zur Ermittlung des Verkehrswertes angesehen werden.

4. Ergebnis

Weder die Substanzwertmethode noch das DCF-Verfahren sind geeignete Methoden um den Verkehrswert beim Ausscheiden eines GmbH-Gesellschafters zu ermitteln. Beide Verfahren werden dem Sinn und Zweck des § 738 Abs. 1 S. 2 BGB nicht gerecht. Allein die Ertragswertmethode ist zur Ermittlung des Verkehrswertes beim Ausscheiden eines GmbH-Gesellschafters aus der GmbH geeignet. Sie trägt aus theoretischen und praktischen Erwägungen heraus dem Normzweck Rechnung. Insbesondere weist sie als individualistisches Bewertungsverfahren den für die Ermittlung des Verkehrswertes erforderlichen Subjekt-Objekt-Bezug auf und stellt auf den finanziellen Zukunftsertrag ab, der auch bei der Ermittlung des Verkehrswertes im Vordergrund steht. Mit der Ertragswertmethode wird der Verkehrswert dem Sinn und Zweck des § 738 Abs. 1 S. 2 BGB entsprechend ermittelt und den Interessen des ausscheidenden Gesellschafters ein normzweckadäquater Schutz geboten.

B. Unternehmensbewertung bei Sacheinlagen in Kapitalgesellschaften

Sacheinlagen sind für Kapitalgesellschaften – unabhängig von deren Größe, Kapitalausstattung oder Ertragssituation – oftmals ein nützliches Finanzierungsinstrument. Durch die Einlage einer Sache lässt sich die Kapitalbasis eines Unternehmens ohne die Mobilisierung liquider Mittel ausdehnen. Als derartige Sacheinlage kommt auch ein Unternehmen bzw. Unternehmensanteile in Betracht. Das ist allgemein anerkannt[919] und ergibt sich zudem ausdrücklich aus § 5 Abs. 4 S. 2 GmbHG. Unternehmen bzw. Unternehmensanteilen als Sacheinlagen kommt gerade in Zeiten, in denen immer schneller auf den Wandel der Märkte reagiert werden muss und Umstrukturierungen

---

917 *Adolff*, Unternehmensbewertung im Recht der börsennotierten Aktiengesellschaft, S. 367 f.

918 Anzumerken ist, dass auch die Ertragswertmethode nicht als ein rein individualistisch ausgeprägtes Verfahren angesehen werden kann. Auch die Ertragswertmethode enthält marktorientierte Elemente. So wird im Rahmen der Ertragswertmethode nach wohl vorherrschendem Standard der Risikozuschlag auf der Grundlage des CAPM ermittelt und damit ebenfalls auf der Basis von Marktdaten.

919 BGH BB 1992, 1806 (1808); *Roth* in: Roth/Altmeppen, GmbHG, § 9, Rn. 2.

von Unternehmen durch Verselbständigungen oder Zusammenlegungen ein tägliches Geschäft darstellen, eine immer höhere Bedeutung zu.[920]

Das Instrument von Sacheinlagen wird in seiner reinen Form und auch in gemischten Formen (z.B. in Kombination mit einer Bareinlage) insbesondere in der M&A-Praxis genutzt. So werden z.B. im Rahmen von sog. Share-for-Share-Transaktionen Anteile einer Gesellschaft in die Zielgesellschaft eingebracht. Alternativ werden in einer Share-for-Asset-Transaktion keine Anteile, sondern andere Vermögensgegenstände eingelegt und im Gegenzug der Einlegende an der Zielgesellschaft beteiligt. Durch diese Vorgehensweise ist es möglich, eine Transaktion ohne zusätzliche (externe) Finanzierung durchzuführen.[921] Zweck einer solchen Sacheinlage kann ferner sein, dass ein Einzelkaufmann oder eine Gesellschaft ihr bisher in anderer Rechtsform betriebenes Unternehmen nunmehr in derjenigen der GmbH fortführen möchte. Denkbar sind auch Unternehmensübertragungen im Rahmen der Gründung von Auffanggesellschaften für sanierungsbedürftige Unternehmen.[922] Ferner sind auch die Auslagerung von Unternehmensteilen auf Tochtergesellschaften und Unternehmenszusammenschlüsse zu erwähnen.[923] Alternativ kommen hier aber auch häufig Tatbestände des Umwandlungsgesetzes in Betracht.[924]

Bei einem Unternehmen oder Unternehmensanteilen, die als Sacheinlagen in Kapitalgesellschaften eingebracht werden, erfordern die Regeln der Kapitalaufbringung, das übertragene Unternehmen bzw. die übertragenen Anteile zu bewerten. Die Grundsätze der Kapitalaufbringung und der Kapitalerhaltung sind Hauptrechtfertigungsgrund für die beschränkte Haftung der Gesellschafter einer GmbH und der Aktionäre einer AG.[925] Der Grundsatz der Kapitalaufbringung besagt, dass die auf das Stamm- bzw. Grundkapital geleisteten Einlagen zumindest einmal in das Vermögen der jeweiligen Gesellschaft zur freien Verfügung der Gesellschaft geleistet werden müssen.[926] Die Gesellschafter sollen durch ihre Einlagen in das Gesellschaftsvermögen ein Garantiekapital aufbringen, das der Gesellschaft als „Betriebskapital“ und den Gläubigern als „Haftungsmasse“ zumindest einmal bei der Gründung der Gesellschaft bzw. bei einer Kapitalerhöhung zur freien Verfügung stehen soll.[927]

Regelmäßig werden bei der Einbringung eines Unternehmens oder eines Unternehmensanteils die Vorschriften der §§ 5, 9 ff., 55 f. GmbHG, §§ 9, 27, 36a, 183 AktG, also die Vorschriften, mit denen das deutsche Kapitalgesellschaftsrecht sicherstellen will, dass die Gesellschafter der Kapitalgesellschaft tatsächlich Einlagen im Wert

---

920 *Reuter*, BB 2000, 2298 (2298).

921 *Nestler*, GWR 2014, 121 (121 f.).

922 *Hennrichs* in: FS Schneider, S. 489 (490).

923 *Schwandtner* in: MüKo, GmbHG, § 5, Rn. 101.

924 *Veil* in: Scholz, GmbHG, § 5, Rn. 53; *Schwandtner* in: MüKo, GmbHG, § 5, Rn. 101.

925 Vgl. *Bungeroth* in: MüKo, AktG, Vorbemerkung § 53a, Rn. 48; *Lange* in: Henssler/Strohn, Gesellschaftsrecht, § 57 AktG, Rn. 1.

926 *Heidinger* in: Beck'scher Online-Kommentar GmbHG, § 30, Rn. 101 f.; *Benz* in: Spindler/Stilz, AktG, § 27, Rn. 2.

927 *Benz* in: Spindler/Stilz, AktG, § 27, Rn. 2.

des eingetragenen Kapitals zukommen lassen, tangiert. Bleibt der Wert der geleisteten Sacheinlage hinter dem Nennbetrag der hierfür ausgegebenen Stammeinlagen bzw. Aktien zurück, haften die einbringenden Gesellschafter jeweils auf die Wertdifferenz (Differenzhaftung) (§ 9 Abs. 1 S. 1 GmbHG, § 36a Abs. 2, S. 3 AktG).[928] Das Registergericht hat daher vor Eintragung der Gesellschaft bzw. der Kapitalerhöhung jeweils die Werthaltigkeit der jeweiligen Sacheinlage zu überprüfen. Regelmäßig fordert das Registergericht daher die Werthaltigkeitsbescheinigung eines Sachverständigen (Steuerberater oder Wirtschaftsprüfer), wenn diese der Anmeldung der Maßnahme nicht bereits als Anlage beigefügt ist (§ 8 Abs. 1 Nr. 5 GmbHG, § 33a Abs. 1, § 37 Abs. 4 Nr. 2, § 183 Abs. 3, § 184 AktG). Ist eine Sacheinlage nicht unwesentlich überbewertet worden, so hat das Gericht die Eintragung abzulehnen (§ 9c Abs. 1 S. 2 GmbHG, § 38 Abs. 2 AktG).

Die Werthaltigkeit einer Sacheinlage ist nicht selten Gegenstand von rechtlichen Streitigkeiten und hat daher eine hohe praktische Relevanz. Insbesondere im Rahmen von Insolvenzverfahren wird der Wert einer Sacheinlage durch den Insolvenzverwalter oft auf den Prüfstand gestellt. Stellt sich heraus, dass der Wert der Sacheinlage hinter dem Nennbetrag der hierfür ausgegebenen Stammeinlagen bzw. Aktien zurückbleibt, haften die einbringenden Gesellschafter noch nachträglich, zeitlich unbefristet für die Wertdifferenz.[929]

I. Schutzzweck des Bewertungsanlasses

Durch die strengen Vorgaben des Gesetzes im Hinblick auf die Gründung einer GmbH oder AG oder der Kapitalerhöhung bei einer GmbH oder AG mittels eines Unternehmens oder eines Unternehmensteils als Sacheinlage sollen in erster Linie die Gläubiger der GmbH vor einer möglichen Unterkapitalisierung der Gesellschaft geschützt werden.[930] Der den Gläubigern zur Verfügung stehende Haftungsfond in Form des Stamm- bzw. Grundkapitals soll zugunsten der Gesellschaftsgläubiger gesichert werden. Die Sacheinlage muss unter den Gesichtspunkten der realen Kapitalaufbringung und des Gläubigerschutzes einer Aufbringung des Stamm- bzw. Grundkapitals durch Bareinlagen entsprechen[931] und den Betrag, der auf die zu leistende Einlage angerechnet werden soll, voll decken.[932] Nach dem GmbHG und dem AktG bedingen sich das Privileg der Haftungsbeschränkung einerseits und die Gebote der Kapitalaufbringung und Kapitalerhaltung andererseits.[933] Diese Gebote

928 *Reuter*, BB 2000, 2298 (2298); für die GmbH auch: *Veil* in: Scholz, GmbHG, § 9, Rn. 1 ff.; zur AG: *Röhricht* in: GroßkommAktG, § 36a, Rn. 17; § 27, Rn. 86 ff., 98 ff.
929 *Schäfer* in: Henssler/Strohn, Gesellschaftsrecht, § 9 GmbHG, Rn. 3 ff.; *Tebben* in: Michalski, GmbHG, § 9, Rn. 6 f.
930 *Schäfer* in: Henssler/Strohn, Gesellschaftsrecht, § 5 GmbHG, Rn. 3.
931 Für die GmbH: *Ulmer/Casper* in: Großkommentar GmbHG, § 5, Rn. 32 ff.
932 Vgl. § 9 Abs. 1 GmbHG und § 36a Abs. 2 AktG.
933 Z.B. *Hennrichs*, NZG 2009, 921 (921); *Hennrichs*, ZGR 1999, 837 (838); *Hennrichs* in: FS Schneider, S. 489 (491); *Goette*, Die GmbH, § 2, Rn. 1.

sind allerdings nicht gegenständlich, sondern wertmäßig zu verstehen: Es kommt auf den Umfang der Haftungsmasse und nicht im Einzelnen auf deren Inhalt an.[934]

Daneben dienen sie auch dem Schutz der übrigen Gesellschafter/Aktionäre der Gesellschaft vor einer unzureichenden Kapitalausstattung der Gesellschaft.[935] Das Stamm- bzw. Grundkapital ist maßgebliches und die Körperschaft als Typus prägendes Kriterium zur Bestimmung der Macht- und Stimmverhältnisse. Im Interesse der Gesellschafter/Aktionäre ist daher sicherzustellen, dass das als Gegenleistung für die Beteiligung vom Inferenten gezeichnete Kapital in der Höhe des dafür gewährten Geschäftsanteils real, endgültig und vollständig zur freien Verfügung steht.[936]

Dem Schutz der Gläubiger bzw. Gesellschafter/Aktionäre vor einer Minimierung ihres Haftungsfonds muss im Rahmen der Unternehmens- bzw. Anteilsbewertung Rechnung getragen werden, da eine nicht ordnungsgemäße Bewertung der Sacheinlage möglicherweise zu einem Verstoß gegen den Grundsatz der Kapitalaufbringung führen kann. Auch hier muss die Unternehmens- bzw. Anteilsbewertung normzweckadäquat erfolgen.

Ob der Sinn und Zweck der Kapitalaufbringungs- bzw. Kapitalerhaltungsvorschriften bei der Bewertung eines Unternehmens bzw. Unternehmensanteils als Sacheinlage tatsächlich diesen Anforderungen gerecht wird und wie sich dieser Schutz der Gläubiger bzw. übrigen Gesellschafter/Aktionäre auf die Unternehmensbewertung auswirkt, soll im Folgenden näher betrachtet werden. Auch hier ist zunächst zu klären, welcher Wertbegriff Anwendung findet. Im Anschluss daran ist zu prüfen, welche Bewertungsmethode dem ermittelten Wertbegriff Rechnung trägt und damit dem Sinn der gesetzlichen Regelung entspricht.

II. Objektiver Wert im Sinne des Zeitwerts

Im Hinblick auf die Kapitalaufbringungsvorschriften des GmbHG und des AktG, die dem Schutz der Gläubiger der Gesellschaft dienen, ist nach allgemeiner Ansicht im juristischen Schrifttum bei der Bewertung von Sacheinlagen nicht auf die subjektiven Bewertungsvorstellungen der Beteiligten, d.h. der Gesellschaft und der Gesellschafter, abzustellen, sondern auf den objektiven Wert der Sacheinlage.[937] Häufig wird hier die Formulierung verwendet, dass auf den Wert der Sacheinlage

934 *Hennrichs*, ZGR 1999, 837 (838).

935 BGHZ 110, 47 (54 f.); *Ekkenga* in: MüKo, GmbHG, § 30, Rn. 16; *Wardenbach* in: Henssler/Strohn, Gesellschaftsrecht, § 27 AktG, Rn. 1; *Koch* in: Hüffer, AktG, § 27, Rn.1; *Schürnbrand* in: MüKo, AktG, § 183, Rn. 1.

936 *Bungeroth* in: MüKo, AktG, Vorbemerkung § 53a, Rn. 48.

937 *Reuter*, BB 2000, 2298 (2299); OLG Köln GmbHR 1998, 42 (43); OLG München GmbHR 1994, 712 (712); *Hennrichs* in: FS Schneider, S. 489 (492); *Bayer* in: Lutter/Hommelhoff, GmbHG, § 9 Rn. 4; *Zeidler* in: Michalski, GmbHG, § 5, Rn. 161; Schwandtner in: MüKo, § 5, Rn. 145.

als dem ihr nach objektiver Beurteilung zukommenden Wert abzustellen sei.[938] Dabei stellen diejenigen, die eine Notwendigkeit „objektiver Beurteilung" des Werts der Sacheinlage betonen, aber nicht auf einen Wert ab, der von der konkreten Lage unabhängig ist. Vielmehr wird davon ausgegangen, dass es nicht auf die Beurteilung der Gesellschafter, sondern auf den Wert der Sacheinlage für die Gesellschaft ankommt.[939] Entscheidend ist danach „die objektive Mehrung des Werts des Gesellschaftsvermögens und somit die Sicherung der Kapitalaufbringung".[940] Abzustellen ist auf den Zeitwert der eingebrachten Gegenstände als den ihnen nach objektiver Beurteilung zukommenden, den Kapitalzufluss bei einer Kapitalgesellschaft zum Ausdruck bringenden Wert.[941] Der für die Beurteilung der Sacheinlage maßgebliche Zeitwert ist nach herrschender Meinung grundsätzlich derjenige Betrag, um den der Gegenstand der Sacheinlage nach objektiver Beurteilung den Wert des Gesellschaftsvermögens erhöht und der in einer handelsrechtlichen Eröffnungsbilanz nach allgemeinen Bewertungsregeln als Höchstwert zulässig wäre.[942] Maßgeblicher Bewertungszeitpunkt ist die Anmeldung der Gesellschaft zur Eintragung in das Handelsregister.[943]

Unter Berücksichtigung des im Rahmen der Kapitalaufbringungsvorschriften im Vordergrund stehenden Gläubigerschutzes ist ein Abstellen auf den Zeitwert aus der Perspektive der Gesellschaft auch geboten. Zum Schutz der Gläubiger muss die Kapitalaufbringung hinlänglich gesichert sein.[944] Für den Gläubigerschutz kommt es aber nicht darauf an, ob und wie ein Dritter die Sacheinlage verwerten kann.

938 *Reuter*, BB 2000, 2298 (2299); Zur GmbH: OLG Düsseldorf GmbHR 1992, 112 (113); *Ulmer/Casper* in: Großkommentar GmbHG § 5, Rn. 91; *Schwandtner* in: MüKo, GmbHG, § 5, Rn. 145; zur AG: *Pentz* in: MüKo, AktG, § 27, Rn. 37.

939 *Ulmer/Casper* in: Großkommentar GmbHG, § 5, Rn. 89 ff.; *Veil* in: Scholz, GmbHG, § 9, Rn. 11; *Röhricht* in: GroßkommAktG, § 36a, Rn. 17, § 27, Rn. 86 ff., 98 ff.

940 *Hennrichs* in: FS Schneider, S. 489 (492).

941 *Schulze-Osterloh*, ZGR 1993, 420 (429 f.); *Hennrichs*, ZGR 1999, 837 (840); *Ulmer/Casper* in: Großkommentar GmbHG, § 5, Rn. 89; *Veil* in: Scholz, GmbHG, § 9, Rn. 11; *Röhricht* in: GroßkommAktG, § 36a, Rn. 17, § 27, Rn. 86 ff., 98 ff.

942 *Schwandtner* in: MüKo, GmbHG, § 5, Rn. 145.

943 Für die GmbH: OLG Düsseldorf WM 1991, 1669 (1670); *Veil* in: Scholz, GmbHG, § 5, Rn. 58; *Fastrich* in: Baumbach/Hueck, GmbHG, § 5, Rn. 34; *Roth* in: Roth/Altmeppen, GmbHG, § 9, Rn. 4; *Zeidler* in: Michalski, GmbHG, § 5, Rn. 160; *Drygala*, ZGR 2006, 587 (612); für die AG: *A. Arnold* in: Kölner Kommentar, AktG, § 27, Rn. 67; *Benz* in: Spindler/Stilz, AktG, § 27, Rn. 34; *Pentz* in: MüKo, AktG, § 27, Rn. 38. Für die GmbH ergibt sich dies ausdrücklich aus § 9 Abs. 1 GmbHG, dem zu entnehmen ist, dass nur ein nach diesem Zeitpunkt eintretender Wertverlust den Gesellschaftern im Hinblick auf eine mögliche Differenzhaftung nicht zum Nachteil gereichen soll. Mit dieser eindeutigen Festlegung des Bewertungsstichtags im Gesetz seit der GmbH-Novelle 1980, wurde ein früherer Streit, der um den maßgeblichen Zeitpunkt der Wertermittlung rankte, erledigt, vgl. hierzu: *Schwandtner* in: MüKo, GmbHG, § 9, Rn. 9.

944 Vgl. *Hennrichs* in: FS Schneider, S. 489 (492).

Vielmehr ist entscheidend, wie die Gesellschaft die Sacheinlage verwerten kann und damit, was die Sacheinlage für die Haftungsmasse der Gesellschaft ausmacht. Aus dem gleichen Grund spielen im Umkehrschluss auch Vorteile keine Rolle, die aus der Sicht der jeweiligen Kapitalgesellschaft keinen Geldwert haben und nicht in Geld umgesetzt werden können, wie z.B. der bloße Zugewinn an Macht oder Einfluss.[945] Auf der Gesellschafterebene müssen derartige Vorteile schon deshalb ausscheiden, weil es auf diese Vorteile, wie soeben dargelegt, nicht ankommt, und auf der Ebene der Kapitalgesellschaft müssen sie ausscheiden, weil es allein auf die Kapitalaufbringung und nicht auf irgendwelchen Machtzuwachs oder sonstige ungeldwerten Vorteile ankommt. Anders kann dies nur sein, wenn sich z.B. der Machtzuwachs für die Kapitalgesellschaft greifbar in Geld umsetzen lässt, wie beispielsweise durch eine Änderung der Ausschüttungspolitik beim Beteiligungsunternehmen.[946]

III. Normzweckadäquate Bewertung des als Sacheinlage zu qualifizierenden Unternehmens

Nachdem somit für die Bewertung der Sacheinlage also auf den Zeitwert des als Sacheinlage einzubringenden Unternehmens bzw. Unternehmensanteils aus der Perspektive der aufnehmenden Gesellschaft abzustellen ist, stellt sich im Weiteren die Frage, mittels welcher Bewertungsmethode dieser Zeitwert zu ermitteln ist. Das Gesetz sieht keine ausdrücklichen Bewertungsvorschriften bzw. eine bestimmte Bewertungsmethode vor.[947] Nach herrschender Meinung sollen Unternehmen bei Sacheinlagen nach ihrem Ertragswert zu bewerten sein.[948] Daher soll im Folgenden überprüft werden, ob die Ertragswertmethode tatsächlich die geeignete Bewertungsmethode zur Ermittlung des Zeitwerts des Unternehmens oder Unternehmensanteils als Sacheinlage darstellt, oder ob nicht doch eine Ermittlung des Unternehmenswertes anhand der Substanzwertmethode oder des DCF-Verfahrens unter Berücksichtigung des im Zentrum der Kapitalaufbringungsvorschriften stehenden Gläubigerschutzaspekts vorzugswürdig ist.

1. Substanzwertverfahren

Im Hinblick auf eine Ermittlung des Unternehmenswertes mittels der Substanzwertmethode kann im Wesentlichen auf die Ausführungen unter § 4 A.VII.1. verwiesen werden. Bewertungsobjekt ist hier gleichermaßen ein Unternehmen. Es ergeben sich hier die gleichen grundsätzlichen Schwierigkeiten, die sich auch bei einer Anwendung des Substanzwertverfahrens im Rahmen der Abfindung

945 *Lutter*, ZGR 1979, 401 (418); *Mertens*, AG 1992, 321 (333 f.).
946 *Reuter*, BB 2000, 2298 (2299).
947 *Zeidler* in: Michalski, GmbHG, § 5, Rn. 159.
948 Zur GmbH: BGH ZIP 1998, (2151) 2151; BGH NJW 1999, 784 (787); KG Berlin GmbHR 1997, 1066 (1067); *Busch*, AG 1995, 555 (558); *Veil* in: Scholz, GmbHG, § 5, Rn. 57; zur AG: *Röhricht* in: GroßkommAktG, § 27, Rn. 92.

von GmbH-Gesellschaftern ergeben, wie der erhebliche Einzelbewertungsaufwand, der bei der Bewertung eines Unternehmens entsteht, oder die nicht oder nur eingeschränkt bilanzierungsfähigen Bestandteile des Unternehmens für die es keinen Marktwert gibt, wie die Kundenbeziehungen, die bei einer Ermittlung des Unternehmenswertes anhand der Substanzwertmethode nur im Rahmen von Schätzungen Berücksichtigung finden können.

Im Ergebnis ist festzustellen, dass das Substanzwertverfahren wie auch die auf ihm basierenden Mittelwertmethoden für die Ermittlung des Zeitwerts des als Sacheinlage einzubringenden Unternehmens oder Unternehmensanteils keine geeigneten Verfahren darstellen.

2. *Ertragswertmethode*

Die Ertragswertmethode ist, wie bereits dargelegt, ein individualistisch geprägtes Bewertungsmodell, d.h. der Ansatz für den Unternehmenswert ergibt sich aus einer klar definierten Subjekt-Objekt-Beziehung.

Bei der Ermittlung des Zeitwerts des als Sacheinlage einzubringenden Unternehmens bzw. Unternehmensanteils ist aus Gläubigerschutzgesichtspunkten auf die Perspektive der aufnehmenden Gesellschaft abzustellen und den Wert, den die einbringende Gesellschaft für die aufnehmende Gesellschaft hat. Die Perspektive der Gesellschafter der aufnehmenden Gesellschaft bzw. der Wert, den das einzubringende Unternehmen für diese hat, spielt grundsätzlich keine Rolle. Insoweit ergibt sich der Ansatz für den Unternehmenswert hier streng genommen aus einer Objekt-Objekt-Beziehung und nicht aus einer Subjekt-Objekt-Beziehung. Vom theoretischen Ausgangspunkt betrachtet, wäre das Ertragswertverfahren bei entsprechend strenger Auslegung somit nicht zur Ermittlung des Unternehmenswertes geeignet.

Eine derart strenge Auslegung wird allerdings der Ertragswertmethode nicht gerecht. Die Ertragswertmethode ist von kapitalmarktorientierten Bewertungsmodellen wie der DCF-Methode abzugrenzen, bei denen die Bewertung gerade nicht mittels einer irgendwie gearteten Subjekt-Objekt-Beziehung erfolgt, sondern anhand der Vorstellungen eines allokationseffizienten Kapitalmarkts im Hinblick auf die Entwicklung der Preise für Fremd- und Eigenkapitaltitel. Die Vorstellungen des Kapitalmarkts spielen im Rahmen der Bewertung eines Unternehmens, das als Sacheinlage in ein anderes Unternehmen eingebracht werden soll, aber keine Rolle. Allein die Perspektive des aufnehmenden Unternehmens ist relevant. Insoweit muss das aufnehmende Unternehmen quasi als „Subjekt" eingestuft werden, aus dessen Perspektive die Bewertung vorzunehmen ist. Kern der Bewertung ist somit doch eine irgendwie geartete Subjekt-Objekt-Beziehung.

Die Ertragswertmethode kann daher vom theoretischen Ausgangspunkt her als ein geeignetes Verfahren zur Ermittlung des Zeitwerts des als Sacheinlage einzubringenden Unternehmens angesehen werden.

Aus rechtlichen Gesichtspunkten könnten allerdings auch einige Argumente gegen das Ertragswertverfahren als ein geeignetes Verfahren zur Ermittlung des Zeitwerts eines Unternehmens, das als Sacheinlage einzubringen ist, sprechen.

Einer Anwendung der Ertragswertmethode im Rahmen der Kapitalaufbringung könnte die Regelung des § 248 Abs. 2 HGB, entgegenstehen. Ein wesentliches, generelles Argument für eine Unternehmensbewertung mittels der Ertragswertmethode ist, dass bei der Ertragswertmethode auch der Geschäfts- oder Firmenwert im Rahmen der hier anzustellenden Vergangenheitsanalyse und Zukunftsprognose zu berücksichtigen ist und damit in die Bewertung einfließt. Gemäß § 248 Abs. 2 HGB dürfen zwar selbst geschaffene immaterielle Vermögensgegenstände des Anlagevermögens als Aktivposten in die Bilanz aufgenommen werden, hiervon ausgeschlossen ist aber der originäre Geschäfts- oder Firmenwert. Dieser ist kein Vermögenswert im Sinne des § 248 Abs. 2 HGB.[949] Ein derivativer Firmenwert ist hingegen gemäß § 246 Abs. 1 S. 4 HGB zu aktivieren und anschließend gemäß § 246 Abs. 1 S. 4 HGB kontinuierlich abzuschreiben.[950] Dementsprechend darf möglicherweise auch im Rahmen der Unternehmensbewertung der originäre Geschäfts- oder Firmenwert des als Sacheinlage einzubringenden Unternehmens nicht berücksichtigt werden,[951] was zu einem Ausschluss der Ertragswertmethode in diesem Fall führen würde. Zweck der kapitalaufbringungsrechtlichen Vorschriften ist es nach dieser Ansicht, zu gewährleisten, dass die Gesellschaft tatsächlich über das angegebene gezeichnete Kapital als Haftungsmasse zum Schutz der Gläubiger verfügt. Das Gesetz verbietet nach dieser Auffassung aber gerade die Aktivierung von selbst geschaffenen immateriellen Vermögenswerten, da deren genauer Wert nicht sicher bestimmt werden kann und damit der Gläubigerschutz unterlaufen werden könnte.[952]

Diese Ansicht lässt allerdings unberücksichtigt, dass bilanzrechtlich sehr wohl eine „Aufstockung von Buch- auf Zeitwerte bei Einbringungsvorgängen (in § 24 UmwG sogar gesetzlich) anerkannt" ist.[953] Dass dieser Aufstockungsbetrag zunächst nach einem „sachgerechten Verfahren" auf die einzelnen Vermögensgegenstände und anschließend auf den Geschäfts- und Firmenwert aufgeteilt werden muss, ist ebenfalls anerkannt.[954] Das in § 248 Abs. 2 HGB normierte Aktivierungsverbot gilt somit bei Sacheinlagen nicht. Damit kann aber auch die Ertragswertmethode zur Ermittlung des Zeitwertes des als Sacheinlage einzubringenden Unternehmens angewendet werden.

---

949 BR-Drucks. 344/08, S. 107 f.; *Hennrichs* in: MüKo, Bilanzrecht, § 248, Rn. 30; *Ballwieser* in: MüKo, HGB, § 248, Rn. 13.

950 *Hommelhoff* in: Lutter/Hommelhoff, GmbHG, § 30, Rn. 12.

951 *Hennrichs*, ZGR 1999, 837 (844 f.).

952 *Moxter*, Bilanzlehre, S. 22; *Hennrichs*, ZGR 1999, 837 (844 f.); *Hennrichs* in: MüKo, Bilanzrecht, § 248, Rn. 30.

953 *Reuter*, BB 2000, 2298 (2300).

954 *Reuter*, BB 2000, 2298 (2300); *Priester* in: FS Nirk, S. 893 (898 ff.); *Gassner* in: FS Widmann, S. 343 (349 f.).

Einer Anwendung der Ertragswertmethode steht auch nicht eine mögliche Wertungsdifferenz zu der Kapitalerhaltungsvorschrift des § 30 GmbHG bzw. § 57 AktG entgegen. Während im Rahmen des § 30 GmbHG Zahlungen an Gesellschafter ausnahmslos verboten sind, wenn der Betrag des Stammkapitals nicht durch das Gesellschaftsvermögen gedeckt ist bzw. dieses durch die Zahlung darunter absinken würde,[955] verbietet § 57 AktG grundsätzlich jegliche finanziellen Leistungen der AG an einzelne oder sämtliche Aktionäre, die aufgrund ihrer Mitgliedschaft erfolgen und nicht ausnahmsweise gesetzlich zulässig sind, aus dem Bilanzgewinn erfolgen oder durch eine gleichwertige Gegenleistung des Aktionärs ausgeglichen werden und die zu einer wertmäßigen Beeinträchtigung des Gesamtvermögens der Gesellschaft führen.[956]

Nach einer – umstrittenen – Ansicht darf im Rahmen des § 30 GmbHG, § 57 AktG unter Berücksichtigung des jeweiligen vorgenannten Schutzzwecks der originäre Geschäfts- oder Firmenwert nicht berücksichtigt werden.[957] Diese Ansicht geht davon aus, dass eine mögliche Unterbilanz jeweils durch Fortschreibung des letzten Jahresabschlusses festzustellen sei, so dass hier § 248 Abs. 2 HGB anwendbar bleibe.[958] Dies soll auch für die Bewertung eines Unternehmens als Sacheinlage gelten, da es sowohl im Rahmen der Kapitalaufbringung als auch im Rahmen der Kapitalerhaltung um den Schutz des den Gläubigern der Gesellschaft zur Verfügung stehenden Haftungsfonds geht. Eine unterschiedliche Behandlung sei danach aus Wertungsgesichtspunkten nicht gerechtfertigt.[959]

Diese Ansicht verkennt jedoch, dass Schutzzweck sowohl der Kapitalaufbringung als auch der Kapitalerhaltung zwar allgemein der Schutz des Haftungsfonds ist, dies aber nicht gleichzeitig einen Liquiditätsschutz impliziert. Denn Sacheinlagen lassen sich von der Natur der Sache her schwerer liquidieren als Barmittel.[960]

Im Übrigen lässt diese Ansicht unberücksichtigt, dass die jeweiligen Anknüpfungspunkte für die Wertermittlung bei Kapitalaufbringung und -erhaltung jeweils unterschiedlich sind. So kommt es für die Werthaltigkeit einer Sacheinlage im Sinne der Kapitalaufbringung gemäß § 9 GmbHG, § 27 AktG auf den Zeitpunkt der Einbringung der Sacheinlage an und nicht auf spätere Entwicklungen des als Sacheinlage eingebrachten Unternehmens, wohingegen es für die Wertermittlung bei der Kapitalerhaltung nach § 30 GmbHG, § 57 AktG jeweils auf den Zeitpunkt der Auszahlung an die betreffenden Gesellschafter ankommt.[961] Somit ist auch die Entwicklung der Sacheinlage zu berücksichtigen.

---

955 *Fastrich* in: Baumbach/Hueck, GmbHG, § 30 Rn. 13.

956 *Lange* in: Henssler/Strohn, Gesellschaftsrecht, § 57 AktG, Rn. 2.

957 *Hommelhoff* in: Lutter/Hommelhoff, GmbHG, § 30, Rn. 12.

958 *Hennrichs*, ZGR 1999, 837 (844 ff.); *Hommelhoff* in: Lutter/Hommelhoff, GmbHG, § 30, Rn. 10 ff.

959 *Hennrichs*, ZGR 1999, 837 (844 ff.).

960 BGH NJW 1996, 1473 (1476); *Reuter*, BB 2000, 2298 (2302).

961 *Reuter*, BB 2000, 2298 (2302); *Hommelhoff* in: Lutter/Hommelhoff, GmbHG, § 30, Rn. 17; *Verse* in: Scholz, GmbHG, § 30, Rn. 59.

Einer möglichen Wertungsdifferenz zu der Kapitalerhaltungsvorschrift des § 30 GmbHG steht insbesondere aber die mit dem MoMiG eingeführte bilanzielle Betrachtungsweise entgegen. Es ist das Vermögen im bilanziellen Sinn geschützt, nicht aber die Liquidität. So verstößt z.B. eine Leistung an den Gesellschafter dann nicht gegen das in § 30 GmbHG geregelte Verbot der Einlagenrückgewähr, wenn die Leistung durch einen vollwertigen Gegenleistungs- oder Rückgewähranspruch gegen den Gesellschafter gedeckt ist. Es muss anhand eines Drittvergleichs festgestellt werden, ob die Gegenleistung der Leistung gleichwertig ist. Dabei kommt es nicht auf den bilanziellen, sondern auf den wirklichen Wert an.[962] Dies entspricht aber auch der bei Bewertung der Sacheinlage zugrunde zu legenden Betrachtungsweise. Auch hier kommt es auf den wirklichen, objektiven Wert der Sacheinlage an. Es ist auf den Zeitwert der eingebrachten Gegenstände als den ihnen nach objektiver Beurteilung zukommenden, den Kapitalzufluss bei einer Kapitalgesellschaft zum Ausdruck bringenden Wert abzustellen.[963]

Schlussendlich stehen auch die allgemeinen Risiken, die mit der Ertragswertmethode aufgrund der ihr innewohnenden Prognoseelemente im Hinblick auf die vorzunehmende Zukunftsprognose oder auch den mit dem Kapitalisierungszinssatz verbundenen Unsicherheiten verbunden sind, einer Anwendung der Ertragswertmethode nicht entgegen. Die damit verbundenen Unsicherheiten lassen sich zwar nicht in Gänze eliminieren und müssen stets im Auge behalten werden. Die Ertragswertmethode ist jedoch trotz dieser Unwägbarkeiten am ehesten für eine Bewertung des einzubringenden Unternehmens geeignet. Wie zuvor bereits dargelegt, kommt das Substanzwertverfahren grundsätzlich nicht in Betracht. Auch die DCF-Methode scheidet, wie nachfolgend noch ausgeführt werden wird, zur Bewertung eines Unternehmens oder Unternehmensanteils, die als Sacheinlage in eine Kapitalgesellschaft eingebracht werden sollen, aus.[964] Alternativ wäre es daher nur möglich, von einer Bewertung eines Unternehmens als Sacheinlage aus Vorsichtsmaßnahmen zum Schutz der Gläubiger vollständig abzusehen. Damit würde allerdings zum einen weder dem Gesetz Rechnung getragen werden, wonach sich aus § 5 Abs. 4 S. 2 GmbHG ausdrücklich ergibt, dass ein Unternehmen bzw. Unternehmensanteile grundsätzlich als Sacheinlage in ein Unternehmen eingebracht werden können. Zum anderen würde damit auch das Interesse des Einbringenden verletzt, das Privileg der Haftungsbeschränkung auch bei Einbringung eines Unternehmens bzw. Unternehmensanteils zu erlangen. In den meisten Fällen haftet dem Unternehmen ein bestimmter Wert an. Es wäre aber ein völlig überzogener Gläubigerschutz, wenn man aus Vorsichtsgründen diesen Wert nicht berücksichtigen würde. Ferner hätte es fatale Konsequenzen für die Wirtschaft, wenn ein Unternehmen als Sacheinlage nicht mehr zur Verfügung stehen würde, wie die zuvor dargestellten Anwendungsfälle für Unternehmen als Sacheinlagen zeigen.

---

962 *Fleischer* in: Henssler/Strohn, Gesellschaftsrecht, § 30 GmbHG, Rn. 25.

963 Siehe die Ausführungen unter § 4 B.II.

964 Siehe hierzu die Ausführungen unter § 4 B.III.3.

Anders mag dies allerdings zu beurteilen sein, wenn es sich bei dem einzubringenden Unternehmen um ein solches handelt, dass sich gerade erst im Aufbau befindet und bei dem es dementsprechend noch keine Zahlen für eine Vergangenheitsanalyse gibt. Dem Bewerter bleibt hier lediglich eine reine Zukunftsbetrachtung. Insoweit fehlen hier allerdings auch häufig verlässliche Planzahlen auf denen eine Zukunftsprognose aufbauen kann. Hier können lediglich allgemeine Vorstellungen über die mögliche Entwicklung des Unternehmens Basis für die Zukunftsprognose sein. Das führt natürlich zu gewissen Ungenauigkeiten bei der Bewertung und damit auch zu einer Schwächung des Gläubigerschutzes.[965] Die inhaltliche Qualität und Genauigkeit der Ertragswertmethode steht in engem Zusammenhang mit der Qualität und der Quantität der Informationen, die zur Verfügung gestellt werden.[966] Mangels alternativer Bewertungsmethoden muss man sich daher diese Unsicherheitsfaktoren stets vor Augen führen und bei der Bewertung entsprechend berücksichtigen, indem man z.B. bei der vorzunehmenden Schätzung der zukünftigen Zahlen das Vorsichtsprinzip walten lässt und konservativ geschätzte Zahlen zu Grunde legt.

Geht man also von einer grundsätzlichen Eignung der Ertragswertmethode zur Ermittlung des Unternehmenswertes bei einem Unternehmen als Sacheinlage aus, sind im Weiteren die einzelnen Parameter zu bestimmen, aus denen sich die Ertragswertmethode zusammensetzt.

a) Ertragswertermittlung und vorhandenes Unternehmenskonzept

aa) Informationsstand

Nach dem „strengen" Stichtagsprinzip, dem im Rahmen dieser Arbeit gefolgt wird, dürfen auch bei der Bewertung eines Unternehmens, das als Sacheinlage eingelegt werden soll, nur solche Informationen verwendet werden, die am Stichtag vorhersehbar waren und aus der Sicht des aufnehmenden Unternehmens unter Annahme einer kooperierenden Geschäftsführung im Rahmen einer Due Diligence bei angemessener Sorgfalt am Bewertungsstichtag erkennbar gewesen wären. Dem strengen Stichtagsprinzip entsprechend dürfen später bekanntwerdende Informationen auch hier nur im Sinne einer Wertaufhellung berücksichtigt werden, wenn sie vom Sachverständigen zum Bewertungsstichtag schon hätten erkannt werden können, also dem Tag der Anmeldung der Gesellschaft zur Eintragung ins Handelsregister.

bb) Entwicklungskonzept

Das der Ertragswertprognose zugrunde zu legende Entwicklungskonzept ist ebenfalls aus der Perspektive der aufnehmenden Gesellschaft und unter Berücksichtigung des mit der Kapitalaufbringung verfolgten Schutzzwecks zu berücksichtigen. Maßgebend ist allein der Standpunkt der das Unternehmen bzw. den Unternehmensanteil aufnehmenden Gesellschaft. Im Gegensatz zu dem bei der Abfindung von

965 *Hennrichs*, ZGR 1999, 838 (851 f.).
966 *Hennrichs*, ZGR 1999, 838 (851 f.).

GmbH-Gesellschaftern zugrunde zu legenden Entwicklungskonzept ist nicht von einem möglichst optimalen Unternehmenskonzept auszugehen.

Stattdessen ist unter Berücksichtigung des hinter der Kapitalaufbringung stehenden Gläubigerschutzaspekts das zum Bewertungsstichtag bestehende Unternehmenskonzept mit allen zu diesem Zeitpunkt realistischen Marktchancen, Marktrisiken und finanziellen Möglichkeiten des Unternehmens anwendbar. Hiervon umfasst sind „grundsätzlich auch Erfolgschancen, die sich zum Bewertungsstichtag aus bereits eingeleiteten Maßnahmen oder aus hinreichend konkretisierten Maßnahmen im Rahmen des bisherigen Unternehmenskonzepts und der Marktgegebenheiten ergeben".[967] Mögliche, aber noch nicht hinreichend konkretisierte Maßnahmen wie z.B. zukünftige Investitionen sind schon aus Gläubigerschutzgesichtspunkten unbeachtlich. Ebenso unbeachtlich müssen die zukünftigen Pläne der alten oder neuen Gesellschafter bleiben, da diese aus Gläubigerschutzgesichtspunkten als zu unsicher für ein möglichst verlässliches Unternehmenskonzept und damit für eine möglichst genaue Bewertung angesehen werden müssen. Das Unternehmenskonzept muss im Ergebnis plausibel und möglichst weitgehend objektivierbar und nachprüfbar sein, um dem Gläubigerschutz hinreichend Rechnung zu tragen.

cc) Berücksichtigung von Steuereffekten

Nach dem IDW S 1 2008 sind bei der Berechnung des Ertragswertes grundsätzlich die persönlichen Ertragssteuern der Gesellschafter der zu bewertenden Kapitalgesellschaft zu berücksichtigen.[968] Dies ist in der Logik des IDW S 1 2008 auch konsequent, da dieser für die Unternehmensbewertung vom Standpunkt der an der Gesellschaft beteiligten Gesellschafter ausgeht.[969]

Im Rahmen der Bewertung eines Unternehmens als Sacheinlage kommt es gemäß §§ 5, 9, 56 GmbHG, §§ 27, 183 AktG nicht auf die Perspektive der Gesellschafter der Gesellschaft an, sondern auf die Perspektive der Kapitalgesellschaft und die Stärkung ihrer Fähigkeit, die Gläubiger der Gesellschaft zu bedienen.[970] Dementsprechend sind bei der Bewertung einer Kapitalgesellschaft, die als Sacheinlage eingebracht wird, zwar die Ertragssteuern der Gesellschaft, aber nicht die Ertragssteuern der Gesellschafter zu berücksichtigen.[971]

Bei der Berechnung der Ertragssteuern der Gesellschaft sind ferner die Verlustvorträge des als Sacheinlage eingebrachten Unternehmens zu berücksichtigen[972] und die Verlustvorträge der aufnehmenden Kapitalgesellschaft in die Bewertung mit

967 *Hennrichs* in: FS Schneider, S. 489 (493); vgl. auch IDW S 1 2008, Rn. 32, 151.
968 Siehe hierzu die Ausführungen unter § 2 C.IV.2.b)aa)(4).
969 *Reuter*, BB 2000, 2298 (2301).
970 Vgl. § 4 B.II.
971 *Reuter*, BB 2000, 2298 (2301).
972 *IDW*, WP Handbuch 2014, Bd. II, S. 24; *Reuter*, BB 2000, 2298 (2301). In der Praxis finden sich jedoch kaum noch Konstellationen, bei denen die Verlustvorträge von

einzubeziehen, die durch künftige Erträge des eingebrachten Unternehmens nutzbar gemacht werden können. Hier ist zu differenzieren, ob die Kapitalgesellschaft im Prognosezeitraum Erträge ausschließlich aus dem eingebrachten Unternehmen bezieht oder ob sie auch noch Erträge aus anderen Quellen bezieht und ihre bestehenden Verlustvorträge hierdurch nutzen kann. Nur wenn Ersteres der Fall ist, lässt sich der entsprechende Steuervorteil eindeutig der Sacheinlage zuordnen und kann entsprechend genutzt werden und ist daher zu berücksichtigen.[973]

dd) Eigen- und Fremdkapitalquote

Da der Erfolg eines Unternehmens vor allem von seinen Kapitalkosten, insbesondere von seinem Zinsaufwand für Fremdkapital abhängt, sind bei der Bewertung nach der Ertragswertmethode grundsätzlich auch die Finanzierungspläne, mithin die künftige Kapitalstruktur der Gesellschaft in die Unternehmensbewertung einzustellen.[974] Wird eine Kapitalgesellschaft als Sacheinlage in ein Unternehmen eingebracht, so muss daher die Finanzierungsgestaltung des eingebrachten Unternehmens zugrunde gelegt werden, wie sie sich aus der Einbringungsvereinbarung ergibt. Dabei sind hinsichtlich der entstehenden Kosten für mögliche Finanzierungen die tatsächlichen Kosten anzusetzen, die der Kapitalgesellschaft entstehen werden.[975]

ee) Liquidationswert als Untergrenze

Geht man aus Gläubigerschutzgründen von einem eher „konservativen“ zum Zeitpunkt der Bewertung aber realistischen Unternehmenskonzept aus, so muss der Liquidationswert gleichzeitig auch die Wertuntergrenze für die Unternehmensbewertung darstellen. Alle anderen Annahmen würde das Kapitalaufbringungsrecht völlig aushebeln.

ff) Berücksichtigung von Synergieeffekten

Auch wenn im Rahmen dieser Arbeit generell von einer Berücksichtigung von Synergieeffekten (echten und unechten) bei der Unternehmensbewertung ausgegangen wird,[976] stellt sich unter Gläubigerschutzgesichtspunkten dennoch die Frage, ob auch Synergieeffekte zu berücksichtigen sind, die im speziellen Fall der Einbringung eines Unternehmens als Sacheinlage generiert werden, also Vorteile, die sich aus dem Verbund des eingebrachten Unternehmens mit der aufnehmenden Gesellschaft ergeben.

---

eingebrachten Unternehmen beim aufnehmenden Unternehmen genutzt werden können. In aller Regel gehen die Verlustvorträge verloren.

973 *Reuter*, BB 2000, 2298 (2301).

974 IDW S 1 2008, Rn. 27 ff., 52 ff.; *Reuter*, BB 2000, 2298 (2301).

975 *Reuter*, BB 2000, 2298 (2301).

976 Siehe hierzu die Ausführungen unter § 2 C.IV.6.b).

Da es auf die Mehrung des Gesellschaftsvermögens der aufnehmenden Gesellschaft gerade durch die Sacheinlage ankommt, sind zunächst etwaige Synergieeffekte, die sich durch die Unternehmensverbindung bei anderen Konzerngesellschaften (z.B. der Muttergesellschaft) ergeben können, von solchen abzugrenzen, die bei der aufnehmenden Kapitalgesellschaft entstehen können. Synergieeffekte, die sich gegebenenfalls durch die Unternehmensverbindung bei anderen Konzerngesellschaften (z.B. der Muttergesellschaft) ergeben können, sind aus der Sicht der aufnehmenden Gesellschaft bei der Bewertung der Sacheinlage nicht zu berücksichtigen. Entscheidend ist alleine der Mehrwert, den das einzubringende Unternehmen für die aufnehmende Kapitalgesellschaft hat.[977] Demgegenüber ist bei Synergieeffekten, die bei der aufnehmenden Kapitalgesellschaft entstehen können, wieder zu differenzieren zwischen echten und unechten Synergieeffekten. Unechte Synergieeffekte können unstreitig in die Unternehmensbewertung einfließen.[978] Dagegen sollen echte Synergieeffekte unter Berücksichtigung des IDW S 1 2008 im Zusammenhang mit der Kapitalaufbringung nicht berücksichtigt werden dürfen.[979]

Meines Erachtens ist diese Auffassung aber auch unter kapitalaufbringungsrechtlichen Gesichtspunkten abzulehnen. Vom Wertungsstandpunkt der §§ 5, 9, 56 GmbHG wie auch der §§ 27, 183 AktG spricht nichts dagegen, auch echte Synergieeffekte in die Bewertung einfließen zu lassen. Aus Wertungsgesichtspunkten kommt es nach diesen Vorschriften darauf an, welchen Wert der Gegenstand der Sacheinlage aus Sicht der aufnehmenden Kapitalgesellschaft hat und ob er die Haftungsmasse für die Gläubiger der Gesellschaft in einem Umfang vermehrt, der dem Betrag des hierfür gezeichneten Kapitals entspricht.[980] Allein diese Kriterien sind entscheidend. Sind mit dem als Sacheinlage einzubringenden Unternehmen echte Synergieeffekte für das aufnehmende Unternehmen verbunden, sind diese, sofern die Synergieeffekte bereits am Bewertungsstichtag angelegt sind, auch entsprechend zu berücksichtigen. Die Sicht der beteiligten Gesellschafter ist diesbezüglich irrelevant.

Insbesondere erhalten die Gesellschafter auch keine überproportionalen Vorteile, wenn Synergieeffekte bei der die Sacheinlage empfangenden Gesellschaft berücksichtigt werden. Die Gesellschafter partizipieren nicht schon an diesen Synergieeffekten – so die Argumentation der Befürworter dieses Ansatzes – auf Grund ihres neuen Anteils an der aufnehmenden Gesellschaft. Dieses Argument ist auf Gesellschafterebene nicht stichhaltig.[981] Entscheidend ist vielmehr die davor zu beantwortende Frage, wie groß der Anteil sein soll, den der die Sacheinlage einbringende Gesellschafter erhalten soll. Dass aber Alt- und Neugesellschafter bei

977 *Reuter*, BB 2000, 2298 (2303 f.); *Hennrichs* in: FS Schneider, S. 489 (493 f.).
978 OLG Stuttgart NZG 2007, 112 (119); *Reuter*, BB 2000, 2298 (2303 f.); *Hennrichs* in: FS Schneider, S. 489 (494).
979 IDW S 1 2008, Rn. 50 f.; vgl. *Reuter*, BB 2000, 2298 (2304).
980 *Reuter*, BB 2000, 2298 (2304 ff.).
981 *Mertens*, AG 1992, 321 (330 ff.).

einer Berücksichtigung von Synergieeffekten ungleich behandelt werden, müsste erst einmal nachgewiesen werden.[982]

Des Weiteren wird gegen eine Berücksichtigung von Synergieeffekten im Rahmen der Kapitalaufbringung vorgebracht, dass nur der Wert bei der Unternehmensbewertung Berücksichtigung finden darf, der dem einzubringenden Unternehmen „unmittelbar anhaftet".[983] Diese Ansicht verkennt allerdings den Zweck des Gebots der Kapitalaufbringung. Es kommt nicht darauf an, wie der Kapitalgesellschaft die Sacheinlage zufließt, sondern nur, dass sie ihr irgendwie zufließt. Das hat aber nichts mit der Frage zu tun, ob Vorteile, die beim Gesellschafter entstehen, in der Wertrelation, also auf der Gesellschafterebene zu berücksichtigen sind. Vorteile, die nicht bei der Kapitalgesellschaft entstehen, sind kapitalaufbringungsrechtlich unerheblich. Wenn sie aber bei der Kapitalgesellschaft entstehen und durch die Einbringung kausal im Sinne einer Conditio sine qua non verursacht worden sind, können sie auch in die Wertberechnung eingestellt werden.[984]

Eine Berücksichtigung von Synergieeffekten ist auch nicht aufgrund ihres „sehr subjektiven Einschlags" abzulehnen, der angenommen wird, weil sich die Synergieeffekte zwischen dem einzubringenden Unternehmen und den Betrieben der aufnehmenden Gesellschaft stark von Synergieeffekten unterscheiden könnten, die das einzubringende Unternehmen mit anderen Unternehmen erzielen könnte.[985] Es kommt alleine auf den Wert an, den das einzubringende Unternehmen für die aufnehmende Gesellschaft und deren Haftungsmasse und damit die Gesellschaftsgläubiger hat. Aus diesem Grund muss auch allein auf die Synergieeffekte bei der aufnehmenden Gesellschaft abgestellt werden und nicht darauf, ob diese Synergieeffekte auch in der Verbindung mit anderen Unternehmen erzielt werden können.[986]

Auch das Argument, dass die Kapitalaufbringungsvorschriften eine Berücksichtigung von echten Synergieeffekten verbieten, weil diese „unsicher und regelmäßig nur schwer überprüfbar" seien,[987] steht einer Berücksichtigung von echten Synergieeffekten nicht entgegen. Es ist auf die zukünftigen Ertragsaussichten abzustellen. Hierzu gehören zukünftige Ertragsaussichten, die durch die Synergieeffekte erzielt werden können. Regelmäßig können diese aber nur berücksichtigt werden, wenn sie möglich und am Bewertungsstichtag bereits irgendwie zumindest angelegt sind, und zwar mindestens durch plausible sowie dokumentierte Planungen.[988] Ist das nicht der Fall oder bestehen hieran realistische Zweifel, so müssen echte Synergieeffekte mit Blick auf das Kapitalaufbringungsrecht bei der Unternehmensbewertung nach der Ertragswertmethode unberücksichtigt bleiben.

---

982 *Reuter*, BB 2000, 2298 (2304 ff.).
983 *Urban* in: FS Sandrock, S. 305 (314 f.).
984 *Reuter*, BB 2000, 2298 (2304 ff.).
985 *Urban* in: FS Sandrock, S. 305 (315).
986 *Reuter*, BB 2000, 2298 (2304 ff.).
987 *Urban* in: FS Sandrock, S. 305 (315).
988 *Reuter*, BB 2000, 2298 (2304 ff.).

b) *Kapitalisierungszins*

Der Kapitalisierungszins ist grundsätzlich durch den Vergleich mit der Investition in eine Alternativrendite zu ermitteln.[989] Die Alternativrendite ist im Fall eines Unternehmens als Sacheinlage vom Standpunkt der aufnehmenden Kapitalgesellschaft unter Berücksichtigung gläubigerschutzrechtlicher Aspekte zu identifizieren. Mit Blick auf den Gläubigerschutzaspekt ist von einer geringen Risikobereitschaft im Hinblick auf die mögliche Alternativrendite auszugehen. Auch das gewählte Verfahren zur Ermittlung des Kapitalisierungszinssatzes muss dem Rechnung tragen und entsprechend ausgewählt werden.

Problematisch wird die Ermittlung des Kapitalisierungszinssatzes bei kleineren und mittleren Unternehmen. Diese stellen sich nämlich häufig gar nicht als ein „Investitionsobjekt" dar, dem man eine andere Investitionsalternative vergleichend gegenüberstellen könnte. Solche Unternehmen sind zwar eine Einnahmequelle für ihren Inhaber, aufgrund ihrer starken Personenbezogenheit haben sie aber keinen eigentlichen Marktwert, sondern sind oftmals sogar unverkäuflich oder es werden Preise mit ihnen erzielt, die im Ergebnis deutlich unterhalb des im Rahmen der Unternehmensbewertung ermittelten Wertes liegen.[990] Interessenten kaufen ein solches Unternehmen grundsätzlich nicht, sondern eröffnen selbst ein derartiges Unternehmen. Aus diesem Grund werden solche Unternehmen allerdings auch nur selten Gegenstand einer Sacheinlage sein, weshalb sich in der Praxis dieses Problem wohl auch nur selten ergeben wird. Aus diesem Grund soll diesem generellen Problem im Rahmen dieser Arbeit auch nicht vertiefend nachgegangen werden.

c) *Nicht betriebsnotwendiges Vermögen*

Hinsichtlich der Frage, ob Vermögensgegenstände zum betriebsnotwendigen oder nicht betriebsnotwendigen Vermögen gehören, ist auch hier die tatsächliche Unternehmenspolitik entscheidend. Es ist auf die tatsächliche Funktion des betreffenden Vermögensgegenstandes nach der betrieblichen Organisation des zu bewertenden Unternehmens abzustellen.[991] Bestehen Zweifel daran, ob der Vermögensgegenstand zum betriebsnotwendigen oder nicht betriebsnotwendigen Vermögen gehört, so muss der Vermögensgegenstand bereits im Hinblick auf den im Rahmen der Kapitalaufbringung wesentlichen Aspekt des Gläubigerschutzes im Zweifel als nicht betriebsnotwendiges Vermögen eingeordnet und somit gesondert bewertet werden.[992]

---

989 § 2 C.IV.2.b)bb).

990 *Piltz*, Die Unternehmensbewertung in der Rechtsprechung, S. 50 f.; *Hennrichs*, ZGR 1999, 837 (853).

991 OLG Düsseldorf AG 2002, 398 (400 f.); OLG Düsseldorf AG 2003, 688 (692); OLG Düsseldorf AG 2004, 324 (328); *Großfeld*, Recht der Unternehmensbewertung, Rn. 1158 ff.

992 Siehe hierzu die Ausführungen unter § 2 C.IV.2.b)aa)(3).

d) Ergebnis

Im Ergebnis ist die Ertragswertmethode somit trotz kritischer Punkte als ein geeignetes Verfahren zur Ermittlung des Zeitwertes eines Unternehmens, das als Sacheinlage in eine Kapitalgesellschaft eingebracht werden soll, anzusehen. Die Ertragswertmethode wird insoweit dem hinter dem Recht der Kapitalaufbringung stehenden Gläubigerschutz gerecht. Die rechtlichen Vorgaben der §§ 5, 9, 56 GmbHG, §§ 27, 183 AktG erfordern allerdings einige Modifikationen im Hinblick auf die Parameter der Ertragswertmethode, weil das Recht der Kapitalaufbringung den Nutzen des eingebrachten Unternehmens nicht aus der Sicht der Gesellschafter der Kapitalgesellschaft, sondern aus der Sicht der Kapitalgesellschaft selbst beurteilt.

Hinsichtlich der Parameter, die bei Anwendung der Ertragswertmethode zu Grunde zu legen sind, lässt sich insoweit zusammenfassend festhalten:

- Es ist von dem am Bewertungsstichtag bestehenden Unternehmenskonzept unter Berücksichtigung aller zu diesem Zeitpunkt plausiblen und realistischen Marktchancen, Marktrisiken und finanziellen Möglichkeiten des als Sacheinlage einzulegenden Unternehmens vom Standpunkt der aufnehmenden Gesellschaft auszugehen.
- Entsprechend dem strengen Stichtagsprinzip dürfen nur Informationen verwendet werden, die am Stichtag aus der Sicht der aufnehmenden Gesellschaft unter Annahme einer kooperierenden Geschäftsführung im Rahmen einer Due Diligence bei angemessener Sorgfalt erkennbar waren.
- Der Liquidationswert bildet grundsätzlich die Wertuntergrenze.
- Die Ertragssteuern sind auf Gesellschafterebene außer Acht zu lassen.
- Die Kapitalaufbringungsregeln stehen einer Berücksichtigung echter Synergieeffekte nicht entgegen. Diese sind allerdings nur zu berücksichtigen, wenn sie tatsächlich möglich und am Bewertungsstichtag bereits angelegt sind.
- Der Kapitalisierungszinssatz ist unter der Annahme einer geringen Risikobereitschaft hinsichtlich einer möglichen Alternativrendite zu ermitteln.
- Bei der Abgrenzung des betriebsnotwendigen vom nicht betriebsnotwendigen Vermögens ist auf die tatsächliche Funktion der betreffenden Vermögensgegenstände nach der betrieblichen Organisation des zu bewertenden Unternehmens abzustellen.

3. DCF-Verfahren

Das DCF-Verfahren als ein grundsätzlich marktorientiertes Verfahren bei dem im Vordergrund steht, wie sich die Preise für Fremd- und Eigenkapitaltitel entwickeln,[993] passt bereits von seinem theoretischen Ansatz her nicht zur Bewertung eines Unternehmens bei dem der Zeitwert aus Gläubigerschutzgesichtspunkten aus der Sicht der aufnehmenden Kapitalgesellschaft zu bestimmen ist.

993 Siehe hierzu auch die Ausführungen unter § 2 C.IV.3.

Die Vorstellungen des Kapitalmarktes, auf die es beim DCF-Verfahren ankommt, dürfen bei der Bewertung eines Unternehmens, bei dem der Zeitwert vom Standpunkt der aufnehmenden Kapitalgesellschaft zu ermitteln ist, keine Rolle spielen, da die Interessen des Kapitalmarktes von den Interessen der aufnehmenden Kapitalgesellschaft, die allein auf den Nutzen abstellt, den das einzubringende Unternehmen für die aufnehmende Kapitalgesellschaft hat, erheblich abweichen können.

Bei der Ermittlung des Zeitwerts einer Kapitalgesellschaft steht ebenfalls eine individualistisch geprägte Subjekt-Objekt-Beziehung im Zentrum und nicht der Kapitalmarkt. Es wird ein fiktiver Prozess simuliert, bei dem der Nutzen der einzubringenden Kapitalgesellschaft für die aufnehmende Kapitalgesellschaft möglichst realitätsnah und plausibel ermittelt werden soll. Hieraus ergibt sich schließlich der Unternehmenswert. Das steht aber dem Prozess, anhand dessen der Unternehmenswert nach dem DCF-Verfahren ermittelt wird, diametral entgegen. Bei diesem steht im Vordergrund, welche Marktkapitalisierung die von der Gesellschaft ausgegebenen Finanzierungstitel auf einem idealisierten Markt erreichen würden. Ein Abstellen auf einen idealisierten Markt widerspricht aber dem bei der Kapitalaufbringung im Vordergrund stehenden Gläubigerschutz, der eine möglichst realitätsnahe, plausible und nachvollziehbare Bewertung erfordert und keine irgendwie geartete idealisierte Vorstellung. Beim DCF-Verfahren fehlt es an einem entsprechenden Subjekt-Objekt-Bezug. Die Frage, die sich bei der Anwendung von markorientierten Bewertungsmethoden stellt, nämlich welche Marktkapitalisierung die von der Gesellschaft ausgegebenen Finanzierungstitel auf einem idealisierten Markt erreichen würden, ist irrelevant für die Ermittlung des individuellen Nutzens, den die einzulegende Gesellschaft für die aufnehmende Gesellschaft hat.

Das DCF-Verfahren scheidet daher bereits wegen seines theoretischen Ausgangspunkts für die Ermittlung des Zeitwerts einer als Sacheinlage einzulegenden Kapitalgesellschaft aus.

Darüber hinaus stehen der Anwendung des DCF-Verfahrens zur Ermittlung des Unternehmenswerts bei einer als Sacheinlage einzubringenden Kapitalgesellschaft auch praktische Erwägungen entgegen. Es stellt sich, zumindest, wenn das zu bewertende Unternehmen eine nicht börsennotierte Kapitalgesellschaft ist, auch hier das praktische Problem, dass es keinen geeigneten Index gibt, der zur Ermittlung der unternehmensspezifischen Risikoprämie, also des Betafaktors, herangezogen werden kann.

Das DCF-Verfahren muss im Ergebnis insbesondere wegen seines kapitalmarkttheoretischen Ansatzes als ungeeignet für die Ermittlung des Zeitwerts der als Sacheinlage einzubringenden Kapitalgesellschaft angesehen werden.

4. *Ergebnis*

Zusammenfassend lässt sich festhalten, dass bei der Bewertung des Zeitwerts der als eine Sacheinlage einzubringenden Kapitalgesellschaft oder der Anteile hieran sowohl die Substanzwertmethode als auch das DCF-Verfahren als geeignete Bewertungsmethoden ausscheiden. Allein – wenn auch nicht ganz unkritisch – die

Ertragswertmethode kommt als aus theoretischen und praktischen Erwägungen heraus normzweckadäquates Verfahren für die Bewertung der einzubringenden Kapitalgesellschaft oder von deren Anteilen in Betracht. Nur die Ertragswertmethode wird dem hinter dem Recht der Kapitalaufbringung stehenden Gläubigerschutz gerecht und weist den erforderlichen Subjekt-Objekt-Bezug auf. Das DCF-Verfahren scheitert hieran aufgrund seines kapitalmarktorientierten Ansatzes.

IV. Exkurs: Bewertung eines ertragsschwachen Unternehmens

1. *Unternehmen mit negativer Fortführungsprognose*

a) Mögliche Konstellationen

Die vorgenannten Ausführungen gehen davon aus, dass es sich bei dem als Sacheinlage einzubringenden Unternehmen grundsätzlich um eine ertragsstarke Kapitalgesellschaft bzw. um eine Kapitalgesellschaft handelt, bei der eine positive Fortführungsprognose besteht. Nicht selten sind aber auch ertragsschwache Unternehmen bzw. solche Unternehmen, die eine negative Fortführungsprognose haben, Gegenstand einer Sacheinlage. Zu solchen Konstellationen kommt es vor allem im Rahmen von Konzernumstrukturierungen, die zum Ziel haben, ertragsschwache Geschäftsbereiche aus dem Konzern zu eliminieren. Eine sich hier bietende Möglichkeit ist z.B. den ertragsschwachen Geschäftsbereich als Sacheinlage oder im Wege einer Sachkapitalerhöhung in eine sog. Vorrats-GmbH oder in eine extra für diesen Anlass neu gegründete Gesellschaft, eine sog. NewCo, einzubringen. Dieses Vorgehen geschieht häufig in der Hoffnung, dass man für den „schlechten" Geschäftsbereich doch noch einen Investor findet, was in der Regel aber nur dann der Fall sein wird, wenn sich in dem entsprechenden Geschäftsbereich auch noch wertvolle „gute" Teile befinden.[994] Nicht selten wird auch versucht, den „schlechten" Teil vom „guten" Teil zu separieren und die beiden Teile jeweils auf Vorrats-GmbHs oder NewCos zu verteilen und im Ergebnis eine BadCo und eine GoodCo zu erhalten. Die BadCo wird im Anschluss an die Separierung oftmals in die Insolvenz gehen und wird auf diese Weise „entsorgt". Man spricht insoweit auch von sog. „Aschenputtel-Konstellationen".[995]

Die Rechtsprechung hat in Fällen, in denen die Gesellschafter Chancen und Risiken ungleich auf verschiedene Gesellschaften verteilt haben und eine Insolvenz bewusst verursachen, indem sie einen nicht überlebensfähigen Unternehmensteil in eine GmbH einbringen, wiederholt eine Außenhaftung der Gesellschafter nach § 826 BGB wegen sittenwidriger Gläubigerbenachteiligung anerkannt und so einen haftungsrechtlichen „Durchgriff" auf die hinter der GmbH stehenden Gesellschafter

---

994 *Hennrichs* in: FS Schneider, S. 489 (489 f.).

995 *Hennrichs* in: FS Schneider, S. 489 (489 f.); *Heeg/Kehbel*, DB 2008, 1787 (1788); *Fastrich* in: Baumbach/Hueck, GmbHG, § 13, Rn. 51.

ermöglicht.[996] Durch diese sog. „Existenzvernichtungshaftung" wird die missbräuchliche Schädigung des im Gläubigerinteresse zweckgebundenen Gesellschaftsvermögens zu Recht sanktioniert.[997] Eine Gesellschaft wird aufgespalten und der schlechte Teil bewusst als Sacheinlage in eine andere Gesellschaft eingebracht, die von Beginn an zum Scheitern verurteilt ist. Ein Interesse daran, das Überleben diese sog. BadCo zu sichern, hat bei den Gesellschaftern nie bestanden. Es kann daher im Ergebnis keinen Unterschied machen, ob, wie in anderen Fällen in denen eine Existenzvernichtungshaftung bejaht wurde, Vermögen abgezogen oder wie hier eine Gesellschaft von Anfang an nur mit Schulden belastet wird.[998]

Derartige GoodCo-BadCo-Konstellationen, mögen sie unter betriebswirtschaftlichen Gesichtspunkten auch noch so reizvoll sein, bergen aber neben dem vorgenannten Risiko der Existenzvernichtungshaftung der beteiligten Gesellschafter auf gesellschaftsrechtlicher Ebene weitere Probleme. So ergeben sich insbesondere Besonderheiten hinsichtlich der Bewertung eines ertragsschwachen Unternehmens, das als Sacheinlage in eine andere Gesellschaft eingebracht werden soll. Diese Besonderheiten sind insbesondere mit Blick auf eine sich aus § 9 GmbHG ergebende mögliche Differenzhaftung der Gesellschafter bei Überbewertung der Sacheinlage bzw. im Hinblick auf die sich aus § 9c Abs. 1 S. 2 GmbHG ergebende Pflicht des Registergerichts, eine Eintragung der GmbH oder der Kapitalerhöhung abzulehnen, wenn die Sacheinlage nicht unwesentlich überbewertet wurde, bedeutsam.[999]

---

996 BGH NJW 1979, 2104 (2104 f.); BGH NJW-RR 1988, 1181 (1182); BGH NJW-RR 1992, 1061 (1062); BGH NJW 2008, 2437 (2438); OLG Jena ZIP 2002, 631 (632 ff.); OLG Celle NZG 2007, 391 (393). Auch die Literatur hat sich dieser Ansicht zum Teil angeschlossen: Vgl. *Ihrig*, DStR 2007, 1170 (1173); *Schaefer/Steinmetz*, WM 2007, 2265 (2269); *Hennrichs* in: FS Schneider, S. 489 (500 ff.); *Verse* in: Henssler/Strohn, Gesellschaftsrecht, § 13 GmbHG, Rn. 29.

997 *Hennrichs* in: FS Schneider, S. 489 (500 ff.).

998 Vgl. *Wahl*, GmbHR 2004, 994 (996); Im Einzelnen sind die Voraussetzungen und Anknüpfungspunkte einer solchen Existenzvernichtungshaftung in Rechtsprechung und Literatur umstritten. Siehe zum Streitstand: *Hennrichs* in: FS Schneider, S. 489 (500 ff.) m.w.N.

999 *Hennrichs* in: FS Schneider, S. 489 (489 f.). Das ist h.M. im Hinblick auf die Unterbilanzhaftung der Gründungsgesellschafter einer GmbH in der sog. Vorbelastungsbilanz, vgl. BGH NJW 1998, 233 (234) m.w.N.; *Fastrich* in: Baumbach/Hueck, GmbHG, § 11, Rn. 64. Da Vorbelastungshaftung und Differenzhaftung nach § 9 GmbHG auf dem gleichen Grundgedanken, nämlich die Kapitalaufbringung und damit die den Gläubigern der Gesellschaft zur Verfügung stehende Haftungsmasse sicherzustellen, beruhen, muss dies dementsprechend auch für die Ermittlung des Wertes einer Sacheinlage mit Blick auf eine mögliche Differenzhaftung gelten, vgl. *Hennrichs* in: FS Schneider, S. 489 (489 f.); siehe dazu auch BGHZ 80, 129 (140 f.).

b) Besonderheiten bei der Bewertung

aa) Negative Fortführungsprognose

Wird eine ertragsschwache Kapitalgesellschaft in eine Gesellschaft eingebracht, ist zunächst zu klären, ob die Kapitalgesellschaft zum Bewertungsstichtag eine grundsätzlich positive oder eine negative Fortführungsprognose hat.

Für die Beurteilung der Fortführungsprognose ist die Erwartung der Unternehmensfortführung für einen überschaubaren Zeitraum erforderlich. In der Regel wird hierzu auf das Ende des auf den Abschlussstichtag folgenden Geschäftsjahres abgestellt.[1000] Eine positive Fortführungsprognose setzt dabei sowohl den Fortführungswillen des Unternehmensträgers als auch die objektive Überlebensfähigkeit des Unternehmens voraus.[1001] Im Rahmen dieser Prognose ist zu überprüfen, ob der Fortführung des Unternehmens über den Prognosezeitraum tatsächliche oder rechtliche Gegebenheiten entgegenstehen. Dies sind vor allem wirtschaftliche Schwierigkeiten, wenn sie voraussichtlich nicht überwindbar sind.[1002] Liegen zum Bewertungsstichtag sogar Insolvenzgründe vor, muss die Fortführungsprognose als negativ eingestuft werden.[1003] Die Vertretungsorgane der Gesellschaft sind dann gemäß § 15a InsO verpflichtet, einen Insolvenzantrag zu stellen.[1004]

Kommt man zu dem Ergebnis, dass die Fortführungsprognose der einzubringenden Kapitalgesellschaft negativ ist, so gebietet es das Recht der Kapitalaufbringung und der damit verbundene Gläubigerschutzaspekt, das Vermögen der Gesellschaft einschließlich Schulden für Zwecke der Wertdeckungsprüfung gemäß § 9 GmbHG zu Liquidationswerten anzusetzen und zu bewerten.[1005] Eine Bewertung nach dem Ertragswertverfahren oder einem anderen zukunftsorientierten Verfahren kommt hier nicht in Betracht. Für die Ermittlung des Liquidationswertes ist der Erlös anzusetzen, der sich bei bestmöglicher Veräußerung der Vermögensgegenstände des Unternehmens abzüglich der Liquidationskosten erzielen ließe.[1006] Die Liquidationskosten umfassen dabei auch mögliche Ertragssteuern[1007] und fortbestehende Verbindlichkeiten, wie z.B. Pensionsverbindlichkeiten. Sofern sich aus einer möglichen Unternehmensabwicklung Verbindlichkeiten ergeben, wie z.B. Kosten im Rahmen

1000 *Schneider*, GmbHR 2010, 57 (61); *Tiedchen* in: MüKo, Bilanzrecht, § 252 HGB, Rn. 20; OLG Schleswig DB 2010, 722 (724).

1001 OLG Schleswig DB 2010, 722 (724); *Kleindiek* in: Lutter/Hommelhoff, GmbHG, Anh. zu § 64, Rn. 32.

1002 *Tiedchen* in: MüKo, Bilanzrecht, § 252 HGB, Rn. 20 ff.

1003 *Tiedchen* in: MüKo, Bilanzrecht, § 252 HGB, Rn. 20 ff.; *Hennrichs* in: FS Schneider, S. 489 (494 f.).

1004 *Hennrichs* in: FS Schneider, S. 489 (494 f.).

1005 IDW S 1 2008, Rn. 140 f. und 150; *Hennrichs* in: FS Schneider, S. 489 (494).

1006 OLG Stuttgart AG 2008, 783 (789).

1007 In der Praxis wird es jedoch kaum Ertragssteuern geben, da bei einem Unternehmen mit negativer Fortführungsprognose wohl auch in der Vergangenheit überwiegend Verluste entstanden sein werden.

eines Sozialplanausgleichs[1008] oder Kosten im Rahmen einer späteren Stilllegung der Gesellschaft, sind diese ebenfalls bei der Ermittlung des Liquidationswertes anzusetzen.[1009]

bb) Berücksichtigung einer späteren Insolvenz des Unternehmens

Kommt man zu dem Ergebnis, dass die als Sacheinlage eingebrachte Kapitalgesellschaft zum Bewertungszeitpunkt eine positive Fortführungsprognose hatte, sind mit Blick auf eine mögliche, grundsätzlich verschuldensunabhängige Differenzhaftung des die Sacheinlage einbringenden Gesellschafters die Auswirkungen einer im zeitlichen Zusammenhang mit der Sacheinlage stehenden Insolvenz der aufnehmenden Gesellschaft auf die Bewertung der Sacheinlage zu beurteilen. Muss dies als ein Indiz für eine fehlende positive Fortführungsprognose bereits zum Bewertungsstichtag angesehen werden?

Zur Beantwortung dieser Frage muss man sich zunächst noch einmal den Zweck der Bewertung von Sacheinlagen vor Augen führen: Zweck der Bewertung der Sacheinlage ist es, den Grundsatz der Kapitalaufbringung und damit einen ausreichenden Gläubigerschutz zu gewährleisten.[1010] Aus diesem Grund kommt es auf eine objektive Wertdeckung der Sacheinlage zum Bewertungsstichtag an. Subjektive Werteinschätzungen oder auch mögliche Fehleinschätzungen sind nicht zu berücksichtigen, da ansonsten der Gläubigerschutz unterlaufen würde.[1011] Vielmehr sind alle vergangenen und gegenwärtigen Umstände, die zum Bewertungsstichtag objektiv gegeben waren, zu berücksichtigen, selbst dann, wenn sie erst später erkennbar waren. Im Hinblick auf die Berücksichtigung zukünftiger Umstände ist darauf abzustellen, ob diese am Bewertungsstichtag bereits objektiv erkennbar waren. Eine fehlende subjektive Erkennbarkeit ist irrelevant und entlastet den Inferenten nicht.[1012] Nicht zu berücksichtigen sind allerdings Prognosen und Einschätzungen mit Blick auf zukünftige Entwicklungen.[1013] Derartige Umstände entziehen sich grundsätzlich der menschlichen Kenntnis und dürfen infolgedessen auch keine Berücksichtigung finden.

Der BGH hat allerdings für die Bewertung von Sacheinlagen im Allgemeinen und von Handelsgeschäften im Besonderen einen gewissen Beurteilungsspielraum eingeräumt. Erst ein Überschreiten dieses Spielraums löse die Differenzhaftung des Einlegers aus.[1014] In diesem Sinne hat der BGH auch eine Überbewertung eines als Sacheinlage gegebenen Immaterialgüterrechts abgelehnt, nur weil

---

1008 OLG Stuttgart AG 2008, 783 (789).
1009 *Hennrichs* in: FS Schneider, S. 489 (495 f.).
1010 Siehe hierzu die Ausführungen unter § 4.B.I.
1011 *Ulmer/Habersack* in: Großkommentar GmbHG, § 9, Rn. 10, 13; *Bayer* in: Lutter/Hommelhoff, GmbHG, § 9, Rn. 4; *Hennrichs* in: FS Schneider, S. 489 (498).
1012 *Hennrichs* in: FS Schneider, S. 489 (498 f.).
1013 *Hennrichs* in: FS Schneider, S. 489 (499).
1014 BGHZ 68, 191 (196).

sich prognostizierte Verwertungschancen eines Rechts nicht haben realisieren lassen.[1015] Mit Blick auf den im Rahmen des § 9 GmbHG zu gewährleistenden effektiven Kapitalschutz erscheint ein derartiger Beurteilungsspielraum jedoch zu weitgehend und unpräzise und ist daher abzulehnen.

Im Ergebnis ist daher festzuhalten: Ist das als Sacheinlage eingebrachte Unternehmen zum Bewertungsstichtag objektiv betrachtet als nicht überlebensfähig einzustufen, ist es für die Bestimmung des Haftungsumfangs gemäß § 9 GmbHG zum Liquidationswert zu bewerten. Das gilt auch, wenn die Beteiligten subjektiv vertretbar und damit nicht schuldhaft von einer positiven Fortführungsprognose ausgegangen sein sollten.[1016]

Dies steht auch im Einklang mit der Rechtsprechung des BGH zu § 17 InsO: Danach ist zum Nachweis der Zahlungsunfähigkeit i.S.d. § 17 InsO eine dokumentierte Liquiditätsplanung dann nicht erforderlich, wenn auf Grund anderer Umstände festgestellt werden kann, dass der Schuldner einen wesentlichen Teil seiner fälligen Verbindlichkeiten nicht bezahlen kann. So kann u.a. dann auf eine Zahlungsunfähigkeit des Unternehmens geschlossen werden, wenn es später tatsächlich zu einer Eröffnung des Insolvenzverfahren kommt und zum fraglichen Zeitpunkt vorher fällige Verbindlichkeiten bestanden haben, von denen ein nicht unerheblicher Teil bis zur Eröffnung des Insolvenzverfahrens nicht mehr beglichen worden ist. Von dieser Unterstellung ist nach Ansicht des BGH lediglich dann abzusehen, wenn auf Grund konkreter Umstände, die sich im Nachhinein geändert haben, angenommen werden konnte, der Schuldner werde rechtzeitig in der Lage sein, die Verbindlichkeiten zu erfüllen.[1017] Des Weiteren können auch ständig steigende Verluste sowie eine insgesamt rückläufige Geschäftsentwicklung Indizien für eine Zahlungsunfähigkeit des Unternehmens sein.[1018]

Um dem hinter dem Kapitalaufbringungsrecht stehenden Gläubigerschutz gerecht zu werden, muss daher auch eine spätere, aber im zeitlichen Zusammenhang mit der Einbringung des Unternehmens als Sacheinlage stehende Insolvenz der aufnehmenden Gesellschaft als ein Indiz für eine negative Fortführungsprognose angesehen werden, sofern die Umstände, die dazu geführt haben, zum Bewertungszeitpunkt bereits angelegt und objektiv erkennbar waren und sich nachträglich auch nicht wesentlich geändert haben.

Den Inferenten trifft in diesem Fall die Darlegungs- und Beweislast, warum das Unternehmen zum Bewertungsstichtag doch eine positive Fortführungsprognose gehabt haben soll.[1019]

1015 BGHZ 29, 300 (308 f.).

1016 *Hennrichs* in: FS Schneider, S. 489 (498).

1017 BGH NZI 2007, 36 (38); BGH NZI 2008, 231 (232 f.).

1018 OLG Schleswig, DB 2010, 722 (724); *Hennrichs* in: FS Schneider, S. 489 (500).

1019 OLG Naumburg DB 1998, 125 (125); *Hennrichs* in: FS Schneider, S. 489 (500); *Kleindiek* in: Lutter/Hommelhoff, GmbHG, Anh. zu § 64, Rn. 87.

2. *Unternehmen mit negativem Unternehmenswert*

Neben einer späteren Insolvenz einer BadCo gibt es durchaus auch die Möglichkeit, dass sich ein Käufer für die BadCo findet, z.B. weil dieser Geschäftsbereich sein eigenes Unternehmen zu ergänzen vermag. Häufig wird es in diesen Fällen allerdings so sein, dass der Käufer nicht bereit ist, für ein solches Unternehmen überhaupt einen Kaufpreis zu zahlen. In diesen Fällen wird daher oft ein symbolischer Kaufpreis in Höhe von EUR 1,00 vereinbart. Kauft der Investor auch die GoodCo, so ist es nicht unwahrscheinlich, dass er im Ergebnis für die BadCo sogar einen negativen Kaufpreis bezahlt, nämlich z.B. dann, wenn er für das Gesamtobjekt einen Kaufpreis von EUR 100 Mio. zahlt, die darin enthaltene GoodCo aber z.B. EUR 150 Mio. wert ist. Auf die BadCo würde also ein Kaufpreis von minus EUR 50 Mio. entfallen.

Die Parteien eines Unternehmenskaufvertrages können grundsätzlich für ein Unternehmen einen Kaufpreis zu EUR 1,00 oder auch einen negativen Kaufpreis aushandeln, sofern es sich bei den Parteien um gleichberechtigte professionell agierende Parteien handelt.[1020] Die Grenzen der Privatautonomie werden hier lediglich durch § 138 BGB gesetzt.[1021]

Durch den zwischen den Parteien ausgehandelten negativen Kaufpreis wird der Unternehmenswert beeinflusst. Dem ermittelten Marktpreis kommt insoweit eine Plausibilisierungsfunktion zu.[1022] Dies ändert sich auch nicht, wenn für ein Unternehmen ein negativer Kaufpreis ausgehandelt wird. Der tatsächlich für ein Unternehmen gezahlte Preis ist ein wichtiger Indikator für den wirklichen Wert eines Unternehmens, der im Rahmen der richterlichen Schätzung gemäß § 287 ZPO berücksichtigt werden muss.[1023]

Der zwischen den Parteien ermittelte negative Marktpreis muss aus Gläubigerschutzgesichtspunkten als Maximalwert bei der Bewertung des als Sacheinlage in eine BadCo eingebrachten Unternehmens bzw. Geschäftsbereichs angesehen werden. Dies ergibt sich bereits aus dem Sinn und Zweck der Kapitalaufbringungsvorschrift des § 9 GmbHG. Ist der Marktwert negativ, ist die volle Differenz zwischen dem objektiven (negativen) Wert der Sacheinlage bis zum Betrag der übernommenen Stammeinlage durch den Inferenten auszugleichen.[1024] Würde sich die Differenzhaftung demgegenüber nur auf den Nominalbetrag des gezeichneten Kapitals beschränken, wäre bei der Einbringung von Sacheinlagen mit negativem Wert nämlich gerade nicht sichergestellt, dass den Gläubigern als Haftungsgrundlage ein Objekt zur Verfügung steht, dass den Betrag des Stammkapitals erreicht. Wer „weniger als nichts" einbringt, ist

1020 *Hennrichs* in: FS Schneider, S. 489 (496).
1021 *Ellenberger* in: Palandt, BGB, § 138, Rn. 67 f.
1022 Siehe hierzu die Ausführungen unter § 2 C.III.2.
1023 Siehe hierzu die Ausführungen unter § 2 C.III.2.
1024 *Ulmer/Habersack* in: Großkommentar GmbHG; § 9, Rn. 11; *Veil* in: Scholz, GmbHG, § 9, Rn. 13; *Hennrichs* in: FS Schneider, S. 489 (497); *Urban* in: FS Sandrock, S. 305 (312).

daher verpflichtet, über den Stammkapitalbetrag hinaus, auch die Beträge auszugleichen, die das eingebrachte Unternehmen hinter dem Wert zurückbleibt.[1025]

3. *Ergebnis*

Zusammenfassend lässt sich festhalten, dass sich bei der Bewertung eines ertragsschwachen Unternehmens einige Besonderheiten hinsichtlich der Bewertung ergeben.

Hat die ertragsschwache Gesellschaft eine negative Fortführungsprognose, gebietet es das Recht der Kapitalaufbringung das Gesellschaftsvermögen inkl. Schulden im Rahmen der Wertdeckungsprüfung zu Liquidationswerten anzusetzen und zu bewerten.

Hat die ertragsschwache Gesellschaft grundsätzlich eine positive Fortführungsprognose, kommt es aber im zeitlichen Zusammenhang mit der Einlage der ertragsschwachen Gesellschaft in eine Kapitalgesellschaft zur Insolvenz der aufnehmenden Kapitalgesellschaft, so muss dies unter Gläubigerschutzgesichtspunkten als ein Indiz für eine negative Fortführungsprognose bereits zum Bewertungsstichtag der ertragsschwachen Gesellschaft angesehen werden, sofern die Umstände, die zur Insolvenz geführt haben, zum Bewertungszeitpunkt bereits angelegt und objektiv erkennbar waren. Für die Differenzhaftung im Sinne des § 9 GmbHG sind daher Liquidationswerte anzusetzen.

Findet sich ein Käufer für das ertragsschwache Unternehmen, so kann zwischen den Parteien aus gesellschaftsrechtlicher Sicht grundsätzlich auch ein negativer Kaufpreis vereinbart werden. Dieser zwischen den Parteien ermittelte Marktpreis ist gleichzeitig aus Gläubigerschutzaspekten als Maximalwert bei der Bewertung des als Sacheinlage in eine Kapitalgesellschaft eingebrachten Unternehmens bzw. Geschäftsbereichs anzusehen. Dieser Maximalwert ist auch im Rahmen von § 9 GmbHG anzusetzen.

C. Resümee

Es gibt weder einen allgemeinen Wert eines Unternehmens noch eine allgemeingültige, stets anwendbare „richtige" Bewertungsmethode.

Der Unternehmenswert ist richtigerweise mit der funktionalen Bewertungslehre immer in Abhängigkeit vom jeweiligen Bewertungsanlass und dem zugrunde zu legenden Wertbegriff zu ermitteln. Nur eine Bewertungsmethode, die dem Zweck des jeweiligen Bewertungsanlasses und dem jeweiligen Bewertungsziel gerecht wird, ist eine geeignete Bewertungsmethode. Es lässt sich nicht pauschal festlegen, ob der Bewertung grundsätzlich ein objektiver oder ein subjektiver Wertbegriff zu Grunde zu legen ist. Als allgemeiner Grundsatz lässt sich insoweit aufstellen: Es gibt keinen Wertbegriff der einem Unternehmen wie eine Eigenschaft anhaftet. Der einer Bewertung zugrunde zu legende Wertbegriff ist in Abhängigkeit vom

1025 *Urban* in: FS Sandrock, S. 305 (313).

jeweiligen Bewertungsanlass, dem Schutzzweck der Norm sowie der damit in Verbindung stehenden Bewertungsperspektive zu ermitteln.

Welche der unterschiedlichen, in der Betriebswirtschaftslehre entwickelten Bewertungsmethoden schließlich dem jeweils ermittelten Wertbegriff gerecht wird, ist wiederum unter Berücksichtigung des jeweils zugrunde zu legenden Wertbegriffs und des Schutzzwecks der jeweiligen Norm zu ermitteln. Es gibt keine einzelne, für alle Bewertungszwecke gleichermaßen geeignete Methode der Unternehmensbewertung. Als allgemeiner Grundsatz lässt sich insoweit aufstellen, dass die richtige Bewertungsmethode immer die Bewertungsmethode ist, die den Schutzzweck der Norm am besten verwirklicht.

Welche Bewertungsmethode das ist, ist jeweils einzelfallabhängig. Im Ergebnis gibt es somit in Abhängigkeit vom jeweiligen gesetzlichen Bewertungsanlass in der Regel nur eine „richtige" Bewertungsmethode, die einem spezifischen Bewertungsanlass gerecht wird. Diese Bewertungsmethode muss aus rechtlicher Sicht zwingend angewendet werden, um dem jeweiligen Schutzzweck der Norm gerecht zu werden. Insoweit ist auch der Entscheidungsspielraum des Sachverständigen und des Tat- und Revisionsrichters im Hinblick auf die Auswahl der geeigneten Bewertungsmethode und damit auch das richterliche Ermessen entsprechend eingeschränkt. Es lässt sich hier folgender Grundsatz aufstellen: In Abhängigkeit des Bewertungsanlasses und des damit im Zusammenhang stehenden Schutzzwecks der Norm ist aus rechtlicher Sicht jeweils die Bewertungsmethode auszuwählen, die dem mit dem Bewertungsanlass verfolgten Bewertungszweck am besten gerecht wird. Diese Bewertungsmethode ist zwingend anzuwenden.

In vielen Fällen wird die Ertragswertmethode – innerhalb der im Rahmen dieser Arbeit aufgezeigten Grenzen – die Bewertungsmethode sein, die dem Bewertungsanlass am ehesten gerecht wird. Das liegt daran, dass die Ertragswertmethode ein individualistisches Bewertungsverfahren ist, bei der Ansatzpunkt der Bewertung eine Subjekt-Objekt-Beziehung ist, die sich auch bei vielen der gesetzlich verankerten Bewertungsanlässe wiederfindet. Dies ist aber nicht zwingend. Grundsätzlich kann auch auf jede andere Bewertungsmethode zurückgegriffen werden, sofern diese dem jeweiligen Bewertungszweck gerecht wird. Wie die vorgehende Analyse allerdings gezeigt hat, scheiden die meisten anderen Bewertungsverfahren bereits von vorneherein für eine Bewertung aus, weil sie, wie z.B. die Substanzwertmethode, die zukünftigen Entwicklungen eines Unternehmens nicht berücksichtigen, mit erheblichem Einzelbewertungsaufwand verbunden sind oder wie das Buchwertverfahren, Werte ansetzen, die den tatsächlichen Wert eines Unternehmens nicht widerspiegeln. Im Ergebnis ist daher in den meisten Fällen auf ertragswertorientierte Bewertungsverfahren, wie das Ertragswertverfahren oder die DCF-Methode, die durch den Ansatz einer objektivierten Bewertung objektive und subjektive Elemente vereinigen, und damit dem tatsächlichen Unternehmenswert am nächsten kommen, zurückzugreifen.

Im Rahmen dieser ertragswertorientierten Verfahren wird es häufig die Ertragswertmethode sein, die dem mit dem Bewertungsanlass verfolgten Zweck am ehesten gerecht wird. Das DCF-Verfahren versagt, wenn es um die Ermittlung eines individualistisch und weniger marktorientiert zu ermittelnden Unternehmenswertes geht. Bei den Bewertungsanlässen, bei denen es um die Bewertung einer GmbH geht, ist daher in den meisten Fällen die Ertragswertmethode diejenige Bewertungsmethode, die dem jeweiligen Bewertungszweck am besten gerecht wird, da es bei der GmbH als grundsätzlich nicht kapitalmarktorientierter Gesellschaft Schwierigkeiten bereitet, die für eine Bewertung anhand des DCF-Verfahrens erforderlichen Parameter zu ermitteln. Bei einer AG, die kapitalmarktorientiert ausgerichtet ist, kann hingegen auch das DCF-Verfahren – in Abhängigkeit vom jeweiligen Bewertungszweck – grundsätzlich die richtige Bewertungsmethode sein. Allerdings wird auch hier Ansatzpunkt der Bewertung – insbesondere bei den gesetzlich implementierten Bewertungsanlässen – häufig eine Subjekt-Objekt-Beziehung sein, die eine Bewertung durch die Ertragswertmethode als individualistischem Verfahren erforderlich machen wird. Die Ertragswertmethode hat sich daher auch zu Recht als das am häufigsten genutzte Verfahren etabliert. Es wäre allerdings falsch, insoweit von dem „Standardverfahren“ als pauschal anzuwendendem Verfahren zu sprechen. Bei einer solchen Pauschalierung würde gerade unberücksichtigt bleiben, dass es stets einer Einzelfallüberprüfung bedarf, welche Bewertungsmethode die jeweils dem Bewertungsanlass am nächsten kommende ist.

Schließlich sind die einzelnen Parameter der jeweils anzuwendenden Bewertungsmethode in Abhängigkeit von der bei der Bewertung nach dem zugrunde zu legenden Wertbegriff einzunehmenden Bewertungsperspektive und den gegebenenfalls vorzunehmenden Typisierungen entsprechend des in § 4 dargelegten Konzepts zu bestimmen. Die Parameter können dabei innerhalb einer Bewertungsmethode im Hinblick auf die einzunehmende Bewertungsperspektive und die in diesem Zusammenhang ggf. vorzunehmenden Typisierungen unterschiedlich auszugestalten sein. Es bedarf insoweit stets einer genauen Analyse, wie die jeweiligen Parameter der geeigneten Bewertungsmethode auszugestalten sind.

Mittels des in § 4 aufgezeigten Konzepts lässt sich im Prinzip für jeden Bewertungsanlass die „richtige“, für den jeweiligen Normzweck geeignete Bewertungsmethode ermitteln. Auf diese Weise kann jeweils genau festgelegt werden, bei welchem Bewertungsanlass welche Bewertungsmethode die jeweils geeignete ist. Der Bewertungspraxis würde dies zumindest die Unsicherheit nehmen, dass eine vorgenommene Bewertung wegen Wahl der falschen Bewertungsmethode oder Anwendung falscher Bewertungsfaktoren aufgehoben wird. Es könnte so ein präziserer Rahmen für die Bewertung durch die betriebswirtschaftlichen Sachverständigen gesteckt werden. Es bleibt allerdings abzuwarten, ob die Rechtsprechung eine derartige Kategorisierung von Bewertungsanlässen und Bewertungsmethoden in der Zukunft vornehmen wird bzw. eine solche billigt. Mit Blick auf die bisherige Rechtsprechung, die davon ausgeht, dass es keine rechtlich vorgeschriebene Bewertungsmethode gibt und der Tatrichter nicht an eine bestimmte Bewertungsmethode gebunden sein soll, erscheint dies jedoch unwahrscheinlich.

§ 5 Zusammenfassung der Ergebnisse

1. Unternehmensbewertung spielt nicht nur in der Betriebswirtschaft eine Rolle, sondern sie unterliegt auch rechtlichen Vorgaben. Im Gesetz finden sich zahlreiche Bewertungsanlässe, aus denen sich zwingende rechtliche Vorgaben für die Bewertung ergeben.
2. Die Bewertung von Unternehmen und die Anwendung der entsprechenden Bewertungsmethoden sind als Rechtsfragen zu qualifizieren und können als solche inhaltlich vollständig durch den Tat- und Revisionsrichter überprüft werden. Die Gerichte sind grundsätzlich frei in ihrer Entscheidung, welche Methode und welche Faktoren sie bei der Bewertung ansetzen wollen und wie diese Faktoren gewichtet werden sollen. Es gibt keine rechtlich vorgeschriebene allgemeingültige Bewertungsmethode.
3. Es gibt keine einheitlichen Grundsätze für eine Bewertung von Kapitalgesellschaften.
4. Die maßgebliche Bewertungsmethode in der Rechtsprechung und Betriebswirtschaft ist die Ertragswertmethode. Die Substanzwertmethode wird nicht mehr zur Unternehmensbewertung herangezogen. Auch auf der Substanzwertmethode basierende Mittelwertverfahren werden in der Praxis der Unternehmensbewertung so gut wie nicht mehr angewendet.
5. Neben der Ertragswertmethode erlangt das DCF-Verfahren zunehmende Bedeutung und wurde als alternative Bewertungsmethode in den IDW S 1 2008 aufgenommen. Im Hinblick auf die zunehmende Internationalisierung und Globalisierung der Wirtschaft ist damit zu rechnen, dass das DCF-Verfahren weiter an Bedeutung gewinnen wird.
6. Verlautbarungen wie der IDW S 1 2008 spielen bei den Schätzungen des Unternehmenswertes durch die Gerichte eine immer größere Rolle.
7. Sowohl die Ertragswertmethode als auch das DCF-Verfahren sind abhängig von Zukunftsprognosen und Schätzungen und können daher einen Unternehmenswert nur ungefähr und mit Unsicherheiten angeben. Insbesondere der zu ermittelnde Kapitalisierungsfaktor hat erhebliche Auswirkungen auf die Höhe des Unternehmenswertes und stellt damit einen großen Unsicherheitsfaktor dar.
8. Das DCF-Verfahren kann nur dann als geeignete Bewertungsmethode angesehen werden, wenn das Bewertungsobjekt eine kapitalmarktorientierte Gesellschaft, etwa eine börsennotierte AG, ist.
9. Die Ertragswertmethode unterliegt nach der Rechtsprechung gewissen Grenzen:

   - Der Liquidationswert ist Untergrenze für den Unternehmenswert und damit Grenze für eine Bewertung anhand der Ertragswertmethode, wenn tatsächlich die Absicht besteht, das Unternehmen zu liquidieren, die Liquidation rechtlich zulässig ist, eine negative Fortführungsprognose besteht oder

der Barwert der finanziellen Überschüsse, die sich bei einer Liquidation ergeben, den Ertragswert bei Annahme der Fortführung übersteigt.
- Der Börsenwert ist als verbindlich zu berücksichtigender Parameter im Rahmen von Ausgleichs- und Abfindungsansprüchen gemäß §§ 304, 305, 320b AktG sowie in Fällen der Abfindung nach dem UmwG als Bemessungsgrenze anzusehen. Ein Unterschreiten des Börsenkurses im Rahmen der Unternehmensbewertung ist unzulässig.
- Die Ertragswertmethode ist beim übernahmerechtlichen Squeeze-out gemäß dem Wortlaut der §§ 39a, 39b WpÜG nicht zulässig. Vielmehr ist der gesetzlich vorgesehene Markttest ausreichend.
- Das Gebot des effektiven Rechtsschutzes kann unter Umständen mit Blick auf die Dauer des zu erstellenden Sachverständigengutachtens zu einer Einschränkung der Anwendbarkeit der Ertragswertmethode führen.

10. Zwischen den Parteien im Rahmen einer Transaktion ausgehandelte Kaufpreise sind wichtige Indikatoren für die Unternehmensbewertung und ggf. als Untergrenze der Unternehmensbewertung zu berücksichtigen.
11. Es gibt keinen allgemeingültigen einheitlichen Wertbegriff. Der bei einer Bewertung jeweils zugrunde zu legende Wertbegriff ist jeweils abhängig vom jeweiligen Bewertungsanlass, dem Schutzzweck der Norm sowie der damit in Verbindung stehenden Bewertungsperspektive zu ermitteln.
12. Die für einen Bewertungsanlass geeignete Bewertungsmethode ist unter Berücksichtigung des jeweils zugrunde zu legenden Wertbegriffs und des Schutzzwecks der Norm zu ermitteln. Es gibt keine einzelne, für alle Bewertungszwecke gleichermaßen geeignete Methode der Unternehmensbewertung. Die richtige Bewertungsmethode ist immer die Bewertungsmethode, die den Schutzzweck der Norm am besten verwirklicht. Diese ist im Einzelfall zu ermitteln.
13. Für jeden Bewertungsanlass lässt sich die „richtige", dem jeweiligen Normzweck am besten gerecht werdende Bewertungsmethode ermitteln.
14. Allein die Ertragswertmethode muss aus theoretischen und praktischen Erwägungen heraus als normzweckadäquates Verfahren zur Ermittlung des Verkehrswertes bei der Abfindung eines GmbH-Gesellschafters bei dessen Ausscheiden aus der Gesellschaft nach Einziehung seines Geschäftsanteils gemäß § 34 GmbHG angesehen werden.
15. Bei der Bewertung des Zeitwertes einer als Sacheinlage einzubringenden Kapitalgesellschaft kommt aus theoretischen und praktischen Erwägungen heraus allein die Ertragswertmethode als normzweckadäquates Verfahren in Betracht.
16. Die Substanzwertmethode oder auf dieser basierende Mittelwertmethoden sind nicht geeignet für eine Unternehmensbewertung von Kapitalgesellschaften.
17. Nur ertragswertorientierte Verfahren wie die Ertragswertmethode und das DCF-Verfahren kommen für eine Bewertung von Kapitalgesellschaften in Betracht.
18. Geht es um die Bewertung einer GmbH als grundsätzlich nicht kapitalmarktorientierte Gesellschaft, ist eine Bewertung anhand der Ertragswertmethode

als Bewertungsverfahren vorzugswürdig. Für eine Bewertung anhand des DCF-Verfahrens fehlt es an den erforderlichen Parametern.

19. Das DCF-Verfahren versagt, wenn es um die Ermittlung eines individualistisch und nicht marktorientiert zu ermittelnden Unternehmenswertes geht. In allen diesen Fällen ist das Ertragswertverfahren die vorzugswürdige Bewertungsmethode.
20. Die einzelnen Parameter der jeweils anzuwendenden Bewertungsmethode sind in Abhängigkeit von der bei der Bewertung nach dem zugrunde zu legenden Wertbegriff einzunehmenden Bewertungsperspektive und den gegebenenfalls vorzunehmenden Typisierungen zu bestimmen. Die Parameter können auch innerhalb einer Bewertungsmethode im Hinblick auf die einzunehmende Bewertungsperspektive und die in diesem Zusammenhang ggf. vorzunehmenden Typisierungen unterschiedlich auszugestalten sein.
21. Bei der Bewertung ertragsschwacher Unternehmen, die als Sacheinlage in eine GmbH eingebracht werden, gelten mit Blick auf den hinter dem Kapitalaufbringungsrecht stehenden Gläubigerschutz Besonderheiten:

    - Es ist zu differenzieren, ob das als Sacheinlage einzubringende Unternehmen eine positive oder negative Fortführungsprognose hat. Bei negativer Fortführungsprognose sind die Vermögenswerte einschließlich Schulden für Zwecke der Wertdeckungsprüfung gemäß § 9 GmbHG zu Liquidationswerten anzusetzen. Eine Bewertung nach dem Ertragswertverfahren oder einem anderen zukunftsorientierten Bewertungsverfahren kommt hier nicht in Betracht.
    - Eine spätere, aber im zeitlichen Zusammenhang mit der Einbringung des Unternehmens als Sacheinlage stehende Insolvenz der aufnehmenden Gesellschaft muss als ein Indiz für eine negative Fortführungsprognose angesehen werden, sofern die Umstände, die dazu geführt haben, zum Bewertungszeitpunkt bereits angelegt und objektiv erkennbar waren und sich nachträglich auch nicht wesentlich geändert haben.
    - Findet sich ein Käufer für das ertragsschwache Unternehmen, so kann zwischen den Parteien aus gesellschaftsrechtlicher Sicht grundsätzlich auch ein negativer Kaufpreis vereinbart werden. Dieser zwischen den Parteien ermittelte Marktpreis ist gleichzeitig als Maximalwert bei der Bewertung des als Sacheinlage in eine Kapitalgesellschaft eingebrachten Unternehmens bzw. Geschäftsbereichs anzusehen und im Rahmen von § 9 GmbHG anzusetzen.

Literaturverzeichnis

Adolff, Johannes, Unternehmensbewertung im Recht der börsennotierten Aktiengesellschaft, Habilitationsschrift München 2005, München 2007 (zit.: *Adolff*, Unternehmensbewertung im Recht der börsennotierten Aktiengesellschaft).

Aha, Christof, Aktuelle Aspekte der Unternehmensbewertung im Spruchstellenverfahren, AG 1997, S. 26–36.

Altmeppen, Holger/Roth, Günter, Gesetz betreffend die Gesellschaften mit beschränkter Haftung: GmbHG, 8. Auflage, München 2015 (zit.: *Bearbeiter* in: Roth/Altmeppen, GmbHG).

Angermann M&A International AG, Marktstudie zu M&A-Transaktionen mit deutscher Beteiligung 1. Halbjahr 2016, http://www.angermann-ma.de/fileadmin/redaktion/downloads/publikationen_und_broschueren/MA_Monitor_2016_1.pdf.

Ballwieser, Wolfgang, Aktuelle Aspekte der Unternehmensbewertung, WPg 1995, S. 119–129.

Ballwieser, Wolfgang, Unternehmensbewertung und Komplexitätsreduktion, 3. Auflage, Wiesbaden 1990 (zit.: *Ballwieser*, Unternehmensbewertung und Komplexitätsreduktion).

Ballwieser, Wolfgang/Beyer, Sven/Zelger, Hansjörg, Unternehmenskauf nach IFRS und HGB, 3. Auflage, Stuttgart 2014 (zit.: *Bearbeiter* in: Ballwieser/Beyer/ Zelger, Unternehmenskauf nach IFRS und HGB).

Ballwieser, Wolfgang/Hachmeister, Dirk, Unternehmensbewertung – Prozess, Methoden und Probleme, 5. Auflage, Stuttgart 2016 (zit.: *Ballwieser/ Hachmeister*, Unternehmensbewertung).

Ballwieser, Wolfgang/Leuthier, Rainer, Betriebswirtschaftliche Steuerberatung: Grundprinzipien, Verfahren und Probleme der Unternehmensbewertung (Teil 1), DStR 1986, S. 545–551.

Barthel, Carl W., Grundlagen und Varianten des Umsatzverfahrens, DStR 1996, S. 1458–1464.

Barthel, Carl W., Unternehmenswert: Die vergleichsorientierten Bewertungsverfahren – Vergleichswert schlägt Ertragswert, DB 1996, S. 149–163.

Barz, Carl Hans, Anmerkung zum Urteil des RG vom 6.1.1940 (Zum Ausscheiden eines Kommanditisten aus der Kommanditgesellschaft), DR 1941, S. 1303–1305.

Bauer, Oliver, Die Bewertung von Steuerberaterkanzleien, Dissertation Universität Chemnitz 2002, 1. Auflage, Aachen 2003 (zit.: *Bauer*, Steuerberaterkanzleien).

Bauer, Patrick, Anmerkung zur Entscheidung des BVerfG: Gerichtliche Prüfungspflicht bei Wahrung der Interessen der Minderheitsaktionäre im Falle einer übertragenden Auflösung, NZG 2000, S. 1214–1215.

Baumbach, Adolf/Hopt, Klaus J., Handelsgesetzbuch: HGB, 36. Auflage, München 2014 (zit.: *Bearbeiter* in: Baumbach/Hopt, HGB).

Baumbach, Adolf/Hueck, Alfred, GmbH-Gesetz, 20. Auflage, München 2013 (zit.: *Bearbeiter* in: Baumbach/Hueck, GmbHG).

Baums, Patrick, Rechtsfragen der Bewertung bei Verschmelzung börsennotierter Gesellschaften, in: v. Bar, Christian u.a. (Hrsg.), Recht und Wirtschaft, Gedächtnisschrift für Malte Schindhelm, Köln 2009, S. 63–114 (zit.: *Baums* in: FS Schindhelm).

Bayer, Walter/Vetter, Jochen, Lutter, Umwandlungsgesetz – Kommentar mit systematischer Darstellung des Umwandlungssteuerrechts, Band II (§§ 123–325, SpruchG), 5. Auflage, Köln 2014 (zit.: *Bearbeiter* in: Lutter, UmwG).

Behringer, Stefan, Die Bewertung einer freiberuflichen Praxis mit dem Ertragswertverfahren, StuB 2008, S. 145–149.

Behringer, Stefan, Unternehmensbewertung der Mittel- und Kleinbetriebe, 5. Auflage, Berlin 2012 (zit.: *Behringer*, Mittel- und Kleinbetriebe).

Beisel, Wilhelm/Klumpp, Hans-Hermann, Der Unternehmenskauf, 7. Auflage, München 2016 (zit.: *Bearbeiter* in: Beisel/Klumpp, Der Unternehmenskauf).

Braunhofer, Heike, Unternehmens- und Anteilsbewertung zur Bemessung von familien- und erbrechtlichen Ausgleichsansprüchen, Dissertation Universität München 1995, 1. Auflage, Köln 1995 (zit.: *Braunhofer*, Unternehmens- und Anteilsbewertung).

Brösel, Gerrit, Eine Systematisierung der Nebenfunktionen der funktionalen Unternehmensbewertungstheorie, BFuP 2006, S. 128–143.

Bundesärztekammer/Kassenärztliche Bundesvereinigung, Hinweise zur Bewertung von Arztpraxen, Stand: 9. September 2008, Deutsches Ärzteblatt, Jg. 105, Heft 51–52, 22. Dezember 2008, A 2778-A 2780.

Bundessteuerberaterkammer (Präsidium), Hinweise der Bundessteuerberaterkammer für die Ermittlung des Wertes einer Steuerberaterpraxis, http://www.bstbk.de/export/sites/standard/de/ressourcen/Dokumente/04_presse/publikationen/03_berufsrecht/18-4.2.1_Hinweise_Praxiswertermittlung.pdf.

Burger, Anton, Keine angemessene Abfindung durch Börsenkurse beim Squeeze-out, NZG 2012, S. 281–289.

Busch, Torsten, Die Deckung des Grundkapitals bei Formwechsel einer GmbH in eine Aktiengesellschaft, AG 1995, S. 555–561.

Busse von Colbe, Walther, Berücksichtigung von Synergien versus Stand-alone-Prinzip bei der Unternehmensbewertung, ZGR 1994, S. 595–609.

Canaris, Claus-Wilhelm/Habersack, Mathias/Schäfer, Carsten, Staub Handelsgesetzbuch Großkommentar, Dritter Band §§ 105–160, 5. Auflage, Bearbeitungsstand 1. Juli 2009, Berlin, New York 2009 (zit.: *Bearbeiter* in: Canaris/Habersack/Schäfer, Staub HGB).

Casey, Christopher, Unternehmensbewertung und Marktpreisfindung: Zur Mikrostruktur des Kapitalmarktes, Dissertation Universität Paderborn 1998, 1. Auflage, Wiesbaden 2000 (zit.: *Casey*, Unternehmensbewertung und Marktpreisfindung).

CMS Hasche Sigle/Finance, Finance M&A Panel – Umfrage Juni 2016, https://cms.law/de/DEU/Publication/FINANCE-M-A-Panel-Umfrage-Juni-2016.

Coenenberg, Gerhard R./Schultze, Wolfgang, Unternehmensbewertung: Konzeptionen und Perspektiven, DBW 2002, S. 597–621.

Creutzmann, Andreas, Unternehmensbewertung im Steuerrecht – Neuregelungen des Bewertungsgesetzes ab 1.1.2009, DB 2008, S. 2784–2791.

Dauner-Lieb, Barbara/Simon, Stefan, Kölner Kommentar zum Umwandlungsgesetz, 1. Auflage, Köln 2009 (zit.: *Bearbeiter* in: Kölner Kommentar, UmwG).

Dielmann, Heinz J./König, Andreas, Der Anspruch ausscheidender Minderheitsaktionäre auf angemessene Abfindung, AG 1984, S. 57–66.

Dörner, Wolfgang, Der Wirtschaftsprüfer als unparteiischer Gutachter bei der Bewertung von Unternehmungen, BFuP 1976, S. 505–516.

Dörner, Wolfgang, Überlegungen zu Theorie und Praxis der subjektiven Unternehmensbewertung – die Funktionen des Wirtschaftsprüfers als Gutachter, WPg 1981, S. 202–208.

Drukarczyk, Jochen/Schüler, Andreas, Unternehmensbewertung, 7. Auflage, München 2016 (zit.: *Drukarczyk/Schüler*, Unternehmensbewertung).

Drygala, Tim, Stammkapital heute – Zum veränderten Verständnis vom System des festen Kapitals und seinen Konsequenzen, ZGR 2006, S. 587–637.

Ebenroth, Carsten Thomas/Müller, Andreas, Die Beeinträchtigung der Aktionärsinteressen bei teilweisem Bezugsrechtsausschluss auf Genussrechte, BB 1993, S. 509–515.

Emmerich, Volker/Habersack, Mathias, Aktien- und GmbH-Konzernrecht – Kommentar, 8. Auflage, München 2016 (zit.: *Bearbeiter* in: Emmerich/Habersack, Aktien- und GmbH-Konzernrecht).

Engel, Dieter/Giese, Rolf, Die Bedeutung des Verkehrswertes einer Unternehmung im Rahmen einer zweckbezogenen (entscheidungsorientierten) Untersuchung, WPg 1983, S. 269–276.

Englert, Joachim, Die Bewertung von freiberuflichen Praxen mit Hilfe branchentypischer Wertfindungsmethoden, BB 1997, S. 142–149.

Enneccerus, Ludwig/Nipperdey, Hans Carl, Allgemeiner Teil des Bürgerlichen Rechts – Ein Lehrbuch, Tübingen, 15. Auflage, Tübingen 1959 (zit.: *Ennecerus/Nipperdey*, BGB AT).

Ernst, Jürgen et al., Richtlinien zur Bewertung von Anwaltskanzleien, BRAK-Mitteilungen 6/2009, S. 268–273.

Fleischer, Holger, Unternehmensbewertung zwischen Tat- und Rechtsfrage – Der Stinnes-Beschluss des BGH zur Anwendung neuer Bewertungsstandards auf vergangene Bewertungsstichtage, AG 2016, S. 185–199.

Fleischer, Holger, Die Barabfindung außenstehender Aktionäre nach den §§ 305 und 320b AktG – Stand-alone-Prinzip oder Verbundberücksichtigungsprinzip?, ZGR 1997, S. 368–400.

Fleischer, Holger/Schneider, Stephan, Der Liquidationswert als Untergrenze der Unternehmensbewertung bei gesellschaftsrechtlichen Abfindungsansprüchen, DStR 2013, S. 1736–1743.

Fleischer, Holger/Goette, Wulf, Münchener Kommentar zum Gesetz betreffend die Gesellschaften mit beschränkter Haftung: GmbHG, Band 1, §§ 1–34, 2. Auflage, München 2015 (zit.: *Bearbeiter* in: MüKo, GmbHG).

Flume, Werner, Allgemeiner Teil des Bürgerlichen Rechts, Erster Band, Erster Teil, Die Personengesellschaft, 1. Auflage, Berlin, Heidelberg, New York 1977 (zit.: *Flume,* Personengesellschaft).

Forster, Karl-Heinz, Zur angemessenen Barabfindung (§ 305 AktG), in: Martens, Klaus-Peter/Westermann, Harm-Peter/Zöllner, Wolfgang (Hrsg.), Festschrift für Carsten Peter Claussen zum 70. Geburtstag, Köln 1997, S. 91–102 (zit.: *Forster* in: FS Claussen).

Franke, Florian, Synergien in Rechtsprechung und Rechnungslegung: Behandlung von Synergiepotenzialen im Gesellschafts- und Handelsrecht, Dissertation Universität Frankfurt a.M. 2009, 1. Auflage, Wiesbaden 2009 (zit.: *Franke,* Synergien in Rechtsprechung und Rechnungslegung).

Gassner, Bruno, Ausgewählte handelsrechtliche und steuerrechtliche Bilanzierungsfragen bei Umwandlungen, in: Wassermann, Franz/Maver, Dieter/Rieger, Norbert (Hrsg.), Umwandlungen im Zivil- und Steuerrecht – Festschrift für Siegfried Widmann zum 65. Geburtstag am 22. Mai 2000, Bonn 2000, S. 343–356 (zit.: *Gassner* in: FS Widmann).

Geibel, Stephan/Süßmann, Rainer, Wertpapiererwerbs- und Übernahmegesetz: WpÜG-Kommentar, 2. Auflage, München 2008 (zit.: *Bearbeiter* in: Geibel/Süßmann, WpÜG).

Goette, Wulf, Ausschließung und Austritt aus der GmbH in der Rechtsprechung des Bundesgerichtshofs, DStR 2001, S. 533–542.

Goette, Wulf, Die GmbH – Darstellung anhand der Rechtsprechung des BGH, 2. Auflage, München 2002 (zit.: *Goette,* Die GmbH).

Goette, Wulf/Habersack, Mathias, Münchener Kommentar zum Aktiengesetz: AktG, Band 1: §§ 1–75, 4. Auflage, München 2016, Band 4: §§ 179–277, 4. Auflage, München 2016, Band 5: §§ 278–328, 4. Auflage, München 2015, Band 6: §§ 329–410, WpÜG, Österreichisches Übernahmerecht, 3. Auflage, München 2011 (zit.: *Bearbeiter* in: MüKo, AktG).

Göllert, Kurt/Ringling, Wilfried, Die Eignung des Stuttgarter Verfahrens für die Unternehmens- bzw. Anteilsbewertung im Abfindungsfall, DB 1999, S. 516–519.

Göppl, Hermann, Unternehmensbewertung und Capital-Asset-Pricing-Theorie, WPg 1980, S. 237–245.

Großfeld, Bernhard, Die Abfindung bei der Ausschließung aus einer Personengesellschaft, ZGR 1982, S. 141–144.

Großfeld, Bernhard, Europäische Unternehmensbewertung, NZG 2002, S. 353–358.

Großfeld, Bernhard, Recht der Unternehmensbewertung, 7. Auflage, Köln 2012 (zit.: *Großfeld*, Recht der Unternehmensbewertung).

Großfeld, Bernhard, Unternehmens- und Anteilsbewertung im Gesellschaftsrecht – zur Barabfindung ausscheidender Gesellschafter, 4. Auflage, Köln 2002 (zit.: *Großfeld*, Unternehmens- und Anteilsbewertung im Gesellschaftsrecht).

Großfeld, Bernhard, Unternehmensbewertung als Rechtsproblem, JZ 1981, S. 641–647.

Großfeld, Bernhard/Merkelbach, Matthias, Wirtschaftsdaten für Juristen: Grundlagen einer disziplinierten Unternehmensbewertung, NZG 2008, S. 241–247.

Großfeld, Bernhard/Stöver, Rüdiger/Tönnes, Wolf-Achim, Unternehmensbewertung im Bilanzrecht, NZG 2006, S. 521–526.

Großfeld, Bernhard/Tönnes, Wolf-Achim, Bilanzen als Elemente der Unternehmensbewertung, NZG 2010, S. 921–927.

Grunewald, Barbara, Der Ausschluss aus Gesellschaft und Verein, Habilitationsschrift Universität Bonn 1987, 1. Auflage, Bonn 1987 (zit.: *Grunewald*, Der Ausschluss aus Gesellschaft und Verein).

Grunewald, Barbara/Maier-Reimer, Georg/Westermann, Harm Peter, Erman, BGB, 14. Auflage, Köln 2014 (zit.: *Bearbeiter* in: Erman, BGB).

Gummert, Hans/Weipert Lutz/Butzer, Hermann, Münchener Handbuch des Gesellschaftsrechts, Band 1: BGB-Gesellschaft, Offene Handelsgesellschaft, Partnerschaftsgesellschaft, Partenreederei, EWIV, 4. Auflage, München 2014 (zit.: *Bearbeiter* in: MünchHdbGesR, Band 1).

Habersack, Mathias, Auf der Suche nach dem gerechten Preis – Überlegungen zu § 31 WpÜG, ZIP 2003, S. 1123–1129.

Halm, Dirk, „Squeeze-Out" heute und morgen: Eine Bestandsaufnahme nach dem künftigen Übernahmerecht, NZG 2000, S. 1162–1165.

Hartmann, Bernhard, Der ausscheidende Gesellschafter in der Wirtschaftspraxis, 4. Auflage, Köln 1983 (zit.: *Hartmann*, Der ausscheidende Gesellschafter).

Hayn, Marc, Unternehmensbewertung: Die funktionalen Wertkonzeptionen, DB 2000, S. 1346–1353.

Heeg, Volker/Kehbel, Jan Gerrit, Aschenputtel-Dasein – BGH verwirft Durchgriffshaftung bei materiell unterkapitalisierter BQG, DB 2008, S. 1787–1791.

Heidinger, Andreas/Blath, Simon, Das Ausscheiden eines Gesellschafters aus der GmbH, GmbHR 2007, S. 1184–1189.

Helbling, Carl, Unternehmensbewertung und Steuern, 9. Auflage, Düsseldorf 1998 (zit.: *Helbling*, Unternehmensbewertung).

Heller, Matthes, Die Beendigung freiberuflicher Sozietätsverhältnisse, Dissertation Universität Köln 2000, 1. Auflage, Köln 2000 (zit.: *Heller*, Die Beendigung freiberuflicher Sozietätsverhältnisse).

Heller, Matthes, GmbH-Beratung – Das Stuttgarter Verfahren in Abfindungsklauseln, GmbHR 1999, S. 594–597.

Hennrichs, Joachim, Kapitalschutz bei GmbH, UG (haftungsbeschränkt) und SPE, NZG 2009, S. 921–928.

Hennrichs, Joachim, Unternehmensbewertung und persönliche Ertragssteuern aus (aktien-) rechtlicher Sicht, ZHR 164 (2000), S. 453–478.

Hennrichs, Joachim, Vorbelastungshaftung und Unternehmensbewertung nach der Ertragswertmethode – Besprechung der Entscheidung BGH ZIP 1998, 2151, ZGR 1999, S. 837–856.

Hennrichs, Joachim, Zur Kapitalaufbringung und Existenzvernichtungshaftung in sog. Aschenputtel-Konstellationen, in: Burgard, Ulrich/Hadding, Walther/Mülbert, Peter O. (Hrsg.), Festschrift für Uwe H. Schneider zum 70. Geburtstag, Köln 2011 (zit.: *Hennrichs* in: FS Schneider).

Hennrichs, Joachim/Kleindiek, Detlef/Watrin, Christoph, Münchener Kommentar zum Bilanzrecht, Band 2: §§ 238–342e HGB, 1. Auflage, München 2013 (zit.: *Bearbeiter* in: MüKo, Bilanzrecht).

Henssler, Martin/Strohn, Lutz, Gesellschaftsrecht, 3. Auflage, München 2016 (zit.: *Bearbeiter* in: Henssler/Strohn, Gesellschaftsrecht).

Heurung, Rainer, Zur Anwendung und Angemessenheit verschiedener Unternehmenswertverfahren im Rahmen von Umwandlungsfällen (Teil II), DB 1997, S. 888–892.

Hoffmann-Becking, Michael, Münchener Handbuch des Gesellschaftsrechts, Band 4: Aktiengesellschaft, 4. Auflage, München 2015 (zit.: *Bearbeiter* in: MünchHdbGesR, Band 4).

Hölters, Wolfgang, Handbuch Unternehmenskauf, 8. Auflage, Köln 2015 (zit.: *Bearbeiter* in: Hölters, Unternehmenskauf).

Hölters, Wolfgang, Kommentar zum Aktiengesetz: AktG, 2. Auflage, München 2014 (*Bearbeiter* in: Hölters, Aktiengesetz).

Holzapfel, Hans-Joachim/Pöllath, Reinhard, Unternehmenskauf in Recht und Praxis, 14. Auflage, Köln 2010 (zit.: *Holzapfel/Pöllath*, Unternehmenskauf).

Hommel, Michael/Dehmel, Inga, Unternehmensbewertung case by case, 7. Auflage, Frankfurt a.M. 2013 (zit.: *Hommel/Dehmel*, Unternehmensbewertung).

Hopt, Klaus/Wiedemann, Herbert, Aktiengesetz – Großkommentar, Erster Band, Einleitung; §§ 1–53, 4. Auflage, Berlin 2004 Achter Band, §§ 278–310, 4. Auflage, Berlin 2013 (zit.: *Bearbeiter* in: GroßkommAktG).

Hosterbach, Ernst, Unternehmensbewertung – Renaissance des Substanzwertes, DB 1987, S. 897–902.

Hüffer, Uwe, Aktiengesetz, 12. Auflage, München 2016 (zit.: *Bearbeiter* in: Hüffer, AktG).

Hügel, Hanns F., Verschmelzung und Einbringung – Unternehmensübertragung auf verbandsrechtlicher Grundlage im österreichischen und deutschen Gesellschafts-, Bilanz- und Ertragssteuerrecht der Kapitalgesellschaften, Habilitationsschrift Universität Wien 1991, 1. Auflage, Köln 1993 (zit.: *Hügel*, Verschmelzung und Einbringung).

Hüttemann, Rainer, Börsenkurs und Unternehmensbewertung, ZGR 2001, S. 454–478.

Hüttemann, Rainer, Die angemessene Barabfindung im Aktienrecht, in: Krieger, Gerd/Lutter, Marcus/Schmidt, Karsten (Hrsg.), Festschrift für Michael Hoffmann-Becking zum 70. Geburtstag, München 2013, S. 603–616 (zit.: *Hüttemann* in: FS Hoffmann-Becking).

Hüttemann, Rainer, Rechtliche Vorgaben für ein Bewertungskonzept, WPg 2007, S. 812–822.

Hüttemann, Rainer, Unternehmensbewertung als Rechtsproblem, ZHR 162 (1998), S. 563–593.

IDW, IDW S 13 verabschiedet: Besonderheiten bei der Unternehmensbewertung zur Bestimmung von Ansprüchen im Familien- und Erbrecht, http://www.idw.de/idw/portal/d659862/index.jsp.

IDW, IDW Standard: Grundsätze zur Durchführung von Unternehmensbewertungen (IDW S 1 i.d.F. 2008), IDW Fachnachrichten, S. 271–292 (zit.: IDW S 1 2008).

IDW, WP Handbuch 2014: Wirtschaftsprüfung, Rechnungslegung, Beratung, Band II, 14. Auflage, Düsseldorf 2014 (zit.: *IDW*, WP Handbuch 2014, Bd. II).

Ihlau, Susann/Kohl, Torsten, Unternehmensbewertung im Familien- und Erbrecht, WPg 2016, S. 163–169.

Ihrig, Hans-Christoph, Einzelfragen zur Existenzvernichtungshaftung als Binnenhaftung, DStR 2007, S. 1170–1174.

Jonas, Martin, Unternehmensbewertung: Methodenkonsistenz bei unvollkommenen Märkten und unvollkommenen Rechtssystemen, WPg 2007, S. 835–843.

Kallmeyer, Harald, Umwandlungsgesetz, 5. Auflage, Köln 2013 (zit.: *Bearbeiter* in: Kallmeyer, UmwG).

Karrer, Götz G., Die Angemessenheit der Leistung im Konzern-, Übernahme- und Ausschlussrecht, Dissertation Universität Hamburg 2002, 1. Auflage, Baden-Baden 2003 (zit.: *Karrer*, Die Angemessenheit der Leistung).

Kesselmeier, Barbara, Ausschließungs- und Nachfolgeregelung in der GmbH-Satzung, Dissertation Universität Marburg 1988, 1. Auflage, Köln, Berlin, Bonn, München 1989 (zit.: *Kesselmeier*, Ausschließungs- und Nachfolgeregelung).

Koch, Wolfgang/Wegmann, Jürgen, Praktiker-Handbuch Börseneinführung, 3. Auflage, Stuttgart 2000 (zit.: *Koch/Wegmann,* Börseneinführung).

König, Wolfgang, Die Vermittlungsfunktion der Unternehmensbewertung, in: Goetzke, Wolfgang/Sieben, Günter (Hrsg.), Moderne Unternehmensbewertung und Grundsätze ihrer ordnungsgemäßen Durchführung, Bericht von der 1. Kölner BFuP-Tagung am 18. u. 19. November 1976 in Köln, GEBERA-Schriften, Bd. 1, Köln 1977, S. 73–89 (zit.: *König* in: Moderne Unternehmensbewertung).

Korth, H.-Michael, Unternehmensbewertung im Spannungsfeld zwischen betriebswirtschaftlicher Unternehmenswertermittlung, Marktpreis und Rechtsprechung – Eine Bestandsaufnahme für die Praxis, BB 1992, Beilage 19, S. 1–14.

Kraft, Alfons/Kreutz, Peter, Gesellschaftsrecht, 11. Auflage, Neuwied, Kriftel 2000 (zit.: *Kraft/Kreutz,* Gesellschaftsrecht).

Kreutziger, Stefan/ Schaffner, Margit/Stephany, Ralf, Bewertungsgesetz – Kommentar, 3. Auflage, München 2013 (zit.: *Bearbeiter* in: Kreutziger, Bewertungsgesetz).

Krieger, Gerd, Squeeze-Out nach neuem Recht: Überblick und Zweifelsfragen, BB 2002, S. 53–62.

Krolle, Sigrid/Schmitt, Gunter/Schwetzler, Bernhard, Multiplikatorverfahren in der Unternehmensbewertung, 1. Auflage, Stuttgart 2005 (zit.: *Krolle/Schmitt/ Schwetzler,* Multiplikatorverfahren).

Kropff, Bruno, Aktiengesetz, Textausgabe mit Begründung des Regierungsentwurfes und Bericht des Rechtsausschusses des Deutschen Bundestages, Düsseldorf 1965 (zit.: *Kropff,* RegBegr. AktG).

Kropff, Bruno, Rechtsfragen der Abfindung ausscheidender Aktionäre, DB 1962, S. 155–158.

Künnemann, Martin, Objektivierte Unternehmensbewertung, Dissertation Universität Göttingen 1984, 1. Auflage, Frankfurt am Main 1985 (zit.: *Künnemann,* Objektivierte Unternehmensbewertung).

Land, Volker/Hasselbach, Kai, „Going Private“ – und „Squeeze-out“ nach deutschem Aktien-, Börsen- und Übernahmerecht, DB 2000, S. 557–562.

Laurenz, Norbert, Unternehmensbewertungsverfahren für KMU: Eine kritische Analyse, 1. Auflage, Hamburg, 2007 (zit.: *Laurenz,* Unternehmensbewertungsverfahren für KMU).

Lausterer, Martin, Unternehmensbewertung zwischen Betriebswirtschaftslehre und Rechtsprechung, Dissertation Universität München 1996, 1. Auflage, Baden-Baden 1997 (zit.: *Lausterer,* Unternehmensbewertung zwischen Betriebswirtschaftslehre und Rechtsprechung).

Loistl, Otto, Kapitalmarkttheorie, 3. Auflage, München 1994 (zit.: *Loistl,* Kapitalmarkttheorie).

Lutter, Marcus, Materielle und förmliche Erfordernisse eines Bezugsrechtsausschlusses – Besprechung der Entscheidung BGHZ 71, 40 (Kali + Salz), ZGR 1979, S. 401–418.

Lutter, Marcus/Hommelhoff, Peter, GmbH-Gesetz-Kommentar, 19. Auflage, Köln 2016 (zit.: *Bearbeiter* in: Lutter/Hommelhoff, GmbHG).

Mandl, Gerwald/Rabel, Klaus, Der objektivierte Unternehmenswert im Lichte einer normorientierten Bewertung, in: Siegel, Theodor/Klein, Andreas/Schneider, Dieter/Schwintowski, Hans-Peter (Hrsg.): Unternehmungen, Versicherungen und Rechnungswesen: Festschrift zur Vollendung des 65. Lebensjahres von Dieter Rückle, Berlin 2006, S. 45–67 (zit.: *Mandl/Rabel* in: FS Rückle).

Mandl, Gerwald/Rabel, Klaus, Unternehmensbewertung: Eine praxisorientierte Einführung, Wien 1997 (zit.: *Mandl/Rabel*, Unternehmensbewertung).

Marsch-Barner, Reinhard/Schäfer, Frank, Handbuch börsennotierte AG, 3. Auflage, Köln 2014 (zit.: *Bearbeiter* in: Marsch-Barner/Schäfer, Handbuch börsennotierte AG).

Matschke, Manfred Jürgen, Geldentwertung und Unternehmensbewertung, WPg 1986, S. 549–555.

Matschke, Manfred Jürgen/Brösel, Gerrit, Unternehmensbewertung: Funktionen, Methoden, Grundsätze, 4. Auflage, Wiesbaden 2013 (zit.: *Matschke/Brösel*, Unternehmensbewertung).

Maul, Karl-Heinz, Offene Probleme der Bewertung von Unternehmen durch Wirtschaftsprüfer, DB 1992, S. 1253–1259.

Meilicke, J. Frédéric, Erzielbarer Veräußerungserlös vs. objektivierten Unternehmenswert bei der Abfindung von Gesellschaftern, ZIP 2014, S. 605–612.

Meilicke, Wienand, Die Barabfindung für den ausgeschlossenen oder ausscheidungsberechtigten Minderheits-Kapitalgesellschafter – Rechtsgrundsätze zur Unternehmensbewertung, Dissertation Universität Bonn 1974, 1. Auflage, Berlin 1975 (zit.: *Meilicke*, Die Barabfindung für den ausgeschlossenen oder ausscheidungsberechtigten Minderheits-Kapitalgesellschafter).

Meinert, Carsten, Neuere Entwicklungen in der Unternehmensbewertung (Teil 2), DB 2011, S. 2455–2460.

Mellerowicz, Konrad, Der Wert der Unternehmung als Ganzes, 1. Auflage, Essen 1952 (zit.: *Mellerowicz*, Der Wert der Unternehmung als Ganzes).

Mertens, Hans-Joachim, Zur Geltung des Stand-Alone Prinzips für die Unternehmensbewertung bei der Zusammenführung von Unternehmen, AG 1992, S. 321–335.

Michalski, Lutz, Das Gesellschafts- und Kartellrecht der berufsrechtlich gebundenen freien Berufe, Habilitationsschrift Universität Bielefeld 1986/1987, 1. Auflage, Köln 1989 (zit.: *Michalski*, Das Gesellschafts- und Kartellrecht der berufsrechtlich gebundenen freien Berufe).

Michalski, Lutz, Kommentar zum Gesetz betreffend die Gesellschaften mit beschränkter Haftung (GmbH-Gesetz), Band 1: Systematische Darstellungen §§ 1–34 GmbHG, 2. Auflage, München 2010 (*Bearbeiter* in: Michalski, GmbHG).

Milatz, Jürgen E./Kämper, Andrea, Gesellschaftsvertragliche Abfindungsklauseln im Lichte der Erbschaftsteuerreform – eine „Fiktion" wird Realität, GmbHR 2009, S. 470–476.

Mock, Arnold/Winkelmann, Karsten, OLG Frankfurt: Zur Angemessenheit der Abfindung beim übernahmerechtlichen Squeeze out – Urteilsanmerkung, BB 2009, S. 122–127.

Moog, Rüdiger/Schweizer, Achim, Abfindungsregeln in Gesellschaftsverträgen und Ende des Stuttgarter Verfahrens, GmbHR 2009, S. 1198–1202.

Moxter, Adolf, Bilanzlehre, Band II: Einführung in das neue Bilanzrecht, 3. Auflage, Wiesbaden 1986 (zit.: *Moxter*, Bilanzlehre).

Moxter, Adolf, Das „Stuttgarter Verfahren" und die Grundsätze ordnungsgemäßer Unternehmensbewertung, DB 1976, S. 1585–1589.

Moxter, Adolf, Grundsätze ordnungsgemäßer Unternehmensbewertung, 2. Auflage, Wiesbaden 1983 (zit.: *Moxter*, Grundsätze ordnungsgemäßer Unternehmensbewertung).

Mugdan, Benno, Die gesammelten Materialien zum Bürgerlichen Gesetzbuch für das Deutsche Reich, Bd. 2, Bd. 3, Berlin 1899 (zit.: *Mugdan*, Materialien zum BGB).

Müller, Welf, Der Wert der Unternehmung (Teil 1), JuS 1973, S. 603–606, (Teil 2), JuS 1973, S. 745–749.

Müller, Welf, Die Unternehmensbewertung in der Rechtsprechung, in: Westermann, Harm Peter/Mock, Klaus (Hrsg.), Festschrift für Gerold Bezzenberger zum 70. Geburtstag am 13. März 2000, Berlin, New York 2000, S. 705–720 (zit.: *Müller* in: FS Bezzenberger).

Müller, Welf/Rödder, Thomas, Beck'sches Handbuch der AG, 2. Auflage, München 2009 (zit.: *Bearbeiter* in: Müller/Rödder, Beck'sches Handbuch der AG).

Musielak, Hans-Joachim/Voit, Wolfgang, Zivilprozessordnung mit Gerichtsverfassungsgesetz – Kommentar, 13. Auflage, München 2016 (zit.: *Bearbeiter* in: Musielak/Voit, ZPO).

Narr, Helmut, Ärztliches Berufsrecht, 1. Auflage, Stuttgart 1973 (zit.: *Narr*, Ärztliches Berufsrecht).

Naschke, Michael, Der Börsenkurs als Abfindungsgrundlage, Dissertation Universität Münster 2003, 1. Auflage, Frankfurt a. M. 2003 (zit.: *Naschke*, Der Börsenkurs als Abfindungsgrundlage).

Nestler, Anke, Wertfindung bei Sacheinlagen, GWR 2014, S. 121–124.

Neuhaus, Christoph, Unternehmensbewertung und Abfindung, Dissertation Universität Bonn 1988, 1. Auflage, Heidelberg 1990 (zit.: *Neuhaus*, Unternehmensbewertung und Abfindung).

Nonnenmacher, Rolf, Anteilsbewertung bei Personengesellschaften, Dissertation Universität Hohenheim 1981, 1. Auflage, Königstein 1981 (zit.: *Nonnenmacher,* Anteilsbewertung bei Personengesellschaften).

Oetker, Hartmut, Kommentar zum Handelsgesetzbuch (HGB), 4. Auflage, München 2015 (zit.: *Bearbeiter* in: Oetker, Handelsgesetzbuch).

Oppenländer, Frank/Trölitzsch, Thomas, Praxishandbuch der GmbH-Geschäftsführung, 2. Auflage, München 2011 (zit.: *Bearbeiter* in: GmbH-Geschäftsführung).

Palandt, Otto, Bürgerliches Gesetzbuch, 75. Auflage, München 2016 (zit.: *Bearbeiter* in: Palandt, BGB).

Peemöller, Volker H., Praxishandbuch der Unternehmensbewertung, 6. Auflage, Herne 2015 (zit.: *Peemöller,* Unternehmensbewertung).

Peemöller, Volker H., Stand und Entwicklung der Unternehmensbewertung, DStR 1993, S. 409–416.

Peemöller, Volker H./Meyer-Pries, Lars, Unternehmensbewertung in Deutschland – Ergebnisse einer Umfrage bei dem steuerberatenden Berufsstand, DStR 1995, S. 1202–1208.

Peres, Holger/Senft, Klaus, Sozietätsrecht – Handbuch für rechts-, steuer- und wirtschaftsberatende Gesellschaften, 3. Auflage, München 2015 (zit.: *Peres/Senft,* Sozietätsrecht).

Piltz, Detlev J., Die Unternehmensbewertung in der Rechtsprechung, 3. Auflage, Düsseldorf 1994 (zit.: *Piltz,* Die Unternehmensbewertung in der Rechtsprechung).

Piltz, Detlev J./ Wissmann, Eike, Unternehmensbewertung beim Zugewinnausgleich nach Scheidung, NJW 1985, S. 2673–2684.

Priester, Hans-Joachim, Ansatz des originären Firmenwertes in Einbringungs- und Umwandlungsbilanzen, in: Bruchhausen, Karl/Hommelhoff, Peter/Hefermehl, Wolfgang/Messer, Herbert (Hrsg.), Festschrift für Rudolf Nirk zum 70. Geburtstag am 11. Oktober 1992, München 1992, S. 893–914 (zit.: *Priester* in: FS Nirk).

Rabel, Klaus, Normwerte in der Bewertungspraxis, in: Königsmaier, Heinz/Rabel, Klaus (Hrsg.), Unternehmensbewertung: Theoretische Grundlagen – Praktische Anwendungen, Festschrift für Gerwald Mandl zum 70. Geburtstag, Wien 2010 (zit.: *Rabel* in: FS Mandl).

Ränsch, Ulrich, Die Bewertung von Unternehmen als Problem der Rechtswissenschaften – Zur Bestimmung der angemessenen Abfindung für ausscheidende Kapitalgesellschafter, AG 1984, S. 202–212.

Reichert, Jochem, Eigentumsschutz und Unternehmensbewertung in der Rechtsprechung des Bundesverfassungsgerichts, in: Habersack, Mathias/Huber, Karl/Spindler, Gerald (Hrsg), Festschrift für Eberhard Stilz zum 65. Geburtstag, München 2014, S. 479–500 (zit.: *Reichert* in: FS Stilz).

Reichert, Jochem, GmbH & Co. KG, 7. Auflage, München 2015 (zit.: *Bearbeiter* in: Reichert, GmbH & Co. KG).

Reuter, Alexander, Unternehmensbewertung bei Sacheinlagen: Der neue IDW-Standard S 1 auf dem Prüfstand des Kapitalaufbringungsrechts, BB 2000, S. 2298–2305.

Richter, Bernd, Die Abfindung ausscheidender Gesellschafter unter Beschränkung auf den Buchwert, 1. Auflage, München 2002 (zit.: *Richter,* Abfindung ausscheidender Gesellschafter).

Rodewald, Jörg/Siems, Matthias M., Der Preis ist heiß – Zur Angemessenheit der Gegenleistung bei Übernahmeangeboten, ZIP 2002, S. 926–929.

Röhricht, Volker, Die Rechtsstellung der außenstehenden Aktionäre beim Beitritt zum Beherrschungsvertrag, ZHR 162 (1998), S. 249–260.

Römermann, Volker, Auflösung und Abspaltung bei Anwaltssozietäten, NJW 2007, S. 2209–2214.

Roolf, Willy J./Vahl, Günter, Die Beteiligung eines ausgeschiedenen Gesellschafters am Ergebnis schwebender Geschäfte, DB 1983, S. 1964–1968.

Rössler, Rudolf/Troll, Max, Bewertungsgesetz-Kommentar, Loseblattsammlung, 23. Ergänzungslieferung, Stand: 15. Oktober 2015, München 2015 (zit.: *Bearbeiter* in: Rössler/Troll, Bewertungsgesetz).

Ruthardt, Frederik, Normzweckkonforme Unternehmensbewertung und Abfindungsbemessung beim aktienrechtlichen Squeeze Out, Dissertation Universität Hohenheim 2014, 1. Auflage, Baden-Baden 2014 (zit.: *Ruthardt,* Normzweckkonforme Unternehmensbewertung).

Ruthardt, Frederik/Hachmeister, Dirk, Ermittlung der angemessenen Barabfindung beim Squeeze Out, NZG 2014, S. 41–48.

Ruthardt, Frederik/Hachmeister, Dirk, Der Verkehrswert des Unternehmens als rechtliche Wertkategorie, NZG 2014, S. 885–892.

Ruthardt, Frederik/Hachmeister, Dirk, Zur Frage der rückwirkenden Anwendung von Bewertungsstandards – Analyse und Würdigung der Rechtsprechung zur Unternehmensbewertung, WPg 2011, S. 351–359.

Säcker, Franz Jürgen/Rixecker, Roland/Oetker, Hartmut/Limperg, Bettina, Münchener Kommentar zum BGB, Band 5: §§ 705–853 BGB, PartGG, ProdHaftG, 6. Auflage, München 2013 (zit.: *Bearbeiter* in: MüKo, BGB).

Schaefer, Franz W./Steinmetz, Markus, Neue Haftungsgrundlage für den existenzvernichtenden Eingriff, WM 2007, S. 2265–2272.

Schildbach, Thomas, Der Verkehrswert – eine universelle Lösung für alle Probleme der Unternehmensbewertung, WPg 1983, S. 493–496.

Schildbach, Thomas, Ist die Kölner Funktionenlehre der Unternehmensbewertung durch die Discounted Cash-flow-Verfahren überholt?, in: Matschke, Manfred J./ Schildbach, Thomas (Hrsg.), Unternehmensberatung und Wirtschaftsprüfung, Festschrift für Professor Dr. Günter Sieben zum 65. Geburtstag, Stuttgart 1998, S. 301–322 (zit.: *Schildbach* in: FS Sieben).

Schlitt, Christian, Strafrechtliche Risiken bei Squeeze-out und Delisting, NZG 2006, S. 925–930.

Schmidt, Karsten, Abfindung, Unternehmensbewertung und schwebende Geschäfte, DB 1983, S. 2401–2406.

Schmidt, Karsten, Gesellschaftsrecht, 4. Auflage, Köln 2002 (zit.: *K. Schmidt*, Gesellschaftsrecht).

Schmidt, Karsten, Münchener Kommentar zum HGB, Band 2: §§ 105–160 HGB, 4. Auflage, München 2016, Band 4: §§ 238–342e HGB, 3. Auflage, München 2013, (zit.: *Bearbeiter* in: MüKo, HGB).

Schmidt, Karsten/Lutter, Marcus, Aktiengesetz Kommentar, II. Band (§§ 150–410, SpruchG), 3. Auflage, Köln 2015 (zit.: *Bearbeiter* in: Schmidt/Lutter, AktG).

Schmitt, Joachim/Hörtnagl, Robert/Stratz, Rolf-Christian, Umwandlungsgesetz, Umwandlungssteuergesetz, 7. Auflage, München 2016 (zit.: *Bearbeiter* in: Schmitt/Hörtnagl/Stratz, UmwG).

Schneider, Uwe H., Die Pflichten des Geschäftsführers in der Krise der GmbH – Zwölf Handlungsalternativen an den Geschäftsführer zur Haftungsvermeidung, GmbHR 2010, S. 57–63.

Scholz, Franz, GmbHG – Kommentar zum GmbHG, Band I: §§ 1–34, 11. Auflage, Köln 2012 (zit.: *Bearbeiter* in: Scholz, GmbHG).

Schultze, Wolfgang, Methoden der Unternehmensbewertung: Gemeinsamkeiten, Unterschiede, Perspektiven, 2. Auflage, Düsseldorf 2003 (zit.: *Schultze*, Unternehmensbewertung).

Schulze-Osterloh, Joachim, Bilanzierung nach dem Referentenentwurf eines Gesetzes zur Bereinigung des Umwandlungsrechts, ZGR 1993, S. 420–451.

Schulze-Osterloh, Joachim, Das Auseinandersetzungsguthaben des ausscheidenden Gesellschafters einer Personengesellschaft nach § 738 Abs. 1 Satz 2 BGB – Besprechung der Entscheidung BGH WM 1984, 1506, ZGR 1986, S. 545–564.

Schüppen, Matthias, Brot, Steine und Glatteis – Der „Solange-Beschluss“ des BGH zur Unternehmensbewertung unter rückwirkender Anwendung von IDW S 1 (2005), ZIP 2016, S. 393–398.

Schüppen, Matthias/Schaub, Bernhard, Münchener Anwaltshandbuch Aktienrecht, 2. Auflage, München 2010 (zit.: *Bearbeiter* in: Schüppen/Schaub, MAH Aktienrecht).

Schwichtenberg, Jörg/Krenek, Helmut, BB-Rechtsprechungsreport zum Aktienrecht im OLG-Bezirk München, BB 2012, S. 2127–2134.

Seetzen, Uwe, Die Bestimmung des Verschmelzungsverhältnisses im Spruchstellenverfahren, WM 1994, S. 45–51.

Seetzen, Uwe, Spruchverfahren und Unternehmensbewertung im Wandel, WM 1999, S. 565–574.

Semler, Johannes/Stengel, Arndt, Umwandlungsgesetz mit Spruchverfahrensgesetz, 3. Auflage, München 2012 (zit.: *Bearbeiter* in: Semler/Stengel, UmwG).

Sieben, Günter, Unternehmensbewertung: Discounted Cash Flow-Verfahren und Ertragswertverfahren – Zwei völlig unterschiedliche Ansätze?, in: Lanfermann, Josef, Internationale Wirtschaftsprüfung – Festschrift zum 65. Geburtstag von Prof. Dr. Dr. h.c. Hans Havermann, Düsseldorf 1995, S. 713–737 (zit.: *Sieben* in: FS Havermann).

Sieben, Günter/Schildbach, Thomas, Zum Stand der Entwicklung der Lehre von der Bewertung ganzer Unternehmen, DStR 1979, S. 455–461.

Siepe, Günther/Dörschell, Andreas/Schulte, Jörn, Der neue IDW Standard: Grundsätze zur Durchführung von Unternehmensbewertungen (IDW S 1), WPg 2000, S. 946–960.

Spindler, Gerald/Stilz, Eberhard, Kommentar zum Aktiengesetz, Band 1: §§ 1–149, 3. Auflage, München 2015, Band 2: §§ 150–410 AktG, IntGesR, SpruchG, SE-VO 3. Auflage, München 2015 (zit.: *Bearbeiter* in: Spindler/Stilz, AktG).

Spitze, Peter Alexander, Der Ausschluss eines GmbH-Gesellschafters aus wichtigem Grund bei Schweigen der Satzung – Rechtliche Begründung und Ausschlussverfahren, Dissertation Universität Marburg 1983/1984, 1. Auflage, Berlin 1985 (zit.: *Spitze,* Der Ausschluss eines GmbH-Gesellschafters).

Staudinger, Julius v., J. v. Staudingers Kommentar zum Bürgerlichen Gesetzbuch und dem Einführungsgesetz, II. Band, Recht der Schuldverhältnisse, II. Teil, §§ 581–853, 5./6. Auflage, München, Berlin 1910 (zit.: *Bearbeiter* in: Staudinger, BGB).

Stilz, Eberhard, Börsenkurs und Verkehrswert, ZGR 2001, S. 875–900.

Sudhoff, Heinrich, Die Berechnung des Auseinandersetzungsguthabens bei Personengesellschaften, ZGR 1972, S. 157–179.

Ullrich, Volker, Abfindung und Börsenkurs – Möglichkeiten zur Bemessung aktienrechtlicher Abfindungs- und Ausgleichsansprüche (§§ 304, 305, 320b AktG) nach dem Börsenkurs, Dissertation Universität Augsburg 2002, 1. Auflage, Frankfurt a. M. 2003 (zit.: *Ullrich,* Abfindung und Börsenkurs).

Ulmer, Peter, Abfindungsklauseln in Personengesellschafts- und GmbH-Verträgen, in: Westermann, Harm Peter/Rosener, Wolfgang (Hrsg.), Festschrift für Karl-Heinz Quack zum 65. Geburtstag am 3. Januar 1991, Berlin, New York 1991, S. 477–503 (zit.: *Ulmer* in: FS Quack).

Ulmer, Peter/Habersack, Mathias/Löbbe, Marc, GmbHG – Gesetz betreffend die Gesellschaften mit beschränkter Haftung (GmbHG) – Großkommentar, Band 1: Einleitung §§ 1 bis 28, 2. Auflage, Tübingen 2013, Band 2: §§ 29–52, 2. Auflage, Tübingen 2014 (zit.: *Bearbeiter* in: Großkommentar GmbHG).

Urban, Andreas, Die Differenzhaftung des GmbH-Gesellschafters im Zusammenhang mit der Überbewertung von Sacheinlagen, in: Stiefel, Ernst C./Behr, Andreas/Jung, Martina Violetta/Klausing, Ellen/Nöcker, Thomas/Trinkner, Reinhold, Iusto

Iure, Festgabe für Otto Sandrock zum 65. Geburtstag, Heidelberg 1995, S. 305–322 (zit.: *Urban* in: FS Sandrock).

Van Aerssen, Rick, Die Antragsbefugnis im Spruchstellenverfahren des Aktiengesetzes und im Spruchstellenverfahren des Umwandlungsgesetzes, AG 1999, S. 249–257.

Veil, Rüdiger/Wildhirth, Jan, BB-Rechtsprechungsreport zum Kapitalgesellschaftsrecht 2009, BB 2010, S. 1035–1040.

Vetter, Eberhard, Squeeze-out – Der Ausschluss der Minderheitsaktionäre aus der Aktiengesellschaft nach den §§ 327a–327f AktG, AG 2002, S. 176–190.

Wagner, Franz, Das Ausscheiden eines Gesellschafters aus einer OHG: Ein Beitrag zur Theorie der Unternehmensbewertung, Dissertation Universität München 1971, 1. Auflage, München 1971 *(zit.: Wagner,* Das Ausscheiden eines Gesellschafters aus einer OHG).

Wahl, Axel, Die Haftung für „existenzvernichtende Eingriffe" in der instanzgerichtlichen Rechtsprechung, GmbHR 2004, S. 994–999.

Wehmeier, Wolfgang, Praxisübertragung in wirtschaftsprüfenden und steuerberatenden Berufen, 6. Auflage, Bonn 2013 (zit.: *Wehmeier,* Praxisübertragung).

Werner, Winfried, Die Behandlung von Verbundeffekten bei Abfindungen nach den §§ 305 und 320 AktG, in: Baur, Jürgen F./Hopt, Klaus J./Mailänder, K. Peter, Festschrift für Ernst Steindorff zum 70. Geburtstag am 13. März 1990, S. 303–320, Berlin, New York 1990 (zit.: *Werner* in: FS Steindorff).

Wicke, Hartmut, Gesetz betreffend die Gesellschaften mit beschränkter Haftung (GmbHG) – Kommentar, 3. Auflage, München 2016 (zit.: *Bearbeiter* in: Wicke, GmbHG).

Wiedemann, Herbert, Rechte und Pflichten des Personengesellschafters, WM 1992, Sonderbeilage 7, S. 3–54.

Winter, Tanja, Der Unternehmenswert von Steuerberaterkanzleien, 1. Auflage, Wiesbaden 2009, (zit.: *Winter,* Der Unternehmenswert von Steuerberaterkanzleien).

Wirth, Gerhard/Arnold, Michael, Anfechtungsklagen gegen Squeeze-out-Hauptversammlungsbeschlüsse wegen angeblicher Verfassungswidrigkeit, AG 2002, S. 503–507.

Wüstemann, Jens/Brauchle, Thomas, BB-Rechtsprechungsreport Unternehmensbewertung 2015/2016, BB 2016, S. 1644–1650.

Zehner, Klaus, Unternehmensbewertung im Rechtsstreit, DB 1981, S. 2109–2117.

Ziemons, Hildegard/Jaeger, Carsten, Beck'scher Online-Kommentar GmbHG, 27. Edition, Stand: 01.06.2016, München 2016 (zit.: *Bearbeiter* in: Beck'scher Online-Kommentar GmbHG).

Zöller, Richard, Zivilprozessordnung: ZPO, 31. Auflage, Köln 2016 (zit.: *Bearbeiter* in: Zöller, ZPO).

Zöllner, Wolfgang/Noack, Ulrich, Kölner Kommentar zum Aktiengesetz, Band 1: §§ 1–75 AktG, 3. Auflage, Köln 2012, Band 6: §§ 15–22 AktG und §§ 291–328 AktG, 3. Auflage, Köln 2004 (zit.: *Bearbeiter* in: Kölner Kommentar, AktG).

Zur Megede, Ekkehard, Verschmelzung von Aktiengesellschaften – Materielle Anspruchsberechtigung auf Erhalt einer baren Zuzahlung, BB 2007, S. 337–340.

Schriften zum Gesellschafts-, Bilanz- und Unternehmensteuerrecht

Herausgegeben von Barbara Grunewald und Joachim Hennrichs

Band 1 Moritz Pöschke: Eigenkapital mittelständischer Gesellschaften nach IAS/IFRS. 2009.

Band 2 Ulrike Lehmann: Gesellschaftsrechtliche Gestaltungen im Erbschaft- und Schenkungsteuerrecht. Eine Untersuchung der Erbschaft- und Schenkungsteuersubjektivität der Personengesellschaft sowie der mittelbaren Anteilsschenkung. 2009.

Band 3 Christian Graw: Das Konzept der Anteilseignerbesteuerung nach § 22 UmwStG 2006 – insbesondere im Vergleich zu § 21 UmwStG 1995. 2009.

Band 4 Christopher M. Picot: Die Rechte der Aktionäre beim Delisting börsennotierter Gesellschaften. 2009.

Band 5 Pascal Alexander Salomon: Regelungsaufträge in der Societas Privata Europea. Einführung in eine neue Rechtsform unter besonderer Berücksichtigung des Gesetzgebungsinstruments des Regelungsauftrages. 2010.

Band 6 Anna Sabrina Cryns: Gesellschafterfremdfinanzierung in Frankreich und Zinsschranke – ein Rechtsvergleich. 2011.

Band 7 Björn Karst: Das Marktmanipulationsverbot gem. § 20a WpHG. Unter besonderer Berücksichtigung der „Safe-Harbor"-Regelung. 2011.

Band 8 Ulrike Petig: Verdeckte Sacheinlagen im GmbH- und Aktienrecht. Die Veränderungen durch MoMiG und ARUG. 2012.

Band 9 Jochen Möller: Vorteilsanrechnung bei nützlichen Pflichtverletzungen im Kapitalgesellschafts- und Kartellrecht. 2012.

Band 10 Alexander Kersten: Zinsschranke und IFRS. Rechtssystematische Einordnung einer punktuellen Maßgeblichkeit der IFSR im Steuerrecht am Beispiel der Zinsschranke. 2012.

Band 11 Tobias Strohmeier: Special Purpose Acquisition Companies. SPACs im Spannungsfeld von deutschem Aktien- und Kapitalmarktrecht. 2012.

Band 12 Ruth Winter: Die steuerliche Behandlung von Scheinauslandsgesellschaften. Eine Untersuchung zur doppelansässigen Kapitalgesellschaft. 2013.

Band 13 Daniel Krey: IFRS und Ausschüttungsbemessung. 2013.

Band 14 Gabriel Jakob Litzenberger: Sanierungspflichten in der Krise von AG und GmbH. 2014.

Band 15 Franziska Neumann: Rechtliche Probleme von PIPE-Transaktionen. 2014.

Band 16 Jan Winzen: Vorzugsaktie und KGaA. Instrumente zur Kontrollerhaltung bei der Eigenkapitalfinanzierung. Unter besonderer Berücksichtigung der Vereinheitlichung von Aktiengattungen. 2014.

Band 17 Andreas Gerten: Angemessenheit und Steuern. Verdeckte Einkommensverwendung bei Kapitalgesellschaften im internationalen Vergleich. 2014.

Band 18 Isabel Kristin Fischer: Die Partnerschaftsgesellschaft mit beschränkter Berufshaftung. Rechtliche Einordnung und Haftungsverfassung unter Berücksichtigung der englischen LLP. 2015.

Band 19 Leif Klinkert: Probleme der neuen Ansatzrechte im Sinne des § 268 Abs. 8 HGB und der entsprechenden Ausschüttungssperren. Zugleich ein Vergleich zur kalifornischen Ausschüttungsregelung. 2016.

Band 20 Kai Sofia Loth: Die Haftung der Organe einer Aktiengesellschaft bei Entscheidungen unter Rechtsunsicherheit. De lege lata et ferenda. 2016.

Band 21 Nikolaus Moench: Die Societas Unius Personae (SUP). 2016.

Band 22 Moritz Evertz: Unternehmensstrafrecht aus gesellschaftsrechtlicher Sicht. Eine Untersuchung am Beispiel des nordrhein-westfälischen Gesetzesentwurfs zur Einführung eines Verbandsstrafgesetzbuchs. 2016.

Band 23 Gudrun Dorothea von der Laage: Handelsbilanzielle und körperschaftsteuerliche Aspekte der Sitzverlegung einer Europäischen Aktiengesellschaft (SE). Profili contabili e fiscali (dell'IRES) del trasferimento di sede di una Società Europea (SE). 2017.

Band 24 Christina Schröter: Rechtliche Grundlagen und normzweckadäquate Unternehmensbewertung bei Kapitalgesellschaften. 2017.

www.peterlang.com

www.ingramcontent.com/pod-product-compliance
Ingram Content Group UK Ltd.
Pitfield, Milton Keynes, MK11 3LW, UK
UKHW041119041026
8980IPUK00024B/23

9 783631 721438